Berthold von der Eltz

Briefe in die Heimat
von 1941 bis 1944/45

Dieses Buch wird über das
Self-Publishing-Autorenportal
Bookmundo vertrieben.
Vertragspartner für Autoren
Bookmundo.de
Delftsestraat 33
3013AE, Niederlande.
Veröffentlicht 2021
1. Auflage

Briefe in die Hei

von 1941 bis 1944

Erfasst von

Berthold von der Eltz

Dokumentation / Erinnerur

Wort für Wort, Zeile für Zeile und Brief für Brief, habe icl des Jahres 2020, während der Corona-Pandemie, an me Macintosh (iMac) die Briefe in Adobe InDesign erfasst, d formatiert, mit einem Inhalts- sowie Stichwortverzeichni Originalbilder gescannt, sie im Text platziert, einen Ums gestaltet und als Buch gespeichert.

Besonderer Dank gilt meiner lieben Katharina, die im Jun Briefe nach Datum sortierte und mir zuletzt die Satz- und Gestaltungsfehler vor die Nase hielt – hoffentlich wurden gefunden und korrigiert!

Herzlichen Dank auch an Emil und Irene, die mir bei Erinnerungslücken, was Namen und Orte betraf, geholfen

Arnold von der Eltz,
geboren in Sobernheim am 19.05.1923,
gestorben in Mainz am 04.03.1989,
schrieb von 1941 bis 1944/1945,
während seiner Zeit als »Kampfbeobachter«
bei der deutschen Luftwaffe,
viele Briefe in seine Heimat.

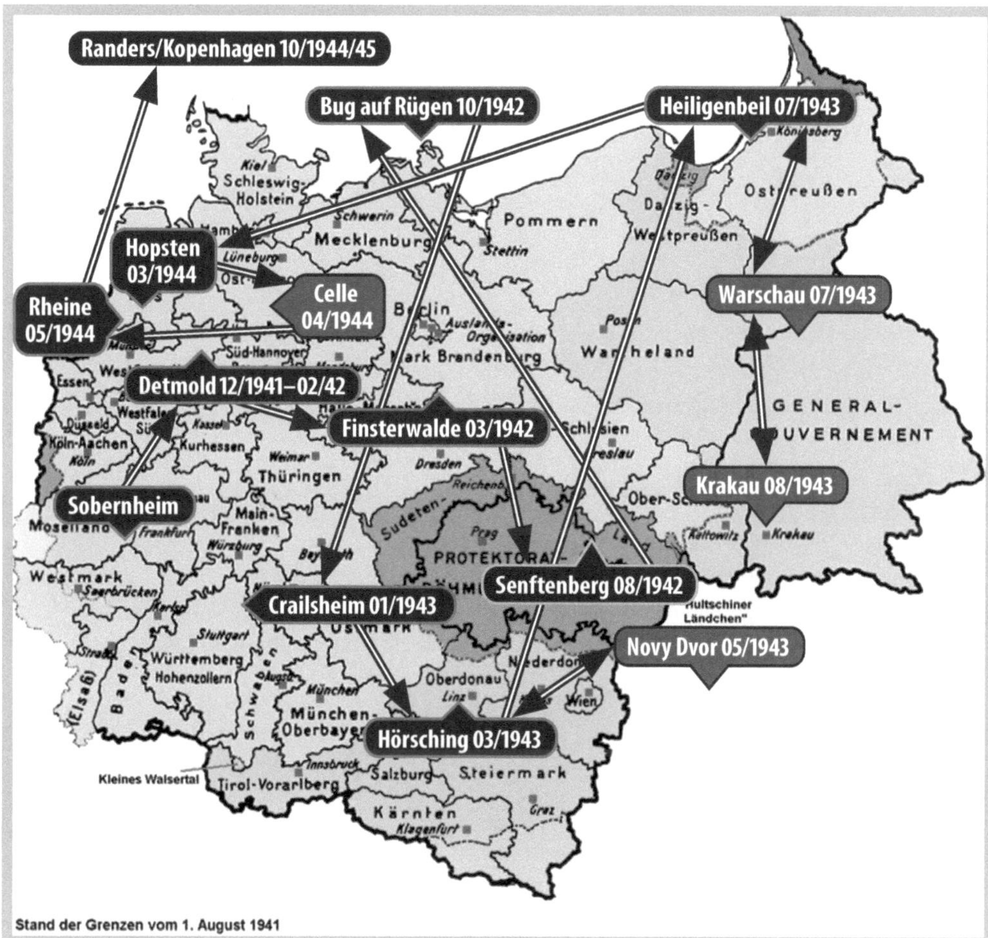

Arnolds Stationierungen von 1941 bis 1945
Bildquelle: https://de.wikipedia.org/wiki/Sudetenland

Im Mai 1923 geboren, meldet sich Arnold von der Eltz
mit achtzehn Jahren als begeisterter Segelflieger
zur Deutschen Luftwaffe, um sich seinen Wunsch
einmal in großen Maschinen fliegen zu können, zu erfüllen.
Doch die anfängliche Begeisterung, auch damit seine Heimat zu verteidigen,
änderte sich mit der Zeit durch eine gewisse Erkenntnis und Ernüchterung.

Crailsheim, 21.2.43.

Liebe Eltern!

Es freut mich ja so, daß meine Berichte über unseren täglichen Flugdienst und den Schilderungen über mein eigenes Empfinden von Euch mit solcher Spannung gelesen werden, sie haben ja auch somit ihren Zweck erfüllt. Der Bericht über meinen letzten Flug war ja sehr kurz, was wäre noch manch interessantes über diesen Flug zu erzählen gewesen. Ja, das Wetter war damals unter aller Kritik, ...

Liebe Eltern!

Eure heute erhaltene Nachricht ... letzte Hoffnung an ein ... marke zunichte gemacht, es ... nichts anderes übrig als ein ...

Liebe Eltern u. Brunfriede!

Soeben erhielt ich Euren lb. Brief und möchte auch gleich beantworten. Also Hermann ist in ... land, welch eine Freude muß das doch für Brun... und Euch gewesen sein als diese Nachricht an... Wie oft habe ich schon ...

O.U. 24.6.19..

Liebe Eltern!

In der kurzen Mittagspause möchte ich Euren heutigen Brief beantworten. Natürlich ist die kurze Freizeit nach Tisch heute nur ein Ausnahmefall, wir haben ja Freizeit in Massen und der zeitweilige Dienst ist alles andere als anstrengend. Heute abend habe ich natürlich auch keine Zeit, meine Post zu erledigen, ... hat eben so seine Verpflichtungen.

Unsere augenblickliche Lage hat sich seit ein paar Tagen sehr zu unseren ... geändert. Wir haben unsere ...

Finsterwalde, 20.6.42

Liebe Eltern!

... vorher Euren nächsten Brief zu erwarten, ... ich heute schon antworten. In dieser Woche ... endlich eine neue Stube bezogen und die ... Stube 74 endgültig Adieu gesagt. Von der neuen Stube und deren Bewohner wäre Folgendes zu berichten: ... hier mit 6 Mann zusammen, ein ganz ... Verein, 4 Mann davon sind auf der Schreibstube, 2 machen Aufsendienst. Der gebräuchliche ... die Stube der Schreibstubenbullen hat somit seine Berechtigung und wirkt sich in mancher Beziehung sehr günstig aus, ... macht unsere Stubenbelegschaft keinen Revierdienst mit, wodurch ... morgens auch mehr Zeit zum Waschen, ... (schlafen), usw. hat. Auch der Stubendienst ... Kinderspiel, 5 Minuten vor Stuben...

Senftenberg, ...

Liebe Eltern!

Bevor ich meine Uffz. Themen weiter arbeite und Erdkunde büffle, möchte ich Euch mal wieder ein paar Zeilen schreiben. Der Lehrgang läuft jetzt auf vollen Touren und Unterricht und Exerzieren lösen den ganzen Tag einander ab. Bei diesem warmen, sonnigen Wetter ist Exerzieren kein Vergnügen, schwitzen ist kein Ausdruck für die Ströme Schweiß, die fließen. Hemd und Unterhose sind jedesmal nass. Wenn ich jetzt zuhause wäre, wüßte ich das Wetter auszunützen, keine 10 Pferde würden mich vom Bach wegbringen.

Wenn ich am Anfang Bedenken hatte ... nicht ganz hinzuhau...

... schöne, ruhige Leben ... Verpflegung hat nun leider ... funden und wir sind wieder ... zurückgekehrt, hoffen ... Ja, jetzt müssen wir uns wieder an die "gute" Hörschinger Verpflegung ... auf das Kommißbrot, daß uns ... bisherigen täglichen Genuss von Weiß... auch etwas schwerfällt. Am letzten Tag habe einige Kleinigkeiten gekauft, mit den mühsam zusammengesparten Kronen, einige habe ich allerdings direkt in Bonbons und ein paar ... umgesetzt, ...

Vorwort von Berthold von der Eltz.

Im Jahr 2017, nach der Beerdigung meiner Mutter in Bad Sobernheim, entdeckte ich in ihrem Nachlass viele Briefe aus dem Zweiten Weltkrieg meines schon zuvor im Jahr 1989 verstorbenen Vaters Arnold. Nachdem ich die Briefe gelesen hatte kam mir die Idee, aus diesen ca. dreihundert Briefen ein Buch zu erstellen und mit vorhandenen Originalbildern zu ergänzen. Das sollte für mich eine Reise in die Vergangenheit zu meinem Vater werden. Sein teils humorvoller aber auch nachdenklicher Schreibstil war mir irgendwie vertraut, denn er schrieb mir zwar nie einen Brief, aber er erklärte mir in meiner Jugend auf Spaziergängen nicht nur die Welt und die Natur, sondern erzählte auch aus seiner Zeit als Soldat und von seinen Erlebnissen während des Zweiten Weltkrieges als fliegender Beobachter in einer Ju 88.

Arnold schenkt uns Einblicke in die Zeit als Soldat bei der deutschen Luftwaffe von 1941 bis 1944/45 auf recht unterhaltsame Art und Weise. Ich beschloss das Buch »Briefe in die Heimat von 1941 bis 1944/45« zu nennen.

Vieles von dem, was mir mein Vater in meiner Jugend erzählte, stimmt mit dem Inhalt seiner Briefe überein, außer der Tatsache, dass er nicht mit der von ihm geschriebenen Meinung über den Krieg und dem sogenannten Endsieg übereinstimmte. Er wusste, während er damals schrieb, dass die Briefe vom Staat kontrolliert werden. Der anfänglichen Begeisterung sich freiwillig zur Deutschen Luftwaffe zu melden, kam mit der Zeit eine ernüchternde Erkenntnis über den Krieg. Durch die Zensur durfte er leider seine Gedanken darüber in den Briefen nicht zum Ausdruck bringen. Sehr zum Ärger seines blinden Vaters Paul, wie ich weiß, der den Nationalsozialismus verachtete.

Er hatte sehr viel Glück in diesen dreieinhalb Jahren, als sich der begeisterte Segelflieger Ende 1941 freiwillig zur deutschen Luftwaffe meldete, um sich seinen sehnlichsten Wunsch zu erfüllen, einmal in großen Maschinen zu fliegen. Seine ganze Militärzeit betrachtete er sportlich, abenteuerlich und als erlebnisreiches Fliegen, musste aber auch einige Unfälle überstehen und einen schmerzlichen Verlust verkraften.

Dieses Glück blieb ihm treu, als er eine Bruchlandung in einer Ju 88 leicht verletzt überlebte, den Fallschirmabsprung aus einer brennenden Ju 88-Kanzel ebenso und schließlich durch die Verletzung am Bein von einem Fußballspiel, nicht an einem Flugeinsatz als Beobachter in »seiner Ju 88« teilnehmen konnte. Diese Ju 88 wurde abgeschossen und seine Kameraden kamen alle ums Leben – den Verlust seiner Kameraden machte ihn fassungslos und hatte ihn tief erschüttert.

Lassen Sie sich also von Arnolds Briefinhalten, die seine ganz persönliche Auffassung des Erlebten sind, einmal in die Zeit von 1941 bis 1945 versetzen und folgen Sie seinen Standorten quer durch das damalige Deutschland.

Hinzufügend möchte ich klarstellen, dass ich jegliche Art von Krieg, Waffengewalt, Misshandlungen und Diskriminierung von Menschen, das Verherrlichen des Dritten Reiches, des Nationalsozialismus und Neo-Nationalsozialismus strikt ablehne.

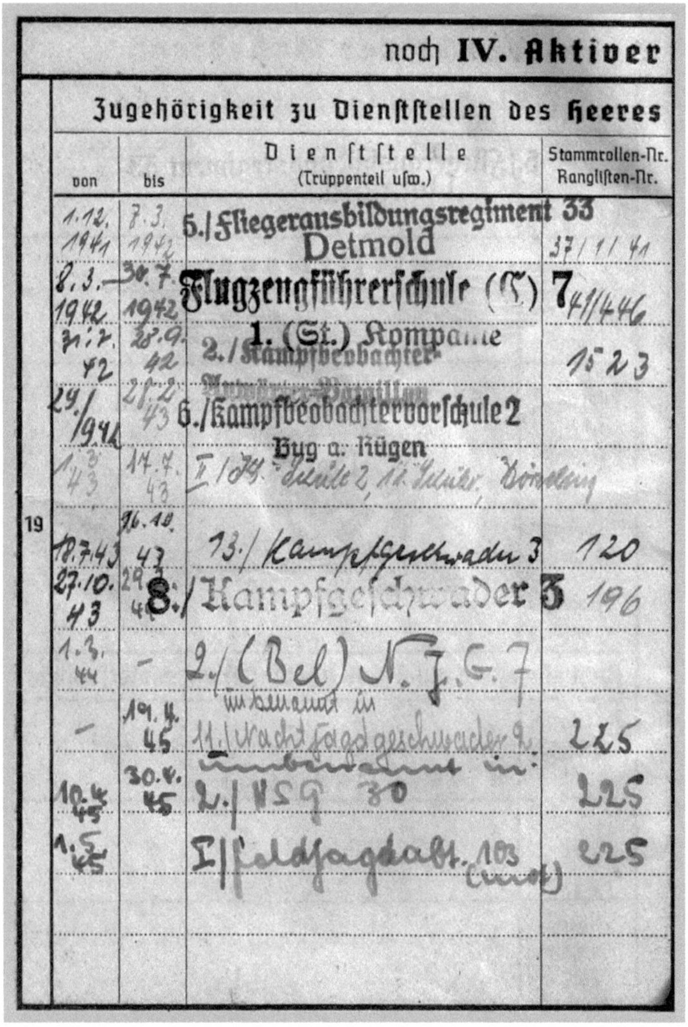

noch IV. Aktiver

Zugehörigkeit zu Dienststellen des Heeres

von	bis	Dienststelle (Truppenteil usw.)	Stammrollen-Nr. Ranglisten-Nr.
1.12. 1941	7.3. 1942	5./Fliegerausbildungsregiment 33 Detmold	37/1/41
8.3. 1942	30.7. 1942	Flugzeugführerschule (C) 7 1. (St.) Kompanie	41/446
31.7. 42	28.9. 42	2./Kampfbeobachter-Anwärter-Bataillon	1523
29./9.42	28.2. 43	6./Kampfbeobachtervorschule 2 Bug a. Rügen	
1.3. 43	17.7. 43	[illegible]	
18.7.43	26.10. 43	13./Kampfgeschwader 3	120
27.10. 43	[illegible]	8./Kampfgeschwader 3	196
1.3. 44	–	2./(Bel) N.J.G. 7 umbenannt in	
–	19.4. 45	11./Nachtjagdgeschwader 9 umbenannt in:	225
10.4. 45	30.4. 45	2./NSG 30	225
1.5. 45		I/Feldjagdabt. 103	225

19

Die Standorte der jeweiligen Geschwader
denen Arnold von der Eltz angehörte,
mit dem Beginn seiner Ausbildung in Detmold
bis hin zum Ende in Kopenhagen,
sind in seinem ehemaligen Wehrpass eingetragen.
Dieser Wehrpass, die Bilder und sämtliche Briefe
existieren noch.

Inhaltsverzeichnis

Kapitel 1: 1941 – Detmold

Kapitel 2: 1942 – Detmold

Kapitel 3: 1942 – Finsterwalde

Kapitel 4: 1942 – Senftenberg

Kapitel 5: 1942/43 – Bug auf Rügen

Alphabetisch sortierte Namen und Begriffe die im Text unterstrichen sind, werden hier erklärt:

A/B-Schule A/B-Schulen, genauer Flugzeugführerschulen A/B, kurz FFS (A/B), dienten in der Luftwaffe von 1935 bis 1944 der fliegerischen Grundausbildung von Anwärtern des fliegenden Personals.

Äbbelkahn In Rheinland-Pfalz und Hessen gibt es keine Äpfel sondern Äbbel. Also ist hier von Arnold ein Apfelkahn gemeint.

Abort Andere Bezeichnung in diesem Sinne für 00, Donnerbalken, Klosett, Klo, Latrine, Lokus, Örtchen, Scheißhaus, Stilles Örtchen, Toilette, Wasserklosett, WC

Anständige Menge Was ein echter Nahetaler aus Sobernheim ist, trinkt gerne auch mal einen Schoppen Nahewein mehr.

Arado AR 66 Ein einmotoriger Schuldoppeldecker für die Pilotenausbildung der deutschen Luftwaffe. Die Arado Flugzeugwerke GmbH war ein deutscher Flugzeughersteller aus Rostock-Warnemünde.

Arnold (von der Eltz) Er wurde am 19. Mai 1923 in Sobernheim geboren und war zum Zeitpunkt seiner Rekrutierung achtzehn Jahre alt.

Bad Kreuznach Eine Kurstadt an dem Fluss Nahe und der Sitz der Kreisverwaltung des Landkreises Bad Kreuznach (KH) in Rheinland-Pfalz. Als Mittelzentrum mit Teilfunktionen eines Oberzentrums ist sie administratives, kulturelles und wirtschaftliches Zentrum einer Region mit mehr als 150.000 Einwohnern.

Beobachter (Kampfbeobachter) Der Beobachter in einer Ju 88, was Arnold im Zweiten Weltkrieg ab 1943 war, saß rechts vom Piloten auf einem ungepanzerten Klappsitz. In früheren Bombern war der Beobachter oft Offizier und Kommandant des Flugzeuges. In der Ju 88 hingegen war der Beobachter oft nur für die Navigation zuständig. Beim Horizontalangriff bediente er das Lotfe-Bombenzielgerät (Lotfernrohr) [12] und löste die Bomben aus. Ferner bediente er das nach vorne gerichtete Maschinengewehr, sofern dieses nicht mit einem speziellen Verriegelungsmechanismus als starre Waffe eingesetzt wurde. Bei den Nachtjagdflugzeugen suchte er den Luftraum nach feindlichen Nachtjägern ab, während der Bordfunker das Funkmessgerät bediente.

Berschweiler Eine Ortsgemeinde die Nahe aufwärts von Sobernheim aus, liegt im Landkreis Birkenfeld in Rheinland-Pfalz. Sie gehört heute der Verbandsgemeinde Herrstein-Rhaunen an.

Berthold Gilbert Schulkamerad und bester Freund von Arnold aus der Heimatstadt Sobernheim.

Besichtigung War die Abschlussprüfung eines Lehrgangs, in der die Lehrgangsteilnehmer und Ausbilder überprüft wurden, ob den Soldaten etwas beigebracht wurde.

Bodden Ein Bodden (z.B. Auf Rügen) ist ein flaches, buchtartiges Küstengewässer einer nacheiszeitlich teilweise überfluteten Grundmoränenlandschaft. Der Name Bodden ist vermutlich niederdeutschen Ursprungs und bedeutet »Boden« oder »Grund«, was sich auf die geringe Tiefe dieser Gewässer bezieht.

Bombardierung Saarbrücken und Völklingen Die Engländer bombardierten in Saarbrücken und Völklingen hauptsächlich die Stahlwerke und Eisenhüttenwerke.

Bomben fahren Das ist das Bereitstellen der Bomben auf einem Rollwagen für das Beladen der Flugzeuge, wie zum Beispiel den Bomber Ju 88, gemeint.

Breitlerflur Das Elternhaus von Arnold steht in der Breitlerstraße in Bad Sobernheim. Es befindet sich nicht mehr im Familienbesitz. Die Sobernheimer nannten diese Straße gerne »Breitlerflur« – und teilweise auch heute noch.

Breitlerstraße In der damals noch nicht asphaltierten Straße steht immer noch das sich nicht mehr im Familienbesitz befindliche Elternhaus von Arnold (Bad Sobernheim).

Brief von seinem blinden Vater Paul der eine kleine »Schreibmaschine« erfunden hatte, womit blinde Menschen hätten Briefe schreiben können. Er konnte es.

Bringfriede (geb. von der Eltz) Älteste Schwester von Arnold. Verheiratet mit Hermann Schaaf. Sie wurde im Ersten Weltkrieg geboren und Papa Paul gab Ihr diesen Namen mit dem innigen Wunsch nach Frieden.

Bü 181 Die »Bücker Bü 181 Bestmann« war unter den weltweit erfolgreichen Sport-, Schul- und Übungsflugzeugen des Flugzeugherstellers Bücker Flugzeugbau dasjenige, mit der weitaus höchsten Stückzahl. Bestmann ist ein Begriff aus der Seefahrt.

Cousin Ludwig Sohn von Tante Ella (Schwester von Arnolds Mutter Franziska) und Onkel August von der Eltz (Bruder von Arnolds Vater Paul). Lebten in Saarbrücken und später in Völklingen. Ludwigs Geburt war sehr schwer, und beinahe wären Mutter Ella und Ihr Kind gestorben. Seine linke Körperhälfte war dadurch geschwächt und zeigte sich als Behinderung.

Davy Dvor Kleine Stadt in der Slowakei mit einem deutschen Fliegerhorst für Schießübungen und üben von Bombenabwürfen. Inwieweit die Slowakei von 1939 bis 1945 als einfacher Satellitenstaat des Deutschen Reiches anzusehen ist, ist Gegenstand wissenschaftlicher Debatten, da das »Dritte Reich« insbesondere in der slowakischen Innenpolitik einen begrenzten Einfluss hatte.

Der Rote Baron war Manfred von Richthofen (1892–1918), deutscher Jagdflieger im Ersten Weltkrieg. Er bekam den Spitznamen »Der Rote Baron«.

Dicker Dreck ist in der Fliegersprache »sehr schlechtes Wetter«

Drillichzeug Arbeitskleidung auch beim Militär aus Drillich. Drillich ist eine dichte, reißfeste und strapazierfähige Gewebekonstruktion in Köperbindung. Als Material kommen Baumwolle, Leinen, Halbleinen oder Chemiefaser zum Einsatz.

E. K. II Das Eiserne Kreuz 2. Klasse (EK-2) ist eine Stufe des militärischen, deutschen Orden des Eisernen Kreuzes. Die 2. Klasse ist die niedrigste Stufe, die nächst höhere ist das Eisernen Kreuz 1. Klasse.

Ebernburg Die Burg Ebernburg gibt dem Stadtteil Ebernburg der Stadt Bad Münster am Stein-Ebernburg, im Landkreis Bad Kreuznach (Rheinland-Pfalz) ihren Namen. Beliebtes Ausflugsziel für Wanderungen.

Eger Vom Ende der Donaumonarchie 1918 bis zum 1. Oktober 1938 gehörte der politische Bezirk Cheb zur Tschechoslowakei. Gedeckt durch das Münchner Abkommen vom 29. September 1938 besetzten deutsche Truppen in der Zeit vom 1. bis 10. Oktober 1938 auch das Egerland. Der deutsche Landkreis Eger war der westlichste Landkreis des von 1938 bis 1945 bestehenden Sudetenlandes. Nach 1945 gehörte dieser Landesteil zur Tschechoslowakei und heute zu Tschechien.

Ein weiteres Land im Norden Europas Arnold lernt Dänemark kennen und macht einen Notausstieg!

Einen Roland drehen Damit ist gemeint, sich im betrunkenen Zustand mit weit ausgebreiteten Armen singend und torkelnd um die eigene Achse drehen – damit man nicht das Gleichgewicht verliert. Die Vorlage für diese Bezeichnung ist der »Drehende Roland«, sozusagen eine spezielle Art von Puppe. Angebracht auf einem Stecken, kann sich die Puppe aus Stroh oder anderen Materialien drehen. Der Ritter trainierte an ihr sein reiterliches Geschick und seine Treffsicherheit. Die Puppe stellte einen Gegner dar.

Eltern Die Eltern von Arnold von der Eltz waren Franziska von der Eltz, geb. Hößler und Paul von der Eltz.

Erna (geb. von der Eltz) Zweitälteste Schwester von Arnold; wohnte zu der Zeit in Herford mit Freund Ewald Olheide.

Ewald Olheide Verheiratet mit Erna von der Eltz. Beide haben eine gemeinsame Tochter Rita. Es stellt sich aber heraus, dass Ewald Olheide psychisch krank war und seine Eifersucht Erna stark zusetzte. Erna ließ sich von ihm scheiden und ging mit ihrer Tochter Rita in die USA.

Fettmarken In Zeiten rationierter Lebensmittelausgabe auf eine Lebensmittelkarte geklebte Marke, auf die Fett in vorgeschriebener Menge abgegeben wurde.

Fl. Ausb. Reg. 33 Flieger-Ausbildungs-Regiment 33
(Quelle http://www.lexikon-der-wehrmacht.de/Gliederungen/Flieger-Regimenter/Flieger-Rgt33.htm

Fliegen Arnold war bis zum Militärbeginn leidenschaftlicher Segelflieger im Segelverein von Sobernheim

flitzen Mit »flitzen gehen« bezeichnet Arnold das Ausnutzen der kurzen Ausgangszeit, um schnell von der Kaserne wegzukommen und dann Lokalitäten aufzusuchen. Das muss damals ein üblicher Ausdruck dafür gewesen sein.

Flugzeugführer Die damalige Bezeichnung für einen Piloten.

Focke-Wulf Fw 58 (Weihe) Ein zweimotoriges Mehrzweckflugzeug des Bremer Herstellers Focke-Wulf, das vor allem als Schulflugzeug bei der Luftwaffe Verwendung fand.
Bild: Von Bundesarchiv, Bild 101II-MW-2094-11 / Erich Neuberger / CC-BY-SA 3.0, CC BY-SA 3.0 de, https://commons.wikimedia.org/w/index.php?curid=5478406.

Fourier Der Fourier (franz.) ist ursprünglich in den meisten deutschsprachigen Streitkräften die Bezeichnung für den mit den Verpflegungsgeschäften beauftragten Unteroffizier im Heerwesen.

Franzen In den Anfängen der Fliegerei wurde auf Sicht geflogen. Kirchtürme, Berge und andere Peilpunkte dienten zur Bestimmung der Position. Das war in der Fliegersprache unter »Franzen« bekannt. Und wenn jemand vom Weg abgekommen ist, dann hat er sich halt »verfranzt«.

Fräulein Kühner Leider gibt es zu dieser Person keine weiteren Angaben von Arnold, und alle, die von ihr wissen könnten, sind längst gestorben.

Fronturlauber Während des Zweiten Weltkrieges wurde eine neue Zuggattung, der sogenannte Schnellzug für Fronturlauber (SF-Zug) geschaffen. Diese Schnellzüge verkehrten auf kürzestem Weg zwischen den Einsatzorten der Wehrmacht (unter anderem Frankreich, Griechenland, Sowjetunion) und dem Deutschen Reich.

Fürfeld Ist eine Ortsgemeinde im Landkreis Bad Kreuznach in Rheinland-Pfalz, liegt südlich der Nahe und ist nicht weit von Sobernheim entfernt.

G.v.D. Gefreiter vom Dienst, siehe U. v. D. Unteroffizier vom Dienst *(Quelle Wikipedia)*

Gefach Die Nahe umfließt Sobernheim und wurde im Westen mit einem Wehr gestaut. Dieser Bereich wurde »Am Gefach« genannt. Früher war dies ein beliebter Ort zum Baden – heute wieder.

Geheimakte W.B. 1 Ein deutscher Historien- und Propagandafilm aus dem Jahre 1941

Gewetzt Rheinland-pfälzische Mundart – wetzen ist schnelles laufen bzw. rennen.

Gisela Tochter von Arnolds Schwester Bringfriede und Ehemann Hermann Schaaf, Schwester von Jürgen und ist Arnolds Nichte.

Gretel Tochter von Hanna und Hans von der Eltz (Bruder von Arnolds Papa Paul von der Eltz)

Griffe kloppen Bedeutet das Exerzieren mit dem Gewehr (bei der Grundausbildung) und es wurden Kommandos wie Gewehr über, Gewehr ab, präsentiert das Gewehr usw geübt. Damit das in einer Formation exakt synchron ausgeführt wird, hilft nur üben, üben, üben (exerzieren).

Gruppe Ist eine militärische Teileinheit. Ein Zug ist in mehrere Gruppen eingeteilt.

Günther Hyar, Walter Schmitz, Kurt Dhonau Ehemalige Segelflugkameraden von Arnold aus Sobernheim, die sich auch freiwillig als Flieger zu den Soldaten im Zweiten Weltkrieg gemeldet hatten.

Hans Gilbert Bruder von Arnolds Schulfreund Berthold Gilbert.

Hawaiigitter Könnte eine Nasenflöte sein die mit Nase und Mund oder wie eine Panflöte mit der Nase gespielt wird. Keine Ahnung wo Arnold die her hatte geschweige denn, wie sie wirklich aussah oder wie er auf ihr Töne entlockte.

Heiligenbeil Arnold ist am 20.05.1943 nicht im preußischen Heiligenbeil wie er im Brief erwähnt, sondern befindet sich durch das mit O. U. gekennzeichnet Datum an einem »geheimen« Ort. Es durfte in einem Brief nicht erwähnt werden, wo man sich eigentlich befand. Er befand sich aber auf dem neuen SS-Truppenübungsplatz Böhmen (bis 1943: SS-Truppenübungsplatz Beneschau) einem Truppenübungsplatz der Waffen-SS während des Zweiten Weltkrieges in der besetzten Tschechoslowakei (Böhmen und Mähren).

Heimat Sobernheim, Nahetal (seit dem 11. Dezember 1995 Bad Sobernheim)

Heizer Typische Bezeichnung unter Fliegern für den liegenden nach hinten schießenden Bordschützen. Er »heizte« den Feind mit seinem Maschinengewehr tüchtig ein.

Hermann (Schaaf) Schwager von Arnold und verheiratet mit Schwester Bringfriede.
Hermann war Sanitäter im 2. Weltkrieg – auch in Russland.

Hopsten Der Fliegerhorst Hopsten ist ein ehemaliger Fliegerhorst der deutschen Luftwaffe im nördlichen Nordrhein-Westfalen zwischen Hopsten und Dreierwalde im Tecklenburger Land. Die Kleinstadt Hopsten liegt nordöstlich von der Stadt Rheine und ist nur ein Paar Kilometer entfernt.

Hörsching ist eine Marktgemeinde in Oberösterreich im Bezirk Linz-Land im Zentralraum mit ca. 6200 Einwohnern (Stand 1. Januar 2020). Der zuständige Gerichtsbezirk ist der Gerichtsbezirk Traun. Der Fliegerhorst und die Kaserne wurden für die Luftwaffe der Wehrmacht errichtet. Der Spatenstich erfolgte durch Feldmarschall Hermann Göring am 13. Mai 1938

Horst Abkürzung für einen Fliegerhorst; ist auch die Bezeichnung für einen Militärflugplatz

Hradschin Im Deutschen hat sich im Unterschied zum Tschechischen missverständlich eingebürgert, unter »Hradschin« den Burgberg oder indirekt auch die Prager Burg zu verstehen. Tatsächlich steht diese Bezeichnung aber für Hradčany (deutsch: der Hradschin; Bedeutung auf Deutsch: Burgstadt oder Ort bei der Burg) und ist eine Katastralgemeinde der tschechischen Hauptstadt Prag. Die westlich der Prager Burg gelegene Burgstadt war bis 1784 eine der vier Prager Städte.

Hunsrück Der Hunsrück ist ein in Rheinland-Pfalz und zu geringen Teilen im Saarland liegendes Mittelgebirge mit dem Erbeskopf (816 m ü. NHN)[2] als höchste Erhebung.

Illusion ist ein deutsches Filmmelodram aus dem Jahre 1941. Unter der Regie von Viktor Tourjansky spielen Johannes Heesters und Brigitte Horney die Hauptrollen.

Infanterie Die Infanterie ist eine Truppengattung des Heeres und Teil der Kampftruppe. Ihre Soldaten werden Infanteristen genannt. Zur Infanterie gehören auch Fallschirmjäger, Gebirgsjäger und Jäger.

Infanterist Der einzelne Soldat wird Infanterist, früher auch als »Fußsoldat« bezeichnet.

Jäger Bezeichnung für kleine schnelle mit Propeller- oder Strahlenantrieb versehene Kampfflugzeuge als Ein- oder Zweisitzer hintereinander. Diese Flugzeuge sollten als schnelle Kampfflugzeuge, Jäger, Aufklärungsflugzeuge und auch Bomber eingesetzt werden

Jägerlatein ist in der deutschen Sprache eine Metapher für übertrieben dargestellte Erzählungen von Jägern über Erlebnisse bei der Jagd, wie etwa Zahl oder vor allem die Größe der erlegten Tiere.

Ju 88 Die »Junkers Ju 88« war ein zweimotoriges Flugzeug mit Kolbenmotoren der Junkers Flugzeug- und Motorenwerke (JFM), das von 1939 bis 1945 in großer Stückzahl produziert wurde.

Jupp Flohr (* 13. Februar 1904 in Koblenz; † 19. November 1958 Koblenz) war ein deutscher Karnevalist, Mundartdichter und Schauspieler.

Jürgen Sohn von Schwester Bringfriede und Ehemann Hermann Schaaf, Bruder von Gisela und ist Arnolds Neffe.

Kallweiler Kleiner Ort im Soonwald vom Hunsrück. Dort gab es einst ein berühmtes Ausflugslokal die »Triffthütte«.

Kappesköpfe In einigen Landesteilen Deutschlands die Bezeichnung für Kohlköpfe.

Kappo/Kapo von italienisch: Capo im 17. Jahrhundert entlehnt; Abkürzung von caporale = »Unteroffizer, Hauptmann«; zu capo = Anführer; aus lateinisch caput = »Haupt, Kopf«

Karl Beyer, Horst May, Kurt Meyer, Walter Schmitz, Günther Hyar Alles Schulfreunde und Kameraden aus der Heimatstadt Sobernheim oder aus den umliegenden Dörfern.

Karl Maurer Schulkamerad von Arnold aus Sobernheim.

Karl Napp Carl Napp (* 20. August 1890 in Düsseldorf; † 21. März 1957 in Berlin-Charlottenburg), eigentlich Carl Nohé, bisweilen auch Karl Napp, war ein deutscher Humorist, Kabarettist, Revueregisseur und -darsteller sowie Schauspieler.

KdF Zur Zeit des Nationalsozialismus eine Gemeinschaft, die sich »Kraft durch Freude« (KdF) nannte. Das KDF-Bad war ein zwischen 1936 und 1939 gebautes, jedoch unvollendet gebliebenes KdF-Seebad auf Rügen bei Prora.

Kirmes (Johanniskirmes) Die Johanniskirmes (Rummel, Kerb, Jahrmarkt etc.) in Bad Sobernheim, findet jedes Jahr im Juni an einem Wochenende um den 24. Juni statt.

Klemm Kl 35 Ein im Auftrag des Reichsluftfahrtministeriums (RLM) entwickeltes Schul- und Sportflugzeug der Leichtflugzeugbau Klemm GmbH, das als Nachfolger der weltweit bekannt gewordenen L bzw. Kl 25 in den 1930er und 1940er-Jahren in der klassischen Klemm-Bauart als freitragender Tiefdecker gebaut wurde.

Kommiss (nach alter Rechtschreibung Kommiß; lateinischen committere) – im Volksmund allgemein und im umfassenden Sinne Militärdienst oder Wehrdienst. Mit Kommiss bezeichnet man aber auch alles, was Soldaten seitens des Dienstherrn zur Verfügung gestellt oder geliefert wird. So spricht man beispielsweise von Kommissbrot, Kommissstiefel, Kommissrock, Kommissmetzger etc.; aber auch metaphorisch beispielsweise von Kommisskopf für eine bestimmte Geisteshaltung.

Kompanie (aus mittellateinischen compagn(i)a; seit dem 14. Jahrhundert, ursprünglich für Brotgenossenschaft, im Deutschen geläufig) steht für Kompanie beim Militär oder militärische Einheit.

Koppel Uniformgürtel mit Metallverschluss

Kutscher So nannte die Besatzung einer Maschine liebevoll den Flugzeugführer bei der Luftwaffe

Laden Mama Franziska, Papa Paul und Schwester Bringfriede hatten eine kleine Firma (Strickerei). Sie strickten und flickten Strümpfe für die Bewohner von Sobernheim und Umgebung. Das war der Anfang der späteren »Strickerei von der Eltz«, die Arnold nach dem Krieg aufbaute und als Meister leitete.

Landser Mit Landser wurden vereinzelt im Ersten, verbreiteter im Zweiten Weltkrieg und teilweise auch in der Nachkriegszeit bis heute volkstümlich oder Volkstümlichkeit vortäuschend, einfache deutsche Heeressoldaten bezeichnet (Quelle Wikipedia).

Linz ist die Landeshauptstadt von Oberösterreich und mit 206.595 Einwohnern (Stand 1. Januar 2020) nach Wien und Graz die drittgrößte Stadt Österreichs und das Zentrum des mit 801.085 Menschen (Stand 2019) zweitgrößten Ballungsraumes des Landes.

Meddersheim Nachbarort von Bad Sobernheim im Nahetal mit vielen Weinbauern, Weinlokalen und Wein-Probierstuben.

Meine Hand Arnold hatte als Jugendlicher einen Phosphorbrocken am Ufer der Nahe gefunden und ihn für Bernstein gehalten. Nur fing der in seiner rechten Hand haltend an zu brennen und versengte im zwei Sehnen. Zwei leicht nach innen gekrümmte Finger durch die verkürzten Sehnen waren geblieben. Deshalb durfte Arnold kein Flugzeugführer (Pilot) werden.

MG Abkürzung für »Maschinengewehr«

Monzingen ist eine Ortsgemeinde im Landkreis Bad Kreuznach in Rheinland-Pfalz. Sie gehört der Verbandsgemeinde Nahe-Glan an. Monzingen ist eine über 1200 Jahre alte Weinbaugemeinde an der mittleren Nahe und auf der rechten Seite flussaufwärts, der nächste kleinere Nachbarort von Bad Sobernheim im Nahetal mit vielen Weinbauern, Weinlokalen und Probierstuben.

N. S. V. »Nationalsozialistische Volkswohlfahrt«. Im Verlauf des Zweiten Weltkrieges übernahm die N. S. V. immer mehr (eigentlich staatliche) Aufgaben, vor allem im Bereich der Kinder- und Jugendarbeit.

N.S.R.L. Der Nationalsozialistische Reichsbund für Leibesübungen

Nächtlicher Weise im Bett sauber gebügelte Hose Um eine gebügelt aussehende Hose zu bekommen, da man beim Kommiss kein Bügeleisen hatte, legte man sie nachts fein säuberlich gefaltet unter die Matratze und schlief darauf. Am nächsten Morgen hatte die Hose dann »Bügelfalten«.

NSFK Das Nationalsozialistische Fliegerkorps (NSFK) war eine paramilitärische nationalsozialistische Organisation. Das NSFK wurde am 17. April 1937 durch Führererlass geschaffen. Es war Rechtsnachfolger des DLV e.V. (Deutscher Luftsportverband).

O. Gefr. Obergefreiter

O. U. steht für »Ortsunterkunft«. Diese Abkürzung wurde in Feldpostbriefen, aber auch in Dienstschreiben angewandt, wenn die Truppenteile in festen Unterkünften untergebracht waren, aber aus Gründen der Geheimhaltung keine offenen Ortsangaben enthalten durften. Aus »O. U.« kann man also nicht ablesen, wo sich die Truppe, geografisch gesehen, gerade befand.

Oberkaufungen Ist einer der zwei Ortsteile der Gemeinde Kaufungen im Landkreis Kassel in Hessen

Oberschnäpser Obergefreiter

Odernheim an der Glan ist eine Ortsgemeinde in der Verbandsgemeinde Nahe-Glan im Landkreis Bad Kreuznach in Rheinland-Pfalz (Deutschland). Der Ort liegt in der Nähe von Bad Sobernheim.

ohne Wenn Arnold in seinen Briefen von »ohne« schreibt, dann meint er Brot oder Backwaren umsonst zu bekommen. Die Lebensmittel und das Geld waren knapp, schon 1942 mitten im zweiten Weltkrieg.

OKW-Bericht Oberkommando der Wehrmacht, täglicher Bericht über die Fronten

Olmütz/Mähren 1939-1945 gehörte Olmütz zum deutschen Protektorat Böhmen und Mähren. Heute eine Stadt in der Republik Tschechien mit dem Namen »Olomouc«

Onkel August (von der Eltz) Bruder von Arnolds Vater Paul von der Eltz und Onkel von Arnold. August von der Eltz und seine Frau Ella, betrieben ab April 1931 eine Druckerei in Völklingen.

Onkel Ernst (Arend) Ehemann von Tante Liesel (geb. von der Eltz, Schwester von Mutter Franziska)

Onkel Fritz (Hößler) Bruder von Arnolds Mama Franziska und Onkel von Arnold

Onkel In allen dem Autor vorliegenden Chroniken steht kein Hinweis, um welchen Onkel es sich gehandelt haben könnte.

Onkel Kurt (Hößler) Bruder von Fritz und Arnolds Mama Franziska

Ordonnanz ist ein Soldat, der unter anderem zum Dienst als Kellner in Offizier- und Unteroffiziersheimen abkommandiert ist.

Øresund-Allee, Haus Nr. 34 Diese Adresse befindet sich in Stradnähe im Kopenhagener Stadtteil »Dragør« unterhalb des Lufthafens. Arnold war dort zum Schluss des Krieges 1944/45 stationiert.

Papa Paul (von der Eltz) Prokurist in einer Sobernheimer Druckerei und Infanterist im Ersten Weltkrieg. 1915 Beginn seiner Augenkrankheit und 1929 total erblindet.

Peter Kreuder (* 18. August 1905 in Aachen; † 28. Juni 1981 in Salzburg) war ein deutsch-österreichischer Komponist, Pianist und Dirigent. Er schrieb die Musik zu über 180 Filmen, Orchesterwerken, Opern, Operetten, Musicals und vieles mehr.

Pferdsfeld ist ein ehemaliger Ort im Soonwald-Teil des Hunsrücks in Rheinland-Pfalz (Landkreis Bad Kreuznach). Das Dorf wurde aufgrund der Nähe zum Natoflugplatz Pferdsfeld um 1980 aufgegeben.

Portemonnaie Kleines Behältnis zum Aufbewahren von Geld, das man bei sich trägt. Bezeichnung stammt aus dem Französischen und ist im südlichen Rheinland-Pfalz, zur Nähe an Frankreich hin, ein üblicher Ausdruck.

Protektorat Das Protektorat Böhmen und Mähren (tschechisch Protektorát Čechy a Morava) ist eine nationalsozialistische Bezeichnung für eine formal autonome Verwaltungseinheit auf tschechoslowakischem Gebiet unter deutscher Herrschaft, die von 1939 bis 1945 bestand.

Revier Von einer Truppe in einer Kaserne oder Lager belegter Raum

RLM Reichsluftfahrtministerium (Quelle Internet)

RM Die Reichsmark (Abkürzung RM, Währungszeichen RM) war von 1924 bis 1948 das gesetzliche Zahlungsmittel im Deutschen Reich

Saarhotel Eines der ältesten Hotels in Bad Sobernheim. Mittlerweile nur noch Gaststätte und kein Hotel mehr.

Scharlach Eine bakterielle Infektionskrankheit durch ß-hämolysierende Streptokokken

Schloss Bentlage Das Schloss Bentlage (auch Kloster/Schloss Bentlage) liegt am Ufer der Ems, nördlich der Stadt Rheine im Münsterland.

Schulzeit Arnolds Mama Franziska, verbrachte ihre Schulzeit mit Eltern und Geschwistern in Göteborg, Schweden, später in Hamburg und dann in Sobernheim.

Seemannsgarn Die Bedeutung des »Seemannsgarn spinnen« für zweifelhafte Geschichten oder Übertreibungen fand mit der Zeit Eingang in die Umgangssprache.

Seitengewehr Unter der Bezeichnung Seitengewehr oder auch Seitenwehr versteht man die heute üblichen Bajonette, die auch als eigenständige Waffen geführt werden können und bei Bedarf auf das Gewehr aufgepflanzt werden.

Senftenberg Der Bezirk Senftenberg (tschechisch Okresní hejtmanství Žamberk) war ein politischer Bezirk im Königreich Böhmen. Der Bezirk umfasste Gebiete im Nordosten Böhmens im heutigen Pardubický kraj bzw. Královéhradecký kraj (Okres Náchod, Okres Ústí nad Orlicí bzw. Okres Rychnov nad Kněžnou). Sitz der Bezirkshauptmannschaft war die Stadt Senftenberg (Žamberk). Das Gebiet gehörte seit 1918 zur neu gegründeten Tschechoslowakei und ist seit 1993 Teil Tschechiens. Das ganze Gebiet stand unter deutscher Herrschaft von 1939 bis 1945

Stieglitz Focke-Wulf Fw 44 »Stieglitz« ist ein zweisitziger Doppeldecker des Bremer Flugzeugherstellers Focke-Wulf, der in den 1930er- und 1940er-Jahren vorrangig als Schulflugzeug und für den Kunstflug verwendet wurde. Der Typ war bei der Luftwaffe eines der Standardschulflugzeuge für die Ausbildung der Jagdflieger.

Sobernheim Geburtsort und Heimatstadt von Arnold.
Seit Dezember 1995 trägt die Stadt den Zusatz »Bad« (Bad Sobernheim)

Soonwald Der Soonwald im Rhein-Hunsrück-Kreis und im Landkreis Bad Kreuznach ist ein bis 657,5 m ü. NHN hoher Teil des rheinland-pfälzischen Mittelgebirges Hunsrück. Der Soonwald mit seinen vielen Ausflugszielen liegt oberhalb von Bad Sobernheim und war ein beliebtes Wandergebiet der Familie von der Eltz.

Spieß Der Kompaniefeldwebel (KpFw; umgangssprachlich »Spieß«; »Mutter der Kompanie«) ist ein Dienstgrad beim deutschen Militär

Staffelkapitän Den Führer einer Staffel (fliegende Einheit) bezeichnet man als Staffelchef oder Staffelkapitän und hatte den Rang eines Stabsoffiziers. Eine Gruppe bestand normalerweise aus drei oder vier Fliegerstaffeln, welche jeweils von einem Staffelkapitän befehligt wurden

Staudernheim nächster Nachbarort im Osten von Sobernheim und von dort aus geht es weiter nach Odernheim.

Stawiko Diese Abkürzung steht für Stabs- und Wirtschaftskompanie eines Fluganwärter-Bataillons.

Stoff-A.-Abzeichen Segelfliegerabzeichen »A-Prüfung«. Arnold war begeisterter Segelflieger.

Stolp Der Landkreis Stolp (polnisch Słupsk), ursprünglich Kreis Stolp, war bis 1945 ein preußischer Landkreis im Regierungsbezirk Köslin der preußischen Provinz Pommern. Seine Kreisstadt Stolp bildete seit 1898 einen eigenen Stadtkreis. Das ehemalige Kreisgebiet liegt heute größtenteils im Powiat Słupski in der polnischen Woiwodschaft Pommern.

Strickerei Eigenes Familienunternehmen, um sich während des Krieges finanziell über Wasser zu halten. Die Herstellung von Strickwaren und Strümpfen für private Kunden wurden von Franziska von der Eltz, der Mutter von Arnold und seiner Schwester Bringfriede Schaaf, hergestellt. Die Firma wurde später nach dem Krieg von Arnold von der Eltz und seiner Frau Änne von der Eltz in größerem Stil weiter geführt.

Stube Bezeichnung für die Zimmer in der Kaserne. Sie als Zimmer zu bezeichnen ist dabei meist mit einem »Anschiss« verbunden, Zitat: Zimmer gibts im Hotel oder im Puff!

Stuka Sturzkampfflugzeuge (meistens als Sturzkampfbomber oder Sturzbomber bezeichnet) waren relativ leichte Kampfflugzeuge (meist einmotorige Bomber), die im Gegensatz zu den mehrmotorigen Horizontalbombern üblicherweise mit leichteren Bombenladungen bestückt waren, um damit im Sturzflug Punktziele angreifen zu können.

Tante Betty Schwester von Papa Pauls Vater Adam von der Eltz

Tante Ella (geb. Hößler) Ehefrau von August von der Eltz und Schwester Mama Franziska von der Eltz. August ist der Bruder von Papa Paul von der Eltz.

Tante Liesel Schwester von Arnolds Mama Franziska

Tante Lotte (Charlotte) Schwester von Papa Paul.

Tante Manda Erste Ehefrau von Kurt Hößler (Bruder von Arnolds Mama Franziska)

Tatbericht ist die Vorstufe zu einem Strafverfahren gegen Unteroffiziere und Mannschaften (Tatberichte zu Einzelfällen)

Tempo 30 Tempo 30 oder Tempo 60 Buchstaben pro Minute sind 12 Wörter pro Minute, umgerechnet über das Normwort »Paris«.

Tommy(s) Tommy Atkins oder kurz Tommy bzw. Tommys, ist eine Bezeichnung für einen einfachen Soldaten des britischen Heeres, die im 19. Jahrhundert aufkam und im kollektiven Gedächtnis der Briten besonders eng mit dem Ersten Weltkrieg verknüpft ist. Ist im Deutschen von »Tommys« die Rede, ist heute seltener die British Army gemeint als vielmehr »die Briten« (oder »die Engländer«) im Allgemeinen, zumeist in spaßigen und leicht abwertenden Absicht.

Trautel Eine Tante Trautel von Arnold kann in der Familienchronik von Irene von der Eltz-Hell nicht eindeutig zugeordnet werden, da ihre Eltern ca. 120 Jahre später nicht mehr genau bestimmt werden können. Was ihre Gesinnung angeht die Arnold im Brief erwähnt, kann nur die Einstellung gegenüber Adolf Hitler und dem Krieg gewesen sein. Arnolds blinder Papa Paul war Sozialdemokrat und nannte Adolf Hitler immer einen Verbrecher.

Türkismühle Türkismühle ist ein Ortsteil der Gemeinde Nohfelden im Saarland mit etwa 730 Einwohnern. Der Bahnhof Türkismühle ist ein beidseitiger Trennungsbahnhof im Ortsteil Türkismühle der saarländischen Gemeinde Nohfelden. Der Bahnhof befindet sich an der Nahetalbahn und ist Endpunkt der Hochwaldbahn nach Trier sowie der Westrichbahn nach Kusel. Er wurde im Zuge der Verlängerung der Nahetalbahn von Idar-Oberstein nach Neunkirchen (Saar) am 26. Mai 1860 eröffnet.

U. v. D. Unteroffizier vom Dienst. Der U. v. D ist ein Sonderdienst zur Überwachung des Innendienstes. Des Weiteren ist der U. v. D für die Sauberkeit der Kompanie und für die Einhaltung der soldatischen Ordnung nach dem allgemeinen Dienstschluss verantwortlich. So obliegt ihm unter anderem das Wecken, die Überwachung der Reinigung von den Unterkünften und die Einhaltung der Nachtruhe. Ihm sind meistens ein oder zwei Soldaten der Dienstgradgruppe der Mannschaften als Gefreiter vom Dienst (G. v. D) zugeordnet

Uffz Unteroffizier

Uffz-Themen Uffz ist die Abkürzung für Unteroffizier. Arnold befand sich zu diesem Zeitpunkt in einem Lehrgang zum Unteroffizier.

ULK (U. L. K.) Unteroffizierslehrgang

Verdienstkreuz mit Schwertern Das Kriegsverdienstkreuz (KVK) war eine Auszeichnung des Deutschen Reichs im Zweiten Weltkrieg. Es sah eine Klasse mit und ohne Schwerter vor, kam aber vor 1940 nicht zur

Anwendung und war eine Auszeichnung des Deutschen Reichs im Zweiten Weltkrieg für Soldaten und Zivilisten.

Völklinger Männer Damit sind Onkel August und dessen Sohn Ludwig gemeint, die zu dem Zeitpunkt aus Völklingen zu Besuch in Sobernheim bei Arnolds Eltern waren.

Volksbank Sobernheim Arnold hatte bei der Volksbank Sobernheim eine Ausbildung zum Bankkaufmann gemacht, bevor er sich freiwillig zum Militär als Flieger meldete. Sein Chef hieß Herr Kunz.

Wasserwellen Strenge, gleichmäßige Wellen, die eng an der Kopfhaut anliegen. Wasserwellen waren besonders in den 20er und 30er-Jahren beliebt. Mit speziellen Klammern wird das feuchte Haar eng am Kopf in Wellen gelegt, trocken geföhnt und mit Spray fixiert. Das Ergebnis hält bis zur nächsten Haarwäsche.

Wetzen Umgangssprachlich für rennen. Das Wort wird oft in Nahetal-Dialekten benutzt.

Zeiserlwagen Der Zeiserlwagen, auch Zeiselwagen, war ein frühes Wiener Personenbeförderungsmittel des 18. und frühen 19. Jahrhunderts für den Ausflugsverkehr in Wiener Vororte. Es handelte sich um Leiterwagen bäuerlicher Art, die durch quer gelegte Sitzbretter für den Personentransport nutzbar gemacht wurden und allenfalls einfach (mit Rohrdecken) zum Schutz vor Witterungseinflüssen überdacht waren.

Zivilbrocken Zivilkleidung

Zug (Militär), militärische Teileinheit. Eine Kompanie ist in mehrere Züge eingeteilt.

Zulassungsmarken Aus »die Deutsche Feldpost im Krieg«: Das jeweils zulässige Höchstgewicht der Päckchen wird fallweise verlautbart, z. Zt. beträgt es 1000 g. Zum Versand von Feldpostpäckchen aus der Heimat ins Feld erhält jeder Angehörige der deutschen Wehrmacht monatlich eine bestimmte Zahl von Feldpostpäckchen-Zulassungsmarken (in der Regel zwei Stück) *(Quelle im Internet: Lexikon der Wehrmacht).*

Quellen: Wikipedia, LuftArchiv.de, www.forum-der-wehrmacht.de, www.bundesarchiv.de, https://commons.wikimedia.org, www.vimu.info, eigene Originalbilder von Arnold

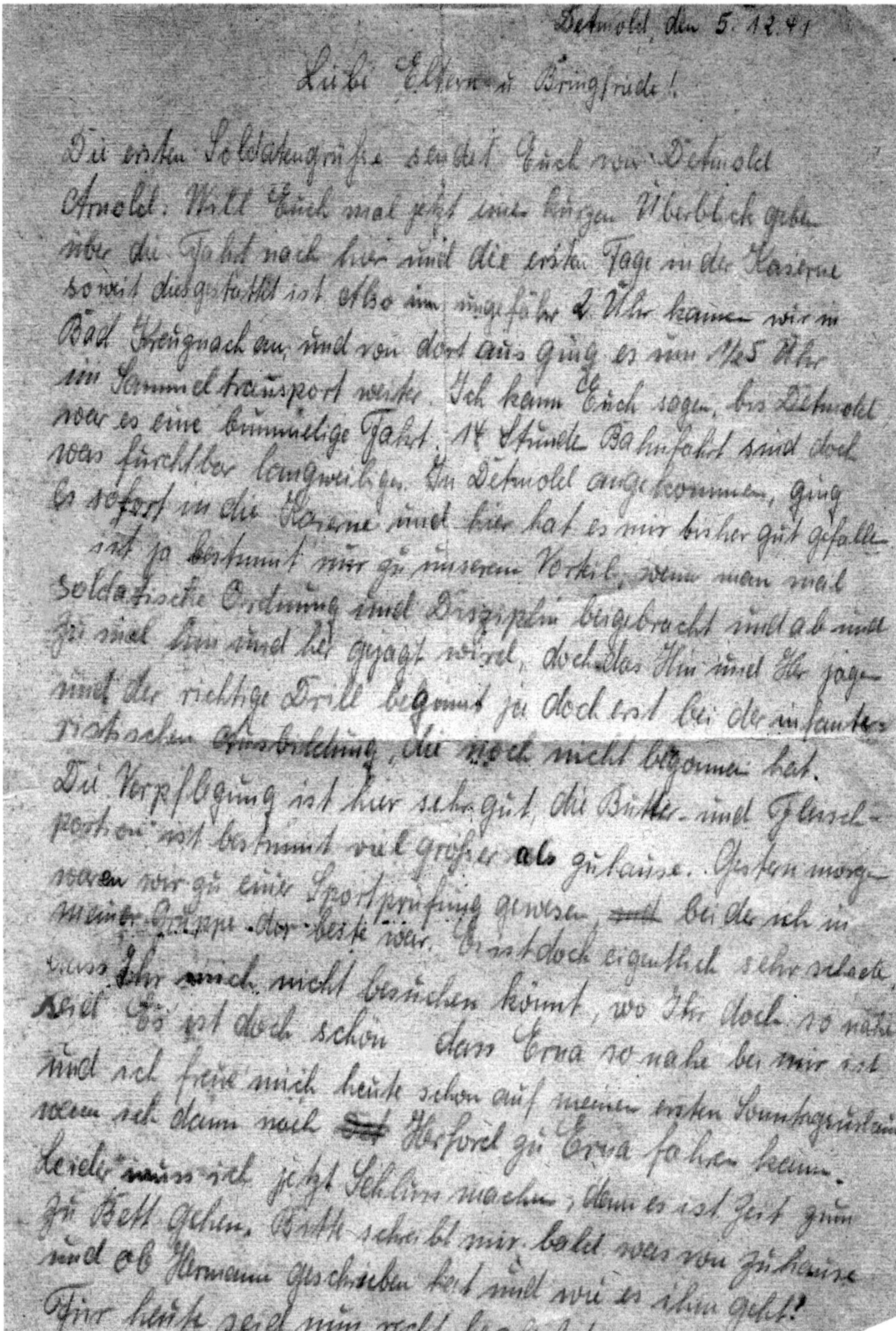

Detmold, den 5.12.41

Liebe Eltern u. Bringfriede!

Die ersten Soldatengrüße sendet Euch von Detmold Arnold. Will Euch mal jetzt einen kurzen Überblick geben über die Fahrt nach hier und die ersten Tage in der Kaserne soweit dies gestattet ist. Also um ungefähr 2 Uhr kamen wir in Bad Kreuznach an, und von dort aus ging es um 1/2 5 Uhr im Sammeltransport weiter. Ich kann Euch sagen, bis Detmold war es eine kümmerliche Fahrt. 14 Stunden Bahnfahrt sind doch was furchtbar langweiliges. In Detmold angekommen, ging es sofort in die Kaserne und hier hat es mir bisher gut gefallen ist ja bestimmt nur zu unserem Vorteil, wenn man mal soldatische Ordnung und Disziplin beigebracht und ab und zu mal hin und her gejagt wird, doch das Hin und Her jagen und der richtige Drill beginnt ja doch erst bei der infanteristischen Ausbildung, die noch nicht begonnen hat. Die Verpflegung ist hier sehr gut, die Butter- und Fleischportion ist bestimmt viel größer als zuhause. Gestern morgen waren wir zu einer Sportprüfung gewesen, bei der ich in meiner Gruppe der beste war. Es ist doch eigentlich sehr schade dass Ihr mich nicht besuchen kommt, wo Ihr doch so nahe seid. Es ist doch schön dass Erna so nahe bei mir ist und ich freue mich heute schon auf meinen ersten Sonntagsurlaub wenn ich dann nach Herford zu Erna fahren kann. Leider muss ich jetzt Schluss machen, denn es ist Zeit zum zu Bett gehen. Bitte schreibt mir bald was von zuhause und ob Hermann geschrieben hat und wie es ihm geht! Für heute seid nun recht herzlich gegrüßt

Der erste Originalbrief von Arnold mit »ersten Soldatengrüßen« aus Detmold.

Kapitel 1: 1941 – Detmold

Detmold, Freitag, den 5.12.1941

Liebe Eltern und Bringfriede!

Die ersten Soldatengrüße sendet Euch von Detmold, Arnold. Will Euch mal jetzt einen kurzen Überblick geben über die Fahrt nach hier und die ersten Tage in der Kaserne, soweit dies gestattet ist. Also ungefähr um zwei Uhr nachmittags, kamen wir in Bad Kreuznach an, und von dort aus ging es um halb fünf im Sammeltransport weiter. Ich kann Euch sagen, bis Detmold war eine bummelige Fahrt. Vierzehn Stunden Bahnfahrt sind doch was furchtbar Langweiliges. In Detmold angekommen, ging es sofort in die Kaserne und hier hat es mir bisher gut gefallen. Ist ja bestimmt auch nur zu unserem Vorteil, wenn man mal soldatische Ordnung und Disziplin beigebracht und ab und zu mal hin und her gejagt wird. Doch das Hin und Her jagen und der richtige Drill beginnt ja doch erst bei der infanteristischen Ausbildung, die noch nicht begonnen hat. Die Verpflegung ist hier sehr gut, die Butter- und Fleischportionen sind bestimmt viel größer als daheim. Gestern Morgen waren wir zu einer Sportprüfung gewesen, bei der ich in einer Gruppe der Besten war. Es ist doch eigentlich schade, dass Ihr mich nicht besuchen könnt, wo Ihr doch so nahe seid.

Es ist auch schön, dass meine Schwester Erna so nahe bei mir ist, und ich freue mich heute schon auf meinen ersten Sonntagsurlaub, wenn ich dann nach Herford zu Erna fahren kann. Leider muss ich jetzt Schluss machen, denn es ist Zeit zum Zubettgehen. Bitte schreibt mir bald was von daheim und ob Hermann als Sanitäter von der Ostfront geschrieben hat und wie es ihm geht.

Für heute seid nun recht herzlich gegrüßt von

Arnold

Flieger A. v. d. E.
5. / Fl. Ausb. Reg. 33
Detmold / Lippe
Fliegerhorst

Detmold, Donnerstag, den 11.12.1941

Liebe Eltern und Bringfriede!

Will die paar freien Minuten ausnutzen und Euch wieder mal ein paar Zeilen schreiben. Nun, nachdem wir eingekleidet sind und uns eingerichtet haben, ging in dieser Woche das Exerzieren los. Schön ist das gerade nicht in diesem Sauwetter, das wir hier haben. Draußen herum zu rasen und sich in den Dreck zu legen; doch schlimm ist das gerade nicht, denn auch das muss man mal mitgemacht haben, sonst wäre man ja auch kein richtiger Soldat.

In dieser Woche üben wir eifrig für die Weihnachtsfeier der Kompanie. Es ist dies eine schöne Unterhaltung in der Freizeit zu musizieren und zu singen. Heute schrieb mir Erna, dass Ihr in Herford gewesen seid und kräftig Verlobung gefeiert habt. Den ganzen Sonntag war ich in Gedanken bei Euch und dachte immer, wenn ich doch nur dabei sein könnte. Denn wo Ihr seid, ist doch immer Stimmung und Leben und da mache ich doch jedes Mal gerne mit. Erna schrieb mir noch, dass sie mich vor Weihnachten besuchen will. Ihr könnt Euch vielleicht vorstellen, wie diese Nachricht mich erfreut hat.

Liebe Eltern, jetzt komme ich noch mit einer Bitte, oder besser gesagt, mit mehreren. Schickt mir bitte so schnell wie möglich folgende Sachen:

1. Meine Turnschuhe, 2. Ein Messer, 3. Seife (auch Rasierseife, wenn das möglich ist).
4. Ein Glas Gelee, Stopfwolle grau, Nadel, mein Stoff-A.-Abzeichen im Schrank im Schlafzimmer und mein Haaröl.

Nun muss ich wieder Schluss machen, denn der U. v. D. versteht keinen Spaß, wenn man beim Stubendurchgang nicht im Bett liegt. Bitte, schreibt mir auch bald was aus der Heimat, denn Ihr wisst gar nicht, wie ich mich darauf freue.

Viele Grüße an Euch und Bringfriede sendet

Arnold

Detmold, Sonntag, den 14.12.1941

Liebe Eltern und Bringfriede!

Während ich diesen Brief schreibe, steht neben mir Euer Päckchen, das heute angekommen ist. Was das eine Freude für mich war, ein Päckchen aus der Heimat zu empfangen, könnt Ihr Euch vorstellen. Am liebsten möchte ich Euch einen Dauerauftrag geben mir alle paar Tage was zu schicken. Schade, dass Ihr mir keine größeren Pakete schicken dürft, ob das nur wieder mal in Sobernheim so ist, die anderen Kameraden bekommen jedenfalls Pakete. Somit könnt Ihr mir auch den größten Teil der Sachen nicht schicken, die ich haben möchte, ich brauche sie doch aber so dringend. Erna schrieb mir auch diese Woche, dass es Euch so gut in Herford gefallen hat, und dass sie mich noch vor Weihnachten besuchen will. Hoffentlich klappt's mit dem Besuch, denn es wäre doch mal eine erfreuliche Abwechslung in dem ewig gleichen Tageslauf. Vielleicht haben wir Weihnachten zum ersten Mal Sonntagsurlaub, je nach dem wir uns in der Zwischenzeit im Dienst verhalten. Wäre Erna dann in Herford, würde ich versuchen sie zu besuchen.

Der Dienst beginnt nun so allmählich immer strenger zu werden, denn wir müssen in dieser kurzen Ausbildungszeit alles lernen, was ein Infanterist so können muss. Mir macht der Dienst jedenfalls nicht viel aus, denn ich habe ihn mir immer so vorgestellt, vielleicht noch schlimmer. Diese Woche findet nun unsere Vereidigung statt und danach gehen wir vielleicht zum ersten Mal gemeinsam aus. Ebenfalls ist diese Woche unsere Weihnachtsfeier – meine erste Soldatenweihnacht, die ich erlebe. Unsere Freizeit war nun meistens für Proben der Feier ausgefüllt, daher ist auch wenig Zeit zum Briefeschreiben.

Unsere Zivilbrocken haben wir noch nicht abgeschickt, es ist auch nicht bestimmt, wann diese weggeschickt werden. Die Kleidung wird ja »schön« aussehen, wenn sie endlich daheim ankommt …

Nun ist es schon wieder Zeit aufzuhören, denn wir wollen mal zur Kantine gehen, um einiges einzukaufen und mal ein Glas Bier zu trinken. Eben habe ich von Stubenkameraden gehört, dass keine Feldpostpäckchen, aber Pakete geschickt werden dürfen. (Merkt Ihr was?) Wenn Ihr Briefpapier habt, schickt mir bitte so viel, wie Ihr könnt, hier ist keins zu kriegen.

Also, für heute grüßt Euch herzlich

Arnold

Detmold, Donnerstag, den 18.12.1941

Liebe Eltern, Bringfriede und Kinder!

Während meine Kameraden musizieren, singen und für die morgige Weihnachtsfeier üben, schreibe ich Euch diesen Brief. Ich nehme auch an der Feier teil und werde Hawaiigitter spielen – mit der Nase natürlich.

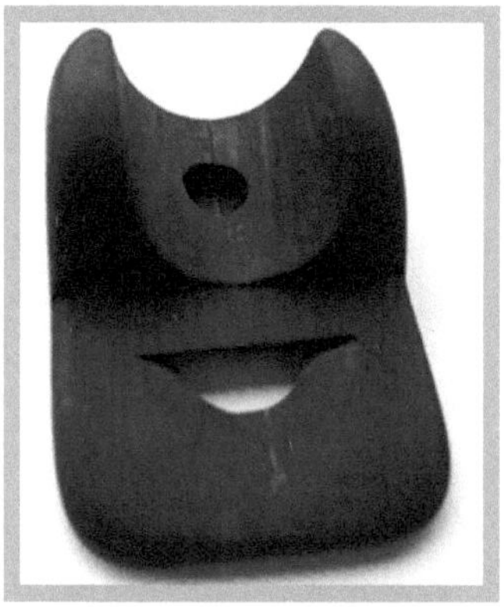

Die Nasenflöte ist ein einfaches Musikinstrument, bei dem der aus der Nase kommende Luftstrom in den Mundraum umgelenkt wird. Die Tonhöhe wird, wie beim Pfeifen und bei der Maultrommel durch die Veränderung der Größe des Mundraumes erzeugt.

Heute war unsere Vereidigung und nun sind wir somit die jüngsten Soldaten Deutschlands. Diese Woche war auch die Eignungsprüfung zum fliegenden Personal und ich soll nun Bombenschütze werden. Flugzeugführer werde ich nicht, wegen meiner Hand. Es ist ja auch gleich, als was man seine Pflicht tut und schließlich ist ja Bombenschütze nicht der schlechteste Posten im Bomber. In den letzten Tagen war der Dienst mal ziemlich streng als Strafe, weil sich manche zum Dienst nicht rasiert hatten. Der Schweiß lief mir nur so unter dem Stahlhelm, und wir waren fix und fertig bis auf die Knochen. Lieber Papa, Du kennst ja auch sicher die bekannten Übungen mit dem Gewehr. Am anderen Tage hatten wir Muskelkater, wie man ihn selbst beim Turnen noch nicht kriegt. Doch ist der Dienst um, dann ist das alles schnell vergessen und man macht wieder Witze und ist guter Laune.

Liebe Eltern, wie schade ist es, dass Ihr kein Weihnachtspäckchen schicken könnt mit Plätzchen und Kuchen oder Äpfel. Denn nach so was sehnt man sich als Soldat besonders. Ich glaube, Sobernheim hat da mal wieder seine eigenen Gesetze, denn meine Kameraden bekommen fast alle Päckchen. Doch wir wollen erst mal unsere Weihnachtsfeier abwarten, wir wissen ja noch nicht, was wir da bekommen. Am Heiligen Abend werden wir dann noch in der Stube Weihnachten feiern.

Nun möchte ich mich noch für die beiden Päckchen bedanken, ebenso Dir Bringfriede für das Geld. Nur um eins muss ich Euch bitten, mir kein Geld mehr zu schicken, denn wir dürfen nicht mehr als 20 Mark haben. Wenn ich welches brauche, schreibe ich Euch. Vor acht Tagen haben wir erst 23 Mark Löhnung erhalten und ich konnte gleich 14,- Mark zur Bank schicken.

Liebe Mama, mein Segelflieger A-Prüfung-Abzeichen brauchst Du nicht weiter zu suchen. Wenn Ihr könnt, schickt mir bitte Briefpapier und Umschläge, denn ich muss mir das Briefpapier schon bei meinen Kameraden leihen. Wie geht es Hermann, hat er mal wieder geschrieben? Wie geht es sonst so in der Heimat? Ihr könnt mir ja mal ab und zu eine Zeitung schicken und vergesst nicht, mir ein Glas Gelee bei Gelegenheit zu schicken. Die leeren Gläser schicke ich Euch in einem der Kartons zurück. So eine Nebenkost ist immer willkommen.

Seid nun nochmals alle recht herzlich gegrüßt und recht frohe Weihnachten wünscht Euch

Arnold

Detmold, Sonntag, den 21.12.1941

Liebe Eltern und Bringfriede!

Ich möchte Euch die Antwort auf Euren heute erhaltenen Brief nicht länger schuldig bleiben. Heute Mittag, nach Stubendurchgang und Spind-Appell des Zugführers, haben wir den ganzen Nachmittag frei und ich kann nun ungestört meine Korrespondenz erledigen. Ich will heute noch nach Völklingen, der Tante Manda und Onkel Kurt, der schon Gefreiter wie Hermann ist, schreiben.

Liebe Mama, ganz so trostlos ist es nun doch nicht bei uns zu Weihnachten. Wir hatten vorige Woche Freitag, ein Tag nach unserer Vereidigung, eine Kompanie-Weihnachtsfeier, da war bestimmt alles dran. Zuerst kam der feierliche Teil mit Weihnachtsliedern und Vorträgen, dann der lustige Teil. Unser Kompaniechef war ganz begeistert und auch der Regimentskommandeur, der anwesend war, sprach seine Anerkennung aus. Ich wirkte bei der Feier im lustigen Teil auch mit, und zwar spielte ich, wie im vorigen Brief erwähnt, Hawaiigitter mit der Nase. Ich kann Euch sagen, alles hat gelacht. Als Getränk bekamen wir Glühwein und zum Futtern eine Unmenge Gebäck und Äpfel, ganz wie daheim. An diesem Abend gab es auch noch ein prima Essen. Kotelett, Kartoffeln und Gemüse, also, es fehlte uns an nichts. Heiligenabend wird natürlich auf der Stube auch noch mal gefeiert. Kuchen, Gebäck usw. haben wir genug dazu und Nahewein haben wir auch schon bestellt. Es wird bestimmt schön. Meine Kameraden, die mit mir auf einer Stube liegen, sind zum größten Teil aus dem Saargebiet und aus der Bad Kreuznacher Gegend. Da ja wir fast alle ein und dieselbe Sprache oder denselben Dialekt sprechen, verstehen wir uns prima. Auf meiner Stube liegt auch ein Sohn eines Druckereibesitzers, Rubel mit Namen aus Lebach, bei dem Onkel August einmal gearbeitet hat. Gestern, nach der Parole, ruft mich der U. v. D! Na, dachte ich, was habe ich denn jetzt verbrochen, doch so nebenbei dachte ich weiter, Erna ist bestimmt da und tatsächlich – so war es auch. Ich rannte nun auf dem schnellsten Wege zur Wache, daraus konnte man allein schon sehen, wie ich mich auf diesen Besuch freute. Leider hatte ich ja nur eine Viertelstunde Zeit, doch ich tröstete mich damit, dass Erna nicht das letzte Mal hier war. Gell, so ist es doch, Erna! Und ein Paket hatte sie auch mitgebracht. Da ich den Inhalt jetzt gesehen habe, liebe Erna, möchte ich mich nochmals recht herzlich bedanken, besonders für den Rasierapparat. Ihr wisst gar nicht, was so ein Paket für Wunder wirkt. Denn war der Dienst einmal ziemlich streng und hart, und es haftet einem noch etwas davon an, dann ist Post oder ein Paket immer das Richtige, was wieder alles vergessen lässt. Deshalb kannst Du Dir denken, liebe Mama, wie mich das freut, dass ein Paket für mich unterwegs ist.

Unsere Ausbildung läuft jetzt auf vollen Touren, und es gibt manchmal Tage, an denen wir mehr im Dreck liegen als wir stehen. In dieser kurzen Zeit von zwölf Wochen, muss ja auch der Dienst so hart sein, denn bis dahin haben wir ja auch noch viel zu lernen, und dann ist es ja bei uns so wie überall. Jede Kompanie, jeder Zug und jede Gruppe wollen natürlich die Beste sein, und da kommt es auch wieder in erster Linie auf die Vorgesetzten und letzten Endes auf die Kameraden an. Unsere Vorgesetzten sind fast alle so in Ordnung, nur haben wir in unserer Gruppe so blöde Kerle, die einfach das nicht können, was von uns verlangt wird und beim Kommiss heißt es ja immer: »Alle für Einen und Einer für alle«, sonst wäre der Dienst bestimmt halb so wild. Aber wie ich immer denke, es schadet uns bestimmt nicht und mir macht das alles nichts aus. Schließlich bin ich ja vom Sport aus daran gewöhnt.

Nun schreibst Du noch, liebe Mama, das Fritz auf Urlaub ist. Lieber Fritz, wäre das schön, wenn ich jetzt bei Euch wäre? Dann säßen sich wieder zwei verbissene Schachspieler gegenüber oder die Zeit ging dahin beim Billard spielen. Na, hoffen wir auf den nächsten gemeinsamen Urlaub! Schreibe mir doch bitte auch mal etwas von Dir, es würde mich bestimmt sehr freuen. Also, ich rechne fest damit.

Zum Schluss möchte ich Euch allen nochmals ein recht frohes Weihnachtsfest wünschen und hoffen, dass Erna und ihr Freund Ewald mich sobald wie möglich nach ihrer Rückkehr besuchen und etwas aus der Heimat erzählen.

Seid nun alle recht herzlich gegrüßt

Arnold

PS: Während ich den Brief schreibe, wird wieder auf der Stube musiziert.

Arnolds »Schachlehrer« Onkel Fritz bei seinem Lieblingsspiel.

Detmold, Donnerstag, den 25.12.1941

Liebe Eltern und Geschwister!

Nun habe ich zum ersten Mal Weihnachten fern von daheim erlebt und gefeiert. Und ich will ehrlich sagen, wenn ich an daheim denke, will mir das Heimwehgefühl aufkommen. Im Geiste sah ich Jürgen vorm Tannenbaum stehen und die Lichterpracht anstaunen, und wie er seine Eisenbahn fest in den Händen hält. Am Abend wart Ihr alle in der gemütlich eingerichteten Wohnstube bei einem Glas Wein versammelt, Fritz war doch sicher auch dabei. Doch ich muss sagen, Weihnachten im Kameradenkreise feiern ist fast ebenso schön wie daheim. Gestern Abend saßen wir auch gemütlich in unserer Stube, in der Mitte der Tische stand ein auf Solddatenart organisierter Tannenbaum, und als Getränk hatten wir – Nahewein. Gelt, da staunt Ihr, für jeden standen zwei Flaschen zur Verfügung – eine habe ich für Neujahr aufgehoben. (Allerdings ist schon wieder Wein nach hier unterwegs). Und dann hatte jeder etwas spendiert. Sei es Gebäck, Kuchen, Äpfel usw. Und so konnte für jeden ein schöner Teller zurechtgemacht werden. Also ich kann Euch sagen, fast wie daheim. Natürlich saß auch in unserer Mitte unser Gruppenführer, ein Unteroffizier. Einen besseren Vorgesetzten könnten wir uns nicht wünschen. Eben kam mit der Post ein Schifferklavier an und nun schreibe ich meinen Brief mit Musikbegleitung weiter. So wird uns Soldaten in unserem Dienst viel Abwechslung geboten. So waren wir vorgestern im Kino. Es lief der Film »Männerwirtschaft« und die Wochenschau und morgen am zweiten Feiertag sehen wir den Film »Carl Peters«. Meinen Brief musste ich heute Mittag unterbrechen, denn wir wurden zum ersten Mal gemeinsam ausgeführt. Allen Kameraden konnte man die Freude darüber im Gesicht ablesen. Denn das ist doch klar, nach vierundzwanzig Tagen Kasernendienst, ist so ein Spaziergang eine schöne Abwechslung und Erholung. Unser Marschziel lautete: »Hermannsdenkmal«. Vorher besichtigten wir noch die schöne Stadt Detmold und dann begann der mühsame Aufstieg zum Denkmal. Wir mussten uns ja beeilen, denn unsere Zeit war knapp bemessen. Unterwegs begann es auf einmal furchtbar an zu schneien und die Wolken hatten das Denkmal ganz verhüllt. Na, das kann ja gut werden da oben, dachten wir, denn wir wollten doch mal die ganze Umgebung ansehen. Doch oben angekommen, war das Wetter plötzlich wie umgewandelt und wir hatten vom Denkmal aus, die schönste Aussicht, die man sich nur denken kann. Zur weiteren Verschönerung des Tages tranken wir noch in dem auf dem Berg stehenden Lokal ordentlich Kaffee und zum Kaffee wird natürlich Kuchen gegessen. Doch zu schnell vergehen diese schönen Stunden und im Sturmschritt ging es wieder der Kaserne zu.

Liebe Eltern, wie ich ja kurz in den paar Zeilen erwähnt hatte, ist Euer Paket rechtzeitig angekommen, und da ich Euch ja aus Dankbarkeit nichts schenken oder sonst was für Euch tun kann, so schreibe ich, als kleine Gegenleistung so oft ich kann. Ihr freut Euch doch ganz bestimmt, wenn von mir Post kommt, und die Freude möchte ich Euch so oft wie möglich geben – leider war das Geleeglas total zerbrochen und somit der Gelee ungenießbar. Nun zum Schluss noch etwas vom Dienst. Allmählich beginnt man schon einen Erfolg unserer Ausbildung zu spüren, denn jetzt können wir doch einigermaßen gehen und strammstehen. Doch unsere Gang- oder Laufart ist unseren Ausbildern noch viel zu langsam. Die langsamste Gangart in der Kurve beim Militär ist folgende: »Das Ohrläppchen berührt den Boden, das Seitengewehr steht waagerecht und die Socken fangen an zu qualmen«.

Also wenn unsere Ausbildung vorbei ist, sind wir alle erstklassige 100-Meter-Läufer. Wir Sportler wollen ja sowieso den Dienst mit unserem Wintertraining vergleichen, ein besseres Training könnten wir uns ohnehin nicht wünschen. Doch nun komme ich zum Schluss, denn jetzt musizieren wir noch etwas auf der Stube.

Viele Grüße sendet Euch, liebe Eltern und Geschwister, lieber Ewald und Onkel Fritz

Euer Arnold

Detmold, Sonntag, den 28.12.1941

Liebe Eltern und Geschwister!

Ihr seid nun wohl bestimmt erstaunt, schon wieder einen Brief von mir zu erhalten. Ich hätte ja früher nie geglaubt, dass ich so oft schreiben würde. Aber Ihr wisst gar nicht, wie gerne ich diese Pflicht erfülle. Denn als das kann ich es ruhig bezeichnen und ich weiß auch, dass Ihr Euch auf jeden meiner Briefe freut.

Wie ich Heiligabend und ersten Feiertag verbracht und erlebt habe, schilderte ich bereits und will nun meine Schilderung fortsetzen. Am zweiten Feiertag war zu unserer gemeinsamen Freude, wieder geschlossen Ausgang. Der Tag war winterlich klar und so recht geschaffen zu einem ausgedehnten Marsch in die weitere Umgebung Detmolds. Nachdem wir uns hungrig und durstig gelaufen hatten, kehrten wir in ein im Wald versteckt liegendes Café ein und tranken dort erst mal ordentlich Kaffee – Kuchen war natürlich auch wieder dabei. Doch zu Hause angekommen, wartete wieder ein neues Vergnügen auf uns. Wir sahen den Film »Carl Peters«. Am Abend zuvor sahen wir den

Film »Das Verlegenheitskind« und gestern »Auf Wiedersehen Franziska«. Doch diese Kette reißt nicht ab, denn heute gehts wieder ins Kino zum Film »Links der Isar, rechts der Spree«. Also, Ihr seht, was uns hier für eine Abwechslung geboten wird. Fünfmal in der Woche ins Kino und wahrscheinlich sehen wir diese Woche noch mehr Filme. So oft hatte ich daheim nicht das Vergnügen – höchstens alle zwei Monate einmal. Ich glaube, dass diese schönen Abwechslungen in unserem harten Dienst ihren Zweck erfüllen und etwaige auftauchende trübe Gedanken verscheuchen helfen. Die Zeit geht ja wie im Fluge dahin, nun ist schon bald ein Drittel unserer Ausbildungszeit herum, noch zwei Mal dieselbe Zeit und wir werden wieder auseinandergerissen. Der eine kommt auf eine Flugzeugführerschule, der andere wird Bombenschütze usw. Wir Kameraden müssen uns wieder trennen, um uns vielleicht nicht mehr wiederzusehen. Doch an ihre Stelle treten wieder andere und die Kameradschaft wird genau dieselbe werden, wie sie in unserer ersten Soldatenzeit war.

Mir kommt es manchmal vor, als wäre ich zeitlebens Soldat gewesen und nie Zivilist. Das kommt mir öfters wie ein Traum vor, doch der Gedanke an die Heimat, bleibt immer wach. Bis dahin wird wohl noch eine schöne Zeit vergehen und wenn ich dann mal nach Hause komme, werdet Ihr einen anderen Sohn vor Euch haben, der die Menschen kennengelernt, der eine harte aber lehrreiche Schule hinter sich und viel erlebt hat. Am 2. Weihnachtstag begann bei uns der Winter, auf den wir uns alle gefreut hatten. Denn die ganze Zeit hatte es unaufhörlich geregnet, und es war nicht gerade ein Vergnügen durch den Schlamm gezogen zu werden. Jetzt, da es tüchtig geschneit und gefroren hat, fällt nun das flach, doch dafür geht's jetzt rein in den Schnee, sodass wir von einem echten Schneemann kaum zu unterscheiden sind. Man glaubt kaum, auf welche Ideen die Ausbilder kommen, um uns so richtig durch den Schnee zu ziehen. Doch das macht jedem Spaß und jeder fasst es von der heiteren Seite auf. Nur werden die Hände verflucht kalt, besonders wenn mit Gewehr exerziert wird. Also, die Vorteile des Winters werden durch die Nachteile ausgeglichen. Hat bei Euch der Winter auch angefangen und ist dort so klares Wetter mit Sonnenschein? Jetzt müsste ich daheim sein und dann ging es wieder hinaus in den Schnee, in die Natur, um die herrliche Winterpracht zu genießen. Eben gab es eine angenehme Unterbrechung, die Post ist da! Ich erhielt Eure Karte aus Monzingen und ein Weihnachtspäckchen von Tante Manda. Also hatte die Post mich reich beschert. Das konnte ich mir doch denken, dass Ihr über Weihnachten einen heben geht, aber gleich 3 Liter Nahewein? Ja, wenn ich da dabei gewesen wäre … Den Heimweg kann ich mir ja so gut vorstellen! Lieber Papa, darauf kannst Du Dich verlassen, dass wir beide zusammen eine 3-Liter-Flasche knacken werden auf meinen ersten Urlaub, ohne mit der Wimper zu zucken. Ganz so trocken sitzen wir hier auch nicht. Ich habe zum Beispiel zwei Flaschen Nahewein im Spind liegen, sodass ich doch etwas im Training bleibe.

Liebe Erna, wenn ich nach dem Inhalt der Karte urteilen soll, dann sehen wir uns vielleicht heute in acht Tagen wieder. Ewald kommt doch sicher auch mit. Wenn Ihr also kommt, dann schreibt mir bitte vorher wann und zu welcher Zeit, denn sonst sitze ich vielleicht in der Kantine oder im Kino, oder wir werden ausgeführt und Ihr seid umsonst hier gewesen – das darf auf keinen Fall passieren.

Lieber Fritz, hast Du einen Billardpartner gefunden oder spielst Du solo? Was meinst Du, wenn ich jetzt daheim wäre, ich garantiere Dir, den ganzen Tag ging uns das Billard spielen nicht aus dem Kopf und abends würden wir unseren bisschen Geist beim Schach spielen anstrengen. Hier kann ja doch keiner spielen. Ich bin Dir heute noch dankbar dafür, dass Du mir das Schachspielen so gut beigebracht hast. So, nun muss ich Schluss machen, denn jetzt geht es hinein ins Kino zu zwei Stunden lachen und Frohsinn.

Viele Grüße und ein frohes gesundes neues Jahr sendet Euch allen

Euer Arnold

PS: Liebe Eltern, nun kommt noch eine Bitte, wenn Ihr Seife und Zahnpasta übrighabt, dann schickt mir bitte die Sachen, wir bekommen ja keine Seife oder nur wenn, sehr wenig.

Kapitel 2: 1942 – Detmold

Detmold, Samstag, den 10.1.1942

Liebe Eltern und liebe Bringfriede!

Zunächst mal, lieber Papa, recht herzlichen Dank für deinen lieben Brief. Heute, am Samstag, haben wir nach glücklich überstandenen Stubendurchgang und Spindapell, den Nachmittag frei und das bedeutet für mich so viel wie, schreiben. Diese Woche kam zu meiner Freude und unerwartet Eure Päckchen an und mein Wunsch war ja schneller in Erfüllung gegangen, als ich dachte. Leider ist ja so ein Kuchen für einen hungrigen Soldaten viel zu klein, denn nach kaum zwei Tagen war der Inhalt des Päckchens schon aufgegessen und nun warte ich sehnsüchtig auf eine neue Ladung, die mir Tante Lotte in ihrem Brief angekündigt hatte. Allerdings möchte ich meinen bescheidenen Auftrag nicht zurücknehmen und Euch bitten, ihn zu erfüllen, wann ist ja gleich.

Morgen beginnt die siebte Woche unserer Ausbildung und jetzt geht es langsam bergab. Wir haben in den ersten sechs Wochen schon allerhand gelernt und sind so halbwegs Soldaten geworden. Diese Woche haben wir mit »Griffe kloppen« angefangen. In dieser Zeit haben wir schon geschwitzt wie die Bären, besonders bei »Tempo 3«, Du weißt ja Bescheid, lieber Papa, wie lange da geübt werden muss, bis der Griff sitzt und man den Schlag richtig drauf hat. Sonst hat der Dienst auch noch manches Neue gebracht und wenn man sich für den Dienst interessiert, ihn nicht als notwendiges Übel empfindet, ist ja alles halb so wild. Man muss auch seinen Sachen immer in Ordnung halten, dass man nicht auffällt denn wehe dem, der das nicht tut! Mein Lieblingsdienst ist natürlich unsere wöchentlichen Sportstunden und da sieht man, wie viele überhaupt früher Sport getrieben haben. Es sind verschwindend wenig. So wurden zum Beispiel Geräteturner, Leichtathleten, Fußball- und Handballspieler aus der Kompanie ausgesucht und es traten nur insgesamt sieben Turner und Leichtathleten vor. Fußballer waren es natürlich mehr. Wir haben nun jeden Montag und Donnerstag am Abend Training, das freut mich ganz besonders, denn für den Sommer ist man doch einigermaßen in Schwung und diese Übungsstunden stehen unter fachmännischer Aufsicht.

Morgen wollte mich Erna besuchen kommen, hoffentlich enttäuscht sie mich diesmal nicht, denn ich hatte mit ihrem Besuch schon vorigen Sonntag gerechnet. Wenn sie morgen kommen sollte, gehen wir mit unseren Stubenkameraden in die Kantine und dort werden wir mal ordentlich musizieren und Ihr zeigen, wie lustig es bei uns jungen Soldaten zugeht. Es wird Ihr bestimmt unter uns zu sein gefallen. Ausgang gibt es morgen noch nicht, es ist ja auch gleich, wir werden uns auch so prima unterhalten. Hoffen wir für morgen das Beste. Hermann schreibt ja noch gut aus Russland, ich denke manchmal, die müssen doch harte Abwehrkämpfe zu bestehen haben wie der OKW-Bericht schildert. Vor Moskau wird es nicht so hart hergehen wie an anderen Fronten. Für heute habe ich mal wieder genug geschrieben, da ich mal früher in die Falle gehen und mich gründlich ausschlafen möchte.

Herzliche Grüße sendet Euch, liebe Eltern, Bringfriede und Kinder

Euer Arnold

Sobernheim(1)

Die Blinden-Schreibmaschine von Paul von der Eltz!

Arnolds Papa Paul von der Eltz, erfand als blinder Mensch eine »Blinden-Schreibmaschine«. Die Schreibhand wurde an einem dünnen Faden geführt, und wenn man rechts am Rand angekommen war, wurde ein Mechanismus ausgelöst, der die Seite um eine »Zeile« weiterschob. Dann konnte man von links weiterschreiben. Er versuchte sie beim Deutschen Patentamt anzumelden, was aber leider, trotz einem Einspruch, abgelehnt wurde. Paul schrieb darauf zahllose Briefe. Ich selbst habe sie noch in Aktion gesehen.

So sah, mit Bezeichnungen für das Patentamt, die Blinden-Schreibmaschine von Paul von der Eltz aus. Das Patent wurde abgelehnt.

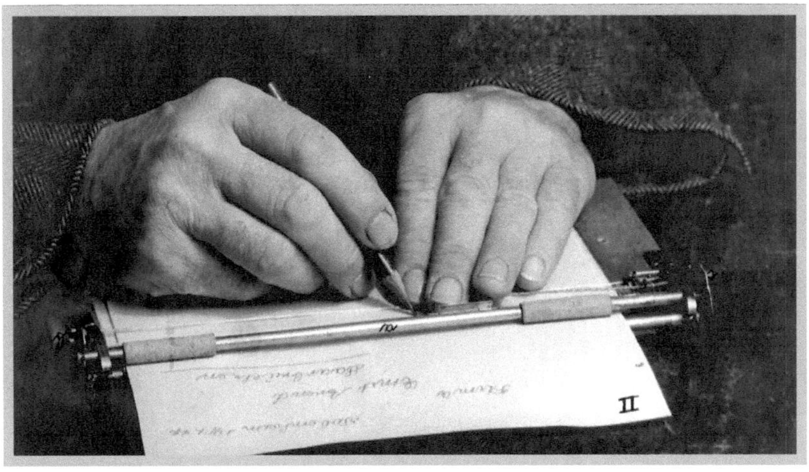

Paul schreibt einen Brief auf seiner Blinden-Schreibmaschine.

Sobernheim(2)

Brief vom blinden Papa Paul.
Geschrieben auf seiner von ihm erfundenen Blinden-Schreibmaschine.

Erblindet!

Vor zwanzig Jahren hat mein Augenleiden begonnen. Ich stand damals an der Westfront beim AK. Inf. Reg. 60. Im Februar 1915, musste ich mich wegen einer beidseitigen Augenentzündung in ärztliche Behandlung begeben. Doch bald stellte sich das alte Leiden mit erneuter Heftigkeit wieder ein und ist trotz Behandlung in einer Augenklinik, wenn auch mit einer vorübergehenden leichten Besserung, nicht mehr verschwunden. Das auch nach dem Krieg fortdauernde Augenleiden war mir so zur Gewohnheit geworden, sodass ich irgendwelche Folgen nicht befürchtete, auch dann nicht, als sich vorübergehende Trübungen einstellten. Erst als der Arzt mir den weiteren Verlauf der Krankheit andeutete, erkannte ich die Schwere des Leidens. War es denn möglich? Sollte ich wirklich …? Ich konnte das Wort »Blind« nicht denken und so sehr ich nicht auch an die letzte Hoffnung klammerte, nahm das Schicksal doch seinen Lauf.

Im Februar 1929 war ich völlig erblindet. Die nun plötzlich eingetretene Hilflosigkeit und die Erkenntnis der unabwendbaren Tatsache, brachte eine derart niederschmetternde Gemütsbewegung mit sich, dass ich, als nun auch noch die Ablehnung meines Versorgungsantrages als Kriegsgeschädigter eintraf, durch eine heftige Nervenentzündung wochenlang ans Bett gefesselt wurde. Es dauerte jahrelang, bis ich mit wiederkehrender Beruhigung der Nerven auch das seelische Gleichgewicht wieder fand. Damit erwachte aber auch gleich neuer Lebensmut in mir und der Wille zur Arbeit. Das war allerdings kein leichtes Beginnen, denn das Konzentrieren meiner Gedanken auf einen bestimmten Gegenstand verursachte mir immer wieder, wenn auch vorübergehend, heftige Kopfschmerzen. Doch mit der Zeit trat auch hier eine leichte Besserung ein und es war mit stets eine große Freude, wenn ich wieder so eine kleine Arbeit zuwege brachte. Das war natürlich nicht so einfach und manch blauer Fingernagel war Zeuge davon, dass aller Anfang schwer ist.

Mehr als einmal habe ich die Zähne zusammengebissen, mit einem Seufzer den Schmerz fortgewischt und mit der Zeit den Nagel auf den Kopf zu treffen gelernt. Was ich früher in meinen Feierabendstunden bastelte, das wollte ich jetzt noch fertigbringen. Dabei erwies sich natürlich die Beschaffung einzelner Hilfswerkzeuge als unbedingt notwendig, die ich mir erst selbst ersinnen und anfertigen musste.

Wo ein Wille ist – findet sich auch ein Weg! Trotzdem schien es sehr gewagt, als ich, als früherer Buchhalter, den kühnen Plan zu dem auf den Fotografien gezeigten Anbau (Vorbau) am Haus, fasste. Das war für mich eine ebenso interessante wie schwierige Aufgabe, denn den Entwurf wie auch die Berechnung der einzelnen Teile, konnte ich natürlich nicht zu Papier bringen, sondern ich musste mir die einzelnen Maße und Teile im Kopf zurechtlegen und ins Gedächtnis einprägen. Dann aber ging es unverzüglich mit

Eifer an die Arbeit. Der Bau des Betonsockels verursachte mir einige Schwierigkeiten, da durch das fortwährende Abtasten des Betons, meine Fingerspitzen blutig und wund geworden waren und diese Arbeit infolgedessen nur langsam vor sich ging. Die Zurichtung des Holzgerüsts ging unter Benutzung meiner Hilfsvorrichtungen sicher vorwärts und es war für mich eine ungemein große Freude, als beim Zusammensetzen die einzelnen Teile fast auf den Millimeter genau zueinander passten.

Wenn ich das Herumhantieren und Balancieren auf den Balken mit einer gewissen Sicherheit und Ruhe ausführte, so muss ich das neben äußerster Vorsicht wohl in erster Linie meiner frühen turnerischen und sportlichen Betätigung zuschreiben. Hinzu kommt noch die Schwindelfreiheit, da ich als Blinder die Höhenunterschiede nicht empfinde. Ohne irgendwelchen Zwischenfall, wuchs der Bau empor und ich hatte das bestimmte Gefühl, als würde ich durch eine unsichtbare Hand geführt. Auch die selbst gefertigten Fenster und Türen, passten genau und in etwa fünf Monaten hatte ich den Bau ohne fremde Hilfe vollendet.

Vielleicht wäre ich noch schneller damit fertig geworden, wenn nicht die immer wiederkehrenden Nervenkopfschmerzen und die damit auftretenden Entzündungen der Augen, ab und zu eine Unterbrechung der Arbeit gefordert hätten. Solange ich mich jedoch auf die eine oder andere Weise noch nützlich machen kann, werde ich mein Schicksal auch fernerhin lebensmutig zu tragen wissen.

Paul

Papa Paul baute trotz völliger Erblindung einen geschlossenen Vorbau ans Haus.

Detmold, Donnerstag, den 15.1.1952

Liebe Eltern und Bringfriede,

soeben habe ich Euren Brief erhalten und möcht ihn auch sofort beantworten. Zunächst im Voraus meinen besten Dank für das Päckchen. Hoffentlich lässt es nicht lange auf sich warten, denn so eine Nebenkost ist doch immer sehr willkommen. Gestern zum Beispiel bekam ich ein Päckchen von Tante Lotte und am Abend war der Inhalt des Päckchens schon vertilgt. Auf das Gebäck und die Süßigkeiten ist man ja sozusagen wie versessen, da uns ja beim Militär solche Abwechslungen in der Kost nicht geboten werden. Bis jetzt hatten wir noch keinen Ausgang gehabt, und die Sonntage in der Kaserne verbraucht. Doch nächsten Sonntag, geht die Kompanie geschlossen zum Hermannsdenkmal, wo von der gesamten Kompanie eine Aufnahme als stete Erinnerung an unsere Rekrutenzeit gemacht wird. Der Tag wird noch verschönert, indem wir in ein Café einkehren und dort Kaffee und Kuchen erhalten. Dazu spielt natürlich unsere Hauskapelle und wo die erscheint, gibt es immer Stimmung. Heute erhielt ich ebenfalls noch eine erfreuliche Nachricht, dass Erna und Ewald mich am Sonntag besuchen wollen und ich will versuchen, an diesem Tag auch Ausgang zu bekommen. Wir können dann allein zum Denkmal hinauf gehen und sie werden dann auch mal meine Kameraden kennenlernen. Bei uns ist es zurzeit saukalt, die Temperatur ist ganz und gar nicht zum Exerzieren geeignet. Doch wenn es gar zu kalt ist, gehen wir auf die Stube oder Unterrichtsraum und kloppen dort unserer Griffe. Bei »Tempo 3« weicht sogar die grimmigste Kälte und wir beginnen dann so allmählich zu schwitzen wie die Affen. Bis der Griff endlich mal in der Einigkeit klappt, fließt noch mancher Schweißtropfen. Lieber Papa, Du weißt ja auch Lieder davon zu singen. Nun noch was Geschäftliches. Am 13.12.1941 hatte ich 14,- RM an die Bank abgeschickt, doch noch keinen Auszug darüber bekommen. Habt Ihr ihn vielleicht zu Hause? Wenn ja, dann schickt mir bitte ihn und den Jahresabschluss.

Seid nun alle recht herzlich gegrüßt

Arnold

PS: Ich habe kein Briefpapier mehr, deshalb kann ich nicht mehr schreiben.

Abmarsch vom Hermannsdenkmal am 18.01.1942 (2. Zug). Der Dritte von rechts ist Arnold.

Detmold, Samstag, den 24.1.1942

Liebe Eltern und Bringfriede!

Soeben erhielt ich Euren lieben Brief und möchte ihn gleich beantworten. Also, Hermann ist in Deutschland und welch eine Freude muss das doch für Bringfriede und Euch gewesen sein, als diese Nachricht ankam. Wie oft habe ich schon während meiner Soldatenzeit an Hermann gedacht und habe ihm oft gewünscht, aus diesem Russland rauszukommen, da ihm bestimmt die körperlichen Strapazen nicht leichtgefallen sind. Und, als ich den Brief gelesen hatte, kam mir unwillkürlich der Gedanke, ob ich ihn nicht mal besuchen kann, denn soweit wird das ja von hier nicht sein. Was wäre das eine Freude für Hermann und mich, wenn ich tatsächlich eines Tages zu ihm fahren könnte. Ihr glaubt ja gar nicht, wie auch ich mich freue, dass Hermann nicht mehr in Russland sein muss.

Liebe Eltern, nun möchte ich mich noch über das reichhaltige Päckchen bedanken, dass diese Woche angekommen ist, besonders der Kuchen hat mir viel Freude bereitet. Doch für einen hungrigen Soldaten ist ja so ein Kuchen viel zu klein und wenn man mich da nicht bremsen würde, wäre vom Kuchen in fünf Minuten nichts mehr da. Liebe Mutter, Du hast Dich daheim so oft über meinen guten Appetit gewundert, doch wenn Du mich hier essen sehen würdest, ständen Dir die Haare zu Berge. Vier Teller beim Mittag- und Abendessen sind an der Tagesordnung und diese Menge reicht oft doch noch nicht aus, um mich sattzubekommen. Na ja, nach dem einen Monat Ausbildung, beginnt ja der ruhigere Dienst und der Appetit wird dann doch etwas nachlassen.

Arnold freut sich über den Inhalt eines Pakets von zu Hause – endlich Kuchen!

Heute hat es bei uns angefangen, zu schneien, und ein eisiger Wind fegt von Osten her, doch der wird uns heute nicht auf der Bude festhalten, denn heute haben wir Ausgang und wir werden uns mal Detmold ansehen. Schade, dass heute Erna nicht kommt. Diesmal wäre unsere Zeit nicht so knapp bemessen als vor acht Tagen und wir wären an niemanden gebunden. Ich werde jedenfalls versuchen, sobald als möglich nach Herford zu kommen. Vielleicht wenn Erna Hochzeit hat? So, jetzt ist es Zeit in die Stadt zu gehen, denn wir wollen uns noch viel von Detmold ansehen.

Herzliche Grüße sendet Euch

Arnold

PS: Schickt mir bitte im nächsten Brief etwas Stopfwolle mit, ich kann sie gut gebrauchen. Schreibt mir bitte auch etwas Genaueres über Hermann.

Detmold, Montag, den 26.1.1942

Liebe Eltern und Bringfriede!

Heute steht mir etwas mehr Zeit zur Verfügung, um Euch etwas ausführlicher zu schreiben. Um nochmals auf das Päckchen zurückzukommen, der Speck hat mir ganz prima geschmeckt. Doch möchte ich Euch bitten, mir so etwas nicht mehr zu schicken. Denn Ihr müsst Euch ja das Essen vom Mund absparen und das möchte ich ganz bestimmt nicht haben. Wir bekommen ja hier auch unsere Verpflegung. Ihr habt mich doch sicher richtig verstanden? In Eurem Brief schreibt Ihr auch, dass Erna nun bald heiraten will und wir uns bei dieser Gelegenheit vielleicht sehen werden. Eins kann ich Euch sagen, dass ich mir ein Wiedersehen schon oft im Stillen gewünscht habe, und auch sehr oft mit den Gedanken bei Euch verweile. Fast jede Nacht träume ich davon und oft meinte ich im Halbschlaf, wenn irgendein Kamerad im Dunkeln sich durchs Zimmer tastet, die Schritte von Papa zu hören.

Lieber Papa, wie gerne würde ich mich jetzt mal wieder mit Dir unterhalten und uns gegenseitig von Deiner und meiner Soldatenzeit erzählen. Auf diese Stunde freue ich mich schon heute ganz besonders. Vielleicht liegt diese Stunde nicht mehr fern, wenn Ihr zu Ernas Hochzeit kommt. Vorausgesetzt, dass diese noch vor dem 25. Februar ist, denn bis dahin ist unsere Ausbildungszeit zu Ende und wir werden dann sicher versetzt werden. Wie schnell wird auch dieser Monat vorüber sein, und wir Kameraden müssen wieder voneinander Abschied nehmen. Das wird uns alle bestimmt nicht leichtfallen, denn bei uns auf der Stube herrscht eine prima Kameradschaft. Das kommt ja auch daher, dass wir fast alle aus einer Gegend sind und denselben Dialekt sprechen. Saarländer und wir von der Nahe haben uns ja schon immer gut verstanden. Bei uns zeigt sich jetzt der Winter von seiner strengsten Seite mit Schneegestöber und einer saumäßigen Kälte und bei dieser Witterung ist es nicht gerade angenehm zu exerzieren. Doch unsere Vorgesetzten haben genug Mittel, um uns warm zu machen, bei –24 Grad Kälte ist ja so etwas auch unbedingt notwendig und es ist keine Seltenheit, dass wir trotz dieser Kälte anfangen zu schwitzen. Damit verbunden ist es ja auch Wunder, dass mein Appetit, wie schon im vorigen Brief erwähnt, so ungeheuer groß ist und manchmal die Brotration einfach nicht reicht. Dann beginnt meistens der Handel, dass die Zigarettenmarke gegen Brot oder Butter getauscht wird oder man verschafft es sich auf eine andere

Art, aber keine Bange, ich rauche natürlich nicht. Jedenfalls lernt man beim Militär, sich in jeder Lage zu helfen.

Gestern waren wir zum ersten Mal allein in der Stadt. Doch die Kälte nahm uns die Lust, die Stadt anzusehen. So saßen wir denn auch bald in einem gemütlichen Café und ließen es uns bei Kaffee und Kuchen gut schmecken. Ist nächsten Sonntag wieder Ausgang, dann werde ich Erna frühzeitig in Kenntnis setzen, denn auf Sonntagsurlaub für Herford ist doch noch nicht zu rechnen.

Herzliche Grüße sendet Euch, liebe Eltern und Bringfriede

Euer Arnold

Detmold, Sonntag, den 1.2.1942

Liebe Eltern und Bringfriede!

Schon wieder sind nun acht Tage vergangen, seit ich Euch das letzte Mal schrieb, und in ungefähr drei Wochen wird unsere Ausbildung zu Ende sein. Jeder ist nun gespannt, wohin er versetzt wird. Ich habe gehört, dass die Bombenschützen auf der Insel Rügen ausgebildet werden. Die Entfernung zwischen mir und Euch wäre dann noch größer. Doch damit wäre die Freude auf den ersten Urlaub umso größer. Durch diese Versetzungen lernen wir ja auch unser Heimatland kennen, und als junger Mensch wünscht man sich ja gerade weit in der Welt herumzukommen.

Es steht als nun endgültig fest, dass ich als Bombenschütze zum fliegenden Personal komme und meine Freude hierüber stieg um so mehr als ich hörte, dass nun ungefähr ein Fünftel der gesamten Kompanie zum fliegenden Personal kommen. Ein Stubenkamerad von mir, ein Saarländer aus Neunkirchen, wird auch Bombenschütze und wir freuen uns nun schon darauf, zusammen auf eine Schule versetzt zu werden, da gerade wir beide uns gut verstehen. Ich kann es manchmal gar nicht fassen, wie schnell die Zeit vergeht und dass unsere Rekrutenzeit nun bald zu Ende sein soll. Das rührt ja auch zum größten Teil daher, dass die Tage fast ganz mit Dienst ausgefüllt sind und die Zeit dadurch wie im Fluge vergeht. Ich glaube, dass auch niemand der verflossenen Zeit nachtrauern wird, wohl aber gern an seine Rekrutenzeit denken wird, da doch jeder wehrfähige junge Deutsche mitmachen muss. Wenn ich das erste Mal auf Urlaub komme, werde ich Euch viel zu erzählen haben und gerade mit Dir, lieber Papa, möchte ich mich dann gern unterhalten.

Liebe Mutter, nun hätte ich noch eine »kleine« Bitte an Dich. Wenn Du Zeit hast, schicke mir doch bitte mal wieder einen Kuchen oder Brot, denn der Dienst entwickelt ja immer so einen guten Appetit, sodass meine Brotration fast nie ausreicht. Also sei doch bitte so gut, und erfülle mir diesen Wunsch. Das Päckchen mit dem Gelee habe ich mit vielen Dank erhalten. Allerdings war es vierzehn Tage unterwegs, doch ist es samt Inhalt heil angekommen. Heute Mittag gehen wir wieder in die Stadt und werden dann versuchen, zu einem Fotografen zu gehen.

In der Hoffnung, bald wieder etwas von Euch zu hören, grüßt Euch vielmals

Arnold

Detmold, Samstag, den 7.2.1942

Liebe Eltern, liebe Bringfriede!

Nach glücklich überstandenem Stubendurchgang beginnt nun unser freier Samstagnachmittag, den ich dazu ausnutze, Briefe zu schreiben, während andere Kameraden ausgehen und sich Detmold bis halb neun abends ansehen können. Der Nachmittag brachte für mich während des Revierreinigens, eine freudige Nachricht. Ich wurde plötzlich ans Telefon gerufen. Das kann ja nur Erna sein, dachte ich und stürzte im schnellsten Tempo zur Schreibstube. Endergebnis: Erna und Ewald kommen mich morgen besuchen. Das wird ja ein schöner Ausgang morgen für mich werden. Für nächsten Sonntag will ich noch mal versuchen, Sonntagsurlaub nach Herford zu bekommen. Hoffentlich stellen sich mir keine Schwierigkeiten in den Weg, denn Mittwoch in acht Tagen, als am 18. Februar, ist unserer Besichtigung und bis dahin haben wir noch viel zu lernen. Was nach der Besichtigung kommt, wissen wir noch nicht. Ich jedoch werde jedenfalls auf eine Bombenschützenschule versetzt werden und wenn es gut geht, kommen Walter Schmitz und ich auf eine Schule. Denn, er hat sich nun auch als Bombenschütze gemeldet. Ich würde mich sehr freuen, wenn ich mit einem Sobernheimer zusammenkäme, besonders noch mit Walter Schmitz, der mir immer ein guter Freund war.

Hier bei uns herrscht nach wie vor strenger Winter, wie ich ihn mir früher daheim immer gewünscht hatte, mit viel Eis und Schnee. Doch hier wünsche ich ihn zum Teufel, denn bei diesem Wetter ist es bestimmt nicht angenehm Dienst zu machen, besonders dann, wenn es ins Gelände geht und der Schnee durch sämtliche Knopflöcher dringt. Doch wir wären ja keine Soldaten, wenn uns ein Angriff mit MG und Platzpatronen keinen Spaß machen würde, besonders das Hinlegen klappt ja bei dem hohen Schnee wunderbar.

Heute habe ich mal leere Pakete nach Hause geschickt und ein Geleeglas, damit Ihr wieder mal etwas Verpackung habt. Ebenso habe ich RM 20,-, heute auf mein Bankkonto eingezahlt, also sogar beim Militär kann man mit einer Mark pro Tag sparen. Das hat natürlich von der Stubenbelegschaft bisher nur einer fertig gebraucht, und das war ich. Na ja, das hängt natürlich mit der guten Erziehung von zu Hause zusammen. Ich sage Euch, beim Militär kann man feststellen, wer eine gute Kinderstube hatte oder nicht und wer von zu Hause an Ordnung gewöhnt war. In dieser Beziehung bin ich bis heute noch nicht aufgefallen.

Liebe Eltern, mit viel Freude habe ich natürlich die Nachricht aufgenommen, dass ein Kuchen für mich unterwegs ist und hoffentlich keine vierzehn Tage wie der andere braucht. Meine Dankbarkeit kann ich ja leider immer nur dadurch ausdrücken, dass ich Euch regelmäßig einen Brief schreibe, auf den Ihr Euch bestimmt immer freut.

Nun, liebe Bringfriede, möchte ich Dir noch recht herzlich für Deinen lieben Brief danken und glaube mir, wenn Du mir den kleinen Jürgen so drollig schilderst, dann habe ich direkt Sehnsucht ihn mal wieder zu sehen. Seine Schwester Gisela und er, werden wohl gewachsen sein und ich sie kaum wieder erkennen werde, wenn ich zum ersten Mal auf Urlaub komme. Du schreibst, dass Du Hermann mal besuchen willst und bei dieser Gelegenheit auch zu mir kommst – nur glaube ich, Du wirst mich hier nicht mehr antreffen, denn bis dahin wurde ich sicher versetzt. Ich wünsche Dir nur noch von Herzen, dass Du Hermann sehr bald besuchen kannst, denn das wird doch Dein brennender Wunsch sein. Glaube mir, an diese Spielereien mit Hermann, die Du in deinem Brief erwähnst, habe ich auch schon sehr oft gedacht und mir ebenso gewünscht, dass sich diese Stunden nicht noch mal wiederholen werden, doch das wird wohl leider nur ein Wunschtraum bleiben.

In der Hoffnung, bald wieder von Euch etwas zu hören, grüßt Euch herzlichst

Euer Arnold

Detmold, Samstag, den 14.2.1942

Liebe Eltern und Bringfriede,

zunächst recht herzlichen Dank für das Päckchen, das diesmal nur eine Woche unterwegs war. Der Kuchen, liebe Mutter, hat ja wieder ganz prima geschmeckt. Übrigens, es schmeckt ja alles doppelt so gut, was von daheim kommt.

Letzten Sonntag habe ich mit Erna und Ewald einen schönen Tab verlebt. Um zwei Uhr nachmittags holte ich beide vom Bahnhof ab. Anschließend gingen wir in ein gemütliches Lokal um dort ungestört bei Kaffee und Kuchen, den Erna mitgebracht hatte, zu unterhalten. Zum Abschluss des Tages gingen wir in ein Kino. Doch allzu schnell verging die Zeit und wir mussten bald wieder voneinander Abschied nehmen, ohne ihnen zu versprechen, sie nächsten Sonntag zu besuchen. Doch kaum zurück im Horst, erwartete mich eine teils freudige, teils traurige Nachricht. Kurz nachdem ich den Horst verlassen hatte, wurde wegen »Scharlach« Horstsperre angeordnet. So werde ich Erna und Ewald am Sonntag zum letzten Mal gesprochen haben, denn wenn die Horstsperre aufgehoben wird, wann kann ja niemand wissen, wird sich auch unsere Versetzung zur Schule verschieben, wie uns schon angekündigt wurde. Wir aber hoffen alle, dass diese Krankheit bald überstanden ist.

Nun sind es nur noch vier Tage bis zur Besichtigung, und dass bedeutet, das unsere Rekrutenzeit nun bald zu Ende ist. Ich kann Euch sagen, dass ihr keiner hier nachtrauern wird. Denn es waren manchmal Tage darunter, an denen uns »das Wasser im Arsch kochte« auf Soldatenart ausgedrückt. Doch gerade diese Stunden haben uns hart gegen uns selbst und uns so halbwegs zu Soldaten gemacht. Von diesem Gesichtspunkt aus betrachtet, hat mir auch das nicht viel ausgemacht, solange man nicht vor Müdigkeit umfällt – ist ja alles halb so schlimm. Auf der Schule später, werden wir diesen Dienst ja nicht mehr haben, doch dafür wird unser Geist etwas mehr in Anspruch genommen werden. Bis zum fertigen Bombenschützen ist es immer noch ein weiter Weg.

Liebe Eltern, heute komme ich mal wieder mit einer Bitte. Wenn Ihr Zigaretten bekommen könnt oder Tabak, so wäre ich Euch sehr dankbar. Wenn Ihr mir das schicken würdet, die Kosten könnt Ihr ja von den RM 50.- abziehen, die Ihr noch von mir habt. Und nun zur Aufklärung weshalb. Meine Kameraden sind fast alle starke Raucher und ich könnte ihnen mit den Zigaretten viel Freude. Die Hauptsache ist natürlich, dass ich als Gegenleistung von ihnen Brot bekomme, das mir lieber ist wie vieles andere. Ebenso könntest Du, liebe Mutter, mir mal wieder blaue und graue Stopfwolle für Pullover und Strümpfe schicken, den Kuchen möchte ich nur so nebenbei erwähnen. Zum Schluss möchte ich Euch noch bitten, mir zur Besichtigung am Mittwoch beide Daumen zu drücken.

In der Hoffnung, bald wieder etwas von Euch zu hören (und zu bekommen), grüßt Euch vielmals

Arnold

Detmold, Donnerstag, den 19.2.1942

Liebe Eltern, liebe Bringfriede!

Gestern, am Tage unserer Besichtigung, erhielt ich Euer reichhaltiges Paket und heute Euren lieben Brief mit der Ankündigung von neuen Paketen. Ja, liebe Eltern, wenn das so weiter geht, hole ich meinen Kameraden in dieser Beziehung auch noch ein, denn ich habe manchmal gestaunt, was diese an Paketen so bekommen. Doch das hängt natürlich damit zusammen, dass es Bauern sind oder wenigstens Beziehungen haben. Liebe Mutter, wenn das mit dem Schinken klappen würde, würdest Du mir eine große Freude bereiten, denn die seltenen Dinge sind ja heutzutage am meisten begehrt. Hoffentlich bleibt der Kuchen nicht so lange unterwegs, denn ich habe nämlich schon mächtigen Hunger!

Nun zu unserer Besichtigung. Was hatten wir uns vorher unnötige Sorgen darüber gemacht und wie verlief sie doch so glatt und reibungslos. Danach fragten wir uns, war das nun eine Besichtigung oder keine? Besonders unser Gruppenführer hatte uns in dieser Beziehung viel vorgemacht: »Mit so einer beschissenen Gruppe ginge er nie zu einer Besichtigung«, war seine tägliche Drohung und die Folge davon wäre natürlich eine Wiederholung des Lehrgangs gewesen. Übrigens, unser Gruppenführer ist ein prima Kerl. Ihr werdet ihn ja auf den Bildern, die ich Euch schicke, kennenlernen. Er war zu jeder Zeit gerecht und wir haben ihn nur als grundanständigen Vorgesetzten kennengelernt, ebenso unseren Zugführer. Mit solchen Vorgesetzten mach man auch gerne Dienst und führt freudig jeden vernünftigen Befehl aus. Heute hatten wir einen ganz faulen Tag gehabt. Man merkt sofort, dass der Lehrgang nun zu Ende ist. Doch heute hat uns der Hauptfeldwebel bei der Parole noch mitgeteilt, dass wir uns die nächsten Tage wundern werden und uns die Tage bis zu Versetzung im Gedächtnis bleiben würden. Aber so was kann uns als »alte Soldaten« nicht mehr erschüttern, dafür haben wir das schon so oft mitgemacht, sodass man allmählich stur wird und unsere Bewegungen mit der einer Maschine vergleichbar sind – nie im Tempo schneller werden, mag der Vorgesetzte noch so toben – es geht einfach nicht schneller. Was sind wir in den ersten Tagen gelaufen, sodass unsere Socken anfingen zu qualmen. Doch mit der Zeit lernten wir auch das Einheitstempo. Lieber Papa, in Deiner Ausbildung als Soldat, wird es genauso gewesen sein, denn damals wie heute bleibt doch die Ausbildung gleich. Unsere Versetzung wird sich leider wegen des blöden Scharlachs noch etwas verschieben, vielleicht bietet sich mir dadurch doch noch einmal die Gelegenheit, Erna zu besuchen. Nur wäre mir lieber, liebe Eltern, wenn wir bald versetzt werden würden.

Liebe Mutter, wenn es Dir Umstände bereitet mir Rauchwaren zu besorgen, so verzichte ich gerne darauf, denn ich habe ja direkt kein Interesse daran und wenn ich mal Brot brauchen sollte, bekomme ich es auch auf eine andere Art, ansonsten schickst Du mir ja größtenteils das, was mir so fehlt. Liebe Eltern, für heute muss ich Schluss machen, denn gleich ist Zapfenstreich.

Herzliche Grüße sendet Euch

Euer Arnold

PS: Viele Grüße an Hermann und schreibt ihm, dass ich sehr oft an ihn denke!

Detmold, Sonntag, den 22.2.1942

Liebe Eltern, liebe Bringfriede!

Wie ich schon im vorigen Brief erwähnte, haben wir nun nach der Besichtigung mehr Freizeit und ich kann Euch mal wieder schreiben.

Wir haben nun schon ein paarmal aus erfahrener Quelle gehört, unser Spieß hat es auch schon angedeutet, dass sehr wahrscheinlich diese Woche unsere Versetzung stattfinden wird. Einerseits habe ich mich darüber sehr gefreut, denn dieses Leben hier gefällt mir auf die Dauer doch nicht, da es verlorene Zeit ist die wir hier noch verbringen. Vor der Versetzung hätte ich aber gerne noch mal mit Erna gesprochen. Ich hatte mir ja fest vorgenommen, sie nach der Besichtigung mal unverhofft zu besuchen, doch wurde bis jetzt die Horstsperre noch nicht aufgehoben. Diese Woche soll sie erst vorüber sein, und deshalb ist es zu spät für einen Besuch. Liebe Mutter, hoffentlich kommen noch vor meiner Versetzung die beiden Pakete an. Pakete die per Express geschickte werden, sind in zwei Tagen hier. Doch die Post ist in dieser Beziehung ja etwas langsam. Jedenfalls möcht ich mich vorher wieder recht herzlich bedanken.

Liebe Eltern, ich glaube, ich musste erstmal zum Militär kommen, um Vater und Mutter so richtig schätzen zu lernen. Denn an den zahlreichen Paketen erkennt man erst richtig die Fürsorge und Liebe, die Ihr mir entgegenbringt. Ich frage mich manchmal, wie ich nur daheim immer darüber hinwegsehen konnte, denn da empfand ich das alles doch als eine Selbstverständlichkeit. Darüber habe ich mir hier sehr viele Gedanken gemacht. Glaubt mir, ich freue mich schon heute riesig auf den ersten Urlaub, wenn ich Euch mal wieder sehen und sprechen kann. Doch ich werde mich wohl noch mehrere Monate gedulden müssen und erstmal was bei den Soldaten geleistet haben, ehe ich mit Urlaub kommen kann. Jedenfalls sind ja die ersten drei Monate so schnell vergangen und ich glaube, die kommende Zeit vergeht genauso schnell.

Liebe Bringfriede, Du wirst nun Hermann nach langer Trennung mal wieder sehen. Auch mich freut es außerordentlich, dass Hermann Dich bat, ihn zu besuchen. Ich wünsche Dir nur, dass Du ihn gesund und kräftig antriffst und ihm vielleicht auch den Gedanken austreibst, sich so schnell wie möglich wieder an die Front zu melden. Ich wünsche Hermann nur alles Gute und hoffe, dass ihn auch weiterhin sein Glück so begleiten wird wie bisher. Liebe Eltern, ich möchte meinen Brief schließen in der Hoffnung, bald wieder was von Euch zu hören.

Viele Grüße sendet Euch

Euer Arnold

PS: Liebe Mutter, schicke mir doch bitte so schnell wie möglich, mal wieder ein Messer. Bei meinem alten Messer ist der Griff abgebrochen. Schicke mir doch diesmal ein Messer mit Metallgriff.

Detmold, Dienstag, den 24.2.1942

Liebe Eltern und Bringfriede!

Will Euch kurz ein paar Zeilen schreiben. Es steht nun endgültig fest, dass wir diese Woche versetzt werden. Wohin? Das wissen wir bis jetzt noch nicht. Jedenfalls freue ich mich endlich von hier wegzukommen, denn dann wird der zweite Teil meiner soldatischen Ausbildung kommen. Wir werden ab dann das lernen, was wir später bei der Luftwaffe auch verwerten können. Nun möchte ich Euch bitten, mir nicht eher zu schreiben, bis ich Euch meine neue Adresse mitgeteilt habe. Hoffentlich kommt Euer Paket noch vor meiner Versetzung an – sonst wird es wieder an Euch zurückgeschickt.

Liebe Eltern, für heute sendet Euch die herzlichsten Grüße

Euer Arnold

Detmold, Sonntag, den 1.3.1942

Liebe Eltern und Bringfriede!

Nun ist es doch anders gekommen, als ich gedacht habe, nämlich, ich sitze noch immer in Detmold. Zwar sind nun schon viele Kameraden versetzt werden oder werden in den nächsten Tagen versetzt, doch wann die Bombenschützen wegkommen, ist noch nicht bekannt. Dieses faule Leben hier wird mir so langsam unerträglich. Lieber mache ich doch Dienst, als auf der Stube herum zu sitzen. Es ist doch ein komisches Gefühl, wenn jetzt ein Kamerad nach dem anderen uns verlässt, um ihn im Leben nie wieder zu sehen.

Dann erkennt man auch erst, wie tief die Kameradschaft schon in diesen drei Monaten gewurzelt hat. Wer weiß, ob man auf der neuen Dienststelle noch mal mit solchen Kameraden zusammenkommt. Dass wir keinen Dienst mehr machen, beginnt sich so allmählich an der Kleidung bemerkbar zu machen. Die Hose will plötzlich nicht mehr passen, denn da, wo früher eine Hand bequem Platz hatte, geht kaum noch eine Stecknadel hin und trotzdem will die Verpflegung manchmal doch nicht reichen. Trotzdem sich mein Küchenzettel vergrößert hat und ich die in der Küche beim Mittagessen organisierten Kartoffeln, jeden Abend auf unserem Ofen brate. Diese selbst gemachten Bratkartoffeln schmecken doch besser als alles andere. Diese Woche konnte ich meine Kartoffeln mit Eurem Speck noch schmackhafter machen und ich sage Euch, es schmeckt wie daheim. Ja, so ist das, liebe Eltern, ein Soldat weiß sich immer zu helfen. Zum Beispiel wie die Bratpfanne auf unsere Stube kam, ist mir immer noch ein Rätsel – die Hauptsache ist, dass eine da ist.

Liebe Eltern, gestern erhielt ich Euer Päckchen mit dem Kuchen, der Wurst und der Milch. Herrlich war das, wieder mal am Sonntagmorgen weißen Kaffee und Kuchen zu haben. Ich glaube, meine Kameraden haben mich alle darum beneidet.

In Deinem letzten Brief schreibst Du, liebe Mutter, das Papa mit Bringfriede Wein holen war – ich möchte, Papa, nur sagen, dass wir beide dann auf meinem ersten Urlaub mal gemeinsam die Gegend bereisen/bewandern und die bekannten Wirtschaften aufsuchen werden. Ich habe gerade furchtbare Lust auf ein Glas Nahewein. Also, lieber Papa, daran gibts heute nichts mehr zu zweifeln. Ich sehe Euch heute im Geiste mit Erna nach Monzingen oder Meddersheim wandern und beim Wein sitzen und Euch gemütlich unterhalten und lachen. Was gäbe ich darum, wenn ich mal wieder dabei sein könnte!

Das heutige Wetter muss ja zu einem Spaziergang geradezu verlockend gewesen sein. Endlich beginnt es doch mal zu tauen und es wird wieder wärmer. Das sind doch die ersten Anzeichen des nahenden Frühlings, den ich mir noch nie so herbeigesehnt habe, wie dieses Jahr. Nun kann auch Bringfriede zu Hermann fahren und sich persönlich nach seiner Krankheit erkundigen – war sie vielleicht schon bei ihm? Ich wünsche Hermann nochmals alles Gute und hoffe, dass er sehr bald Genesungsurlaub bekommt, damit er mal wieder seine Familie sehen kann. Was machen denn eigentlich Gisela und Jürgen? Macht Gisela noch fleißig ihre Schularbeiten? Sie soll doch mal einen Brief an mich schreiben, denn ich bin doch mal gespannt, ob sie das schon fertigbringt. Jürgen wird sich auch in den drei Monaten sehr verändert haben. Wenn ich ihn mal wieder sehe, werde ich ihn kaum noch erkennen. Er wird sich bestimmt nicht mehr an mich erinnern können.

Liebe Eltern, zum Schluss möchte ich Euch bitten, mir doch mal ein paar Bilder von Euch, von Bringfriede und von den Kindern zu schicken. Ich hatte als Einziger keine

Bilder von daheim im Spind hängen. Ich hatte bis jetzt noch keine Gelegenheit zu einem Fotografen zu gehen.

Seid nun alle nochmals recht herzlich gegrüßt von

Arnold

PS: Liebe Erna, nun kannst Du mich vielleicht doch noch einmal besuchen – rufe mich dann einmal an, wenn Du wieder von Sobernheim zurückkommst!
Liebe Mutter, das Messer habe ich mit vielem Dank erhalten. Du kannst mir ja noch mal schreiben, vielleicht erreicht mich der Brief noch.

Detmold, Donnerstag, den 5.3.1942

Liebe Eltern und Bringfriede,
Habe heute Mittag den Brief von Papa erhalten und möchte ihn auch gleich beantworten. Dass Bringfriede und Tante Lotte bei Hermann waren, habe sie mir beide von dort geschrieben. Wird das eine Freude für Hermann und Bringfriede gewesen sein, sich nach der monatelangen Trennung endlich mal wieder gesehen zu haben. Schade, dass Gisela und Jürgen nicht mitfahren konnten. Hermann hatte doch bestimmt Sehnsucht auch nach seinen Kindern.

Onkel Ernst will mich wahrscheinlich also hier mal besuchen? Er würde mir damit eine sehr große Freude machen. Doch leider könnte ich ihn nur an der Wache sprechen, denn an Ausgang ist ja nicht zu denken, wegen der ewigen Horstsperre. Dass die ausgerechnet jetzt kommen musste! Sie hat so viele Illusionen von mir zerstört, die ich mir, bevor ich überhaupt Soldat wurde, gemacht hatte. Auch hätte ich ja nie gedacht, dass ich nach 15 Tagen nach der Besichtigung, immer noch in Detmold sitzen würde. Es sind nun schon so viele Kameraden versetzt worden, sodass die Kompanie auf über die Hälfte zusammengeschrumpft ist. Es ist tatsächlich zum Verzweifeln, dass wir Bombenschützen von unserer Versetzung noch nichts gehört haben. Dieses Leben ist, wie ich ja schon so oft geschrieben habe, auf die Dauer doch zu ruhig und ganz und gar nicht nach meinem Geschmack. Es dürfte nicht vorkommen, dass ich mich fragen muss: »Bin ich eigentlich ein Soldat oder keiner« bei dem täglichen Dienst, der ja nur aus Arbeitsdienst und der Hauptbeschäftigung besteht, den Schnee wegzuräumen, könnte man das fast vergessen. Diesen Brief zum Beispiel, schreibe ich Euch bei einer Arbeitspause in einer großen Heizung, zu der ich mit drei Kameraden zum Arbeitsdienst eingeteilt bin. Die Hauptarbeit besteht auch hier zum größten Teil aus Faulenzen (Also entschuldigt bitte daher die Schrift, hoffentlich könnt Ihr alles lesen).

In meinem vorigen Brief erwähnte ich, dass bei uns hier Tauwetter herrscht, und wir hofften alle, dass jetzt endlich der Frühling kommen würde. Diese Hoffnung wurde uns heute gründlich genommen, denn heute hielt der Winter nochmals mit kaltem Ostwind und Schneegestöber Einzug. Wann wird denn endlich der Frühling kommen? Wir hatten ja in Bezug auf die Witterung eine sehr harte Ausbildung und daher ist ja unsere Freude auf den kommenden Frühling leicht verständlich.

Nun, liebe Eltern, belästige ich Euch schon wieder mit einer Bitte. Wenn Ihr einen Koffer übrighabt, in der Größe ungefähr wie der blaue, schickt ihn mir bitte sofort als dringend. Hier bekommt man ja keine Kartons, in die unserer ganzen Habseligkeiten hinein gingen. Andernfalls müsste ich drei oder vier kleine Päckchen zurecht schnüren und das soll nach Möglichkeit vermieden werden, denn dabei lässt man garantiert die Hälfte liegen. Ihr habt mir ja schon so viele Wünsche erfüllt, dann wird es in diesem Falle wohl auch gehen. Der Koffer muss aber so schnell wie möglich hier sein, denn unsere Versetzung kann ja schon Anfang nächster Woche sein – vielleicht auch früher. Wir wissen ja selbst nichts Genaues.

Es grüßt Euch nun recht herzlich

Euer Arnold

Finsterwalde, 20.6.42

Liebe Eltern!

Ohne erst vorher Euren nächsten Brief zu erwarten, möchte ich heute schon antworten. In dieser Woche haben ich endlich eine neue Stube bezogen und der alten Stube 74 endgültig Adieu gesagt. Von der neuen Bude und deren Bewohner wäre Folgendes zu berichten: Wir liegen hier mit 6 Mann zusammen, ein ganz gemütlicher Verein, 4 Mann davon sind auf der Schreibstube, 2 machen Außendienst. Der gebräuchliche Name: die Stube der Schreibstubenbullen hat somit seine volle Berechtigung und wirkt sich in mancher Beziehung sehr günstig aus, erstens macht unsere Stubenbelegschaft keinen Revierdienst mit, wodurch man morgens auch mehr Zeit zum Waschen, Kaffee trinken, (schlafen), usw. hat. Auch der Stubendienst ist hier gegen 74 ein Kinderspiel, 5 Minuten vor Stubendurchgang Besen in die Hand, Staub gleichmäßig verteilt und der U.v.D. kann kommen. Und nun zu dem schönsten Kapitel: den Betten. Endlich den harten, unkultivierten Strohsack, durch den man bei näherem Hinsehen

Kapitel 3: 1942 – Finsterwalde

Finsterwalde, Sonntag, den 8.3.1942:
»Versetzung zur Stabskompanie nach Finsterwalde und nicht zu den Fliegern!«

Finsterwalde, Mittwoch, den 11.3.1942:
»Über Berlin nach Finsterwalde und aus der Traum vom Fliegen?«

Finsterwalde, Mittwoch, den 18.3.1942:
»Wache schieben, ein bunter Abend und auf Lehrgänge hoffen«

Finsterwalde, Mittwoch, den 25.3.1942:
»Gedanken an daheim weil Mama macht den Laden dicht und Finsterwalde ist flach«

Finsterwalde, Dienstag, den 31.3.1942:
»Ein Besen der keiner ist und Stubendienst als Strafe«

Finsterwalde, Sonntag, den 5.4.1942:
»Froh, ein Nichtraucher zu sein«

Finsterwalde, Donnerstag, den 9.4.1942:
»Immer ein paar Kartoffeln mehr ...«

Finsterwalde, Montag, den 13.4.1942:
»Vom Soldaten zum Gärtner und Waldbrände löschen«

Finsterwalde, Montag, den 20.4.1942:
»Bratkartoffeln – mein Leibgericht«

Finsterwalde, Samstag, den 25.4.1942:
»Essen organisieren, Stubenappell, auch mal als Gärtner und Pakete«

Finsterwalde, Sonntag, den 3.5.1942:
»Wache schieben und Neues von alten Kameraden«

Finsterwalde, Sonntag, den 10.5.1942:
»Waldbrandbekämpfung ohne Ende, ein Häschen in der Grube und Freude auf den Urlaub«

Finsterwalde, Samstag, den 6.6.1942:
»Rückreise vom Urlaub mit Hindernissen, Feuerwache und Schwimmbad«

Finsterwalde, Sonntag, den 14.6.1942:
»Die Uniform verliehen, weiterhin Dienst bei der Feuerwache und schwimmen gehen«

Finsterwalde, Samstag, den 20.6.1942:
»Neue Stube bezogen, Strohsack gegen Matratze getauscht und ein Geschwür am Hals!«

Finsterwalde, Samstag, den 27.6.1942:
»Lust auf Sport, Lust auf Likör, Lust auf Süßigkeiten«

Finsterwalde, Samstag, den 4.7.1942:
»Finsterwalde macht keinen Spaß, Sorgen machen um die Eltern und eine Weinbestellung«

Finsterwalde, Dienstag, den 14.7.1942:
»Ein Vollkornbrot **ohne**, Luxus Bratkartoffeln zu essen in einem Lokal und Gedanken an daheim«

Finsterwalde, Montag, den 20.7.1942:
»Ein Riesenpaket mit Koffer und Inhalt, ein lustiger Brandangriff und die Planung einer Heimreise«

Finsterwalde, Dienstag, den 28.7.1942:
»Endlich die gewünschte Versetzung! Es geht weiter nach Senftenberg bei Prag im Protektorat«

Finsterwalde, Sonntag, den 8.3.1942

Liebe Eltern, liebe Bringfriede!

Nun sind wir endlich aus Detmold nach Finsterwalde versetzt worden. Somit bin ich noch einige Kilometer weiter von der Heimat entfernt, was ja gerade nach unserem Geschmack ist. Wir wollen etwas von Deutschland sehen und kennenlernen. Wenn wir uns vorher gedacht hatten, jetzt auf eine Schule zu kommen, haben wir uns doch etwas getäuscht. Denn hier sind wir bei der Stabskompanie gelandet und unser Dienst wird wohl hauptsächlich aus Wache schieben bestehen. Bis wir endgültig auf eine Schule versetzt werden, heißt es nun mal wieder warten und Geduld bewahren. Das hängt alles von unserem Glück ab, ob wir hier lange bleiben oder nicht. Jedenfalls hatte ich mir den Anfang meiner militärischen Laufbahn ganz anders vorgestellt, als es jetzt der Fall ist.

Liebe Eltern, ich hatte Euch durch meinen Eilbrief und mein Telegramm wahrscheinlich etwas in Aufregung versetzt, aber Ihr seht daraus, wie unverhofft unsere Versetzung sein kann. Man muss beim Militär immer auf Überraschungen gefasst sein. Liebe Eltern, am ersten Tag steht mir keine Zeit zur Verfügung, Euch mehr zu schreiben. Im nächsten Brief schreibe ich Euch mal ganz ausführlich.

Bis dahin seid herzlich gegrüßt von

Arnold

PS: Liebe Mutter, Du kannst mir ja bei Gelegenheit einen Koffer hierherschicken, damit ich immer einen gleich zur Hand habe. Meine neue Adresse:
Flieger von der Eltz,
1. Flugzeugführerschule (C)7
Finsterwalde N/L

Finsterwalde, Mittwoch, den 11.3.1942

Liebe Eltern, liebe Bringfriede!

Meinen Brief vom Sonntag möchte ich heute fortsetzen und Euch etwas Näheres von meiner neuen Dienststelle berichten.

Vorigen Freitag erhielten wir plötzlich in Detmold unseren Marschbefehl. Sofort packte ich, so gut es eben ging, meine Klamotten zusammen. Vorher wurden wir noch neu eingekleidet, das heißt, wir bekamen Schirmmütze, Kragenschlips nebst Waffenrock. Am Samstagabend begann für uns sechs Mann und einem Transportführer, die Fahrt nach Finsterwalde. Die Zugverbindung klappte prima, doch leider zu gut, denn hätten wir in Berlin Aufenthalt gehabt, hätte unser Unteroffizier einen kleinen Bummel mit uns durch die Stadt gemacht. So haben wir leider nicht viel von Berlin gesehen. Nun muss ich noch vorausschicken, dass unsere Freude riesengroß war, als wir hörten, dass wir gleich zur Schule versetzt werden. Doch allzu schnell wurde uns die Freude genommen, nachdem wir in Finsterwalde gelandet waren. Ich wurde mit noch zwei Kameraden zur Stabskompanie versetzt, wo wir nun auf unsere Versetzung zur Schule warten können, bis wir schwarz werden. Beim Militär fragt ja keiner, ob man Freiwilliger ist oder nicht. Wenn ich meinte, als Freiwilliger schneller zum fliegenden Personal zu kommen, dann habe ich mich doch ganz gewaltig getäuscht. Es wird hier darauf keine Rücksicht genommen. Doch ich werde mir an den Obergefreiten unserer Kompanie kein Beispiel nehmen, und zweieinhalb Jahre hier eine ruhige Kugel schieben! Nein, dafür hatte ich mich ja nicht freiwillig gemeldet, um mit meiner Leidenschaft dem Fliegen nun nur Wache zu stehen oder sonst wie herum kommandiert zu werden.

Ich glaube einfach, dass unsere älteren Kameraden aus unserer Kompanie der Dienst, der aus Wache schieben, ein bisschen Exerzieren, Arbeitsdienst machen und Sport besteht, ganz gut gefällt. Aber für uns junge Burschen, ist das viel zu ruhig. Diese Zeit können wir dann mitmachen, wenn wir älter sind und uns die Hörner abgestoßen haben.

Lieber Papa, darin musst Du mir doch als »alter Turner« recht geben. Gott sei Dank, geht es uns nicht alleine so, denn es gibt ja so viele Kameraden, denen es genau so erging wie uns, und wahrscheinlich nie zum fliegenden Personal kommen werden. Es fällt mir sehr schwer, mich mit diesem Gedanken so langsam anzufreunden. Na, wir wollen mal nicht zu Schwarz sehen und den Kopf hochhalten, denn bei den Soldaten kommt ja alles so unverhofft.

Liebe Bringfriede, nun konntest Du Dich mal persönlich über das Wohlbefinden Deines Hermann erkundigen. Was hat er denn nun für eine Krankheit, ist er wieder munter und bekommt er bald Urlaub? Das würde mich sehr interessieren alles zu erfahren. Bitte schreib mir auch mal seine Adresse, denn ich möchte ihm so gerne auch mal schreiben.

Nun, liebe Mama, komme ich wieder wie üblich zu allerlei Wünschen. Schicke mir doch bitte meine Halbschuhe, dazu ein Paar schwarze Socken, damit ich beides beim Ausgehanzug anziehen kann. Auch könnte ich graue Socken nötig gebrauchen, denn in den Stiefeln die wir nun tragen zerreißt man mehr Strümpfe als in hohen Schuhen. Du kannst mir auch jetzt die Brotmarken schicken, denn in der Kantine gibt‘s Brot zu kaufen. Ich möchte Euch noch raten, wenn Ihr mir was schickt, sei es Strümpfe, die Schuhe oder Brot und Kuchen, so verpackt es sorgfältig und gut. Es kamen schon oft Pakete hier an, aus denen vorwiegend Butter, Zigaretten und Wollsachen gestohlen wurden. Ich hatte bis jetzt noch das Glück, dass meine Pakete alle heil angekommen sind.

Also, liebe Mutter, wenn Du mal etwas Brot bekommen kannst, würdest Du mir damit eine große Freude bereiten. Mein guter Appetit nimmt etwas zu und nicht ab. Nun möchte ich meinen Brief schließen, in der Hoffnung, dass ich bald mal wieder von Euch höre.

Seid alle recht herzlich gegrüßt von

Arnold

PS: Meine Turnhose könnt Ihr mir bei Gelegenheit auch mitschicken.

Finsterwalde, Mittwoch, den 18.3.1942

Liebe Eltern, liebe Bringfriede!

Recht herzlichen Dank für Papas lieben Brief. Es freut mich besonders, dass Eure Briefe immer pünktlich bei mir eintreffen und ich im Voraus immer schon den Tag weiß, an dem eine Nachricht von Euch eintrifft. Ebenso vielen Dank für die Brotmarken, die ich bereits in Brot umgesetzt und damit auch Reserven angelegt habe, wenn der Hunger mal allzu groß ist. Unsere Brotration hier ist nicht die Gleiche geblieben wie in Detmold.

Am Samstag werde ich meine erste Wache überstanden haben und wenn ich immer darüber nachdachte, die zwei Stunden Wache würden auf dem Posten zur Ewigkeit werden, dann habe ich mich gründlich getäuscht, denn die Zeit verging wie im Fluge. Ich mache das so, dass ich mir die Zahl der Runden merke, die ich während der festgesetzten Zeit zurücklege, und dann habe ich einen prima Zeitmesser, der haargenau stimmt. Anschließend bekam ich meinen ersten Nachturlaub, doch schon lange vor der festgesetzten Zeit, war ich wieder zu Hause. Ich muss doch schließlich erstmal Finsterwalde kennenlernen, um dann den Nachturlaub ausnutzen zu können. Der Samstag scheint für mich wieder abwechslungsreich zu werden. Wir drei aus Detmold haben für Samstag zu einem »bunten Abend« in Finsterwalde auf der Schreibstube Karten bestellt. Hoffentlich sind wir nicht zu müde von der Wache. An all diesen Dingen erkennt man doch, dass unsere Rekrutenzeit endgültig zu Ende ist, obwohl die neuen Soldaten unserer Kompanie gesonderten Dienst machen müssen – doch die Strenge wie in Detmold, herrscht hier nicht mehr.

Der Dienst hier würde mir zehn Mal mehr Spaß machen, als in Detmold, wenn ich nicht wie geplant zum fliegenden Personal ursprünglich wollte. Wenn eine Gruppe aus zwölf Mann, einem Uffz und einem O. Gefr. besteht, lernt man bedeutend mehr als in einer Gruppe von vierundzwanzig Mann und einem Flieger als Ausbilder.

Wegen unserer Versetzung sprachen wir auch schon mit unserem Kompaniechef, der uns erklärte, dass ja mit unserer Versetzung täglich zu rechnen sei. Wir werden bei der jetzigen Kompanie als Schüler geführt, und durch das R. L. M. unsere Versetzung erhalten. Vielleicht machen wir vorher noch einen U. L. K. mit, des uns doch immerhin etwas weiterbringen wird. Also, wie gesagt lieber Papa, die erste Aufregung meinerseits hat sich als unbegründet herausgestellt, und ich werde erstmal ruhig abwarten, was die Zukunft bringen wird. Meinem Wunsch, allerdings zum fliegenden Personal zu kommen, möchte ich nicht aufgeben.

Liebe Eltern, endlich ist nun auch der Winter bei uns so langsam gewichen, die Vögel zwitschern schon lustig in dem uns umgebenden Wald und der Schnee wird auch bald durch die Wärme der Sonne geschmolzen sein. Gerade in diesen Tagen, liebe Eltern, musste ich oft an daheim denken, wie wohl der Frühling Einzug gehalten hat und an den Garten, der doch jetzt bepflanzt werden muss. Da wirst Du, lieber Papa, für die kommenden Wochen Arbeit genug haben. Wie gerne würde ich Dir dabei helfen – vielleicht kann ich Dir ja im Herbst bei der Ernte helfen.

Liebe Eltern, ich möchte Euch doch nochmals bitten, mir ein paar Bilder von Euch zu schicken, ebenso möchte ich auch Bringfriede darum bitten. Vielleicht habt Ihr ja ein neues Bild von Jürgen, denn der wird sich doch bestimmt in den letzten vier Monaten verändert haben. Ich sehe immer in den Spinden meiner Kameraden die Bilder ihrer Angehörigen – nur ich habe keine und kann meinen Spind damit nicht ausschmücken. Auch möchte ich Euch bitten, an meine Wünsche im vorigen Brief zu denken. Hinzufügen möchte ich noch Rasierklingen und Schuhcreme. Beides gibt es hier in der Kantine nicht zu kaufen und meine Trainingshose kann noch etwas warten. Ja, so allmählich kann ich diese Sachen hier gut gebrauchen, denn in der Rekrutenzeit wurde uns nicht erlaubt, eigene Sachen zu tragen. An die Halbschuhe möchte ich nochmals besonders erinnern und an ein Paar schwarz Socken, die zu den Halbschuhen passen

Hier habe ich auch meinen besten Stubenkameraden aus Detmold getroffen, und unsere gemeinsame Freude könnt Ihr Euch sicher vorstellen. Peter, so heißt er, ist beim Flugzeugführer-Anwärter-Bataillon, wo es doppelt so streng zu geht als bei uns. Liebe Eltern, nun möchte ich meinen Brief schließen, denn eben diesen Kameraden will ich heute Abend noch mal besuchen.

Herzliche Grüße

Euer Arnold

Finsterwalde, Mittwoch, den 25.3.1942

Liebe Eltern, liebe Bringfriede!

Mit viel Freude und Dankbarkeit, las ich heute Papas lieben Brief. Muss das ja diesmal ein »Mordspaket« sein, um dessen Inhalt meine Kameraden mich bestimmt beneiden werden. Am meisten freut es mich, dass Ihr meine sämtlichen Wünsche erfüllt habt und das auch wieder was Leckeres für meinen ewig hungrigen Magen dabei sein wird. Ja, liebe Eltern, ebenso wie bei den Zivilisten wird auch beim Militär am Essen gespart. Doch deswegen dürfen wir nicht anfangen zu murren, nach einer Missernte im Krieg kann nicht mehr verlangt werden.

Liebe Eltern, Euer Entschluss, den Laden zu schließen, ist vollkommen gerechtfertigt. Auch habt Ihr damit vollkommen recht, jetzt in erster Linie und zuerst für die Nahrung zu sorgen. Denn was nützt einem im Krieg das Geld, mit dem man nichts anfangen kann, und Ihr habt ja im Leben schon soviel gearbeitet, dass Euch die Ruhe bestimmt guttun wird. Dazu gehört natürlich dann auch ein Heim, so wie Ihr es Euch nun einrichten wollt. Wie schön muss es doch jetzt daheim sein, kein Arbeiten mehr, liebe Mutter und Bringfriede, bis in die späte Nacht hinein. Jetzt könnt Ihr beide, lieber Papa und liebe Mama, öfters zusammen in der herrlichen Frühlingsluft spazieren gehen und Euch erholen. Die Gartenarbeit wird bestimmt mehr Freude machen als für andere Leute das Arbeiten. Ich bin mal gespannt, ob ich dieses Jahr Eure Gartenarbeit begutachten, oder wenigstens bei der Ernte behilflich sein kann. Es hängt ja alles nur von der

Länge der Urlaubssperre ab. Natürlich kämen wir jungen »Schlipse« als letzte dran, aber egal, der Anfang wäre doch wenigstens gemacht.

Der Frühling scheint nun auch bei uns endgültig Einzug zu halten und die Sonne wird bald den letzten Schnee weggeschmolzen haben, der bis jetzt noch hartnäckig den Sonnenstrahlen standgehalten hat. Endlich kann man sich doch mal wieder im Freien aufhalten, was uns doch den ganzen Winter über gefehlt hat – außer im Dienst natürlich. Zwei Mal hat mich nun auch die Sonne nach Finsterwalde gelockt und habe mir nur mal das Städtchen, dass ungefähr zehntausend Einwohner und viele Ausländer beherbergt, etwas näher angesehen. Die Stadt und die Umgebung sind ja mit Detmold und besonders natürlich mit unserer Heimatstadt Sobernheim, nicht zu vergleichen. Das Gelände ist flach wie ein Brett, kein Fluss und hier und da stehen vereinzelt Kiefergruppen. Na, allmählich wird man sich an diese Natur gewöhnen. Ich befürchte aber, dass die Sehnsucht nach der Heimat schließlich immer stärker werden wird, und ich glaube daher, dass das Letztere wohl der Fall sein wird.

Der Dienst muss eigentlich nun so ganz mein Fall sein, denn fast jeden Nachmittag haben wir jetzt Sport, der ja zum größten Teil fast nur aus Fußball spielen besteht. Doch muss ich sagen, dass mein Interesse am Sport beim Militär ziemlich nachgelassen hat. Ich hoffe aber, dass das in Richtung Sommer wieder besser wird. Hauptschuld an meiner jetzigen Interesselosigkeit ist auch die immerwährende Müdigkeit. Den ganzen Tag könnte ich schlafen – ob das die berühmte Frühjahrsmüdigkeit ist?

Morgen ziehe ich nun zum dritten Mal auf Wache und anschließend wird mal wieder Nachturlaub eingereicht. Am letzten Samstag war ich noch in der Stadt beim Fotografen, um Bilder von mir machen zu lassen. Diese Bilder müssen ja schließlich auch abgeholt werden, damit ich eins davon Euch sehr bald zusenden kann, da Ihr darauf sicher schon wartet. Natürlich hängt es auch noch vom morgigen Appell ab, ob ich Nachturlaub bekomme oder nicht. Beim Kommiss hängt ja alles von den Vorgesetzten ab, ob die uns auffallen lassen oder nicht. So wurde mir auch der schöne Samstagabend von dem versaut, von dem ich Euch ja schrieb. Und zwar will ein Uffz in einem vom Kompanie-Chef geleiteten Unterricht gesehen haben, wie ich schlief. Obwohl mich gerade dieser Unterricht am meisten interessiert. Na ja, wir Neuen werden ja besonders scharf unter die Lupe genommen. Nun, liebe Eltern, möchte ich meinen Brief schließen, denn ich habe für den morgigen Appell noch zu arbeiten.

Viele Grüße sendet Euch und Bringfriede

Euer Arnold

Finsterwalde, Dienstag, den 31.3.1942

Liebe Eltern, liebe Bringfriede!

Zunächst recht herzlichen Dank für Euer reichhaltiges Paket, das ich bereits vorigen Freitag erhalten hatte, also in einer verhältnismäßigen kurzen Zeit. Der Kuchen war doch sicher für Ostern bestimmt, oder? Ich hatte mir ja auch fest vorgenommen, ihn bis dahin aufzubewahren, doch bei dem lieblichen Anblick des Kuchens wurde ich auf einmal weich und nun gehört er leider bereits der Vergangenheit an. Ich werde ohnehin von Ostern nicht viel haben, denn wir werden sicher als die Jüngsten der Kompanie Wache stehen oder sonstigen Dienst während den Feiertagen haben. Mich hat diese Woche besonders das Pech verfolgt. Denn am vorigen Samstagabend, nach meinem Stubendienst, machte der Hauptfeldwebel den Stubendurchgang. Doch vorab möchte ich Euch noch unserer Stube beschreiben. Wir liegen also mit siebenundzwanzig Mann oben unterm Dach und damit wir auch am Tage etwas sehen, brennt immer das Licht, da das durch die Dachfenster fallende Tageslicht von den Spinden verdeckt wird. Kehrt man die Stube aus, so fliegt Staub umher der dann im Lichtstrahl gut zu sehen ist, und ist vergleichbar mit dem Staub in der Breitlerstraße im Hochsommer. Dann steht zum Ausfegen der Stube nur irgendein undefinierbarer Gegenstand zur Verfügung, welcher der Form nach mal ein Besen gewesen sein kann. Also, unter diesen Umständen lag halt noch etwas Dreck in der »Stube« und der wurde mir zum Verhängnis. Dies wiederholte sich heute zum zweiten Mal. Als Strafe muss ich nun acht Tage lang Stubendienst bis einschließlich Montag machen und somit fällt auch jeglicher Ausgang flach. Ihr könnt Euch nicht vorstellen, wie mich das ärgerte, zum ersten Mal das Militär verfluchte wie noch nie in meinem Leben und mich selbst als Idioten bezeichnete, dass ich mich freiwillig zum Militär gemeldet hatte. Das geht mir allmählich auf die Nerven, wenn ich dauernd befürchten muss, irgendwie aufzufallen und auch noch bestraft zu werden. Man kann sich noch so viel Mühe geben beim Putzen und Schrubben, es hilft alles nichts, man fällt doch auf. Ich habe leider den Grad der Sturheit noch nicht erreicht, mit der man all das gleichgültig ohne jede Aufregung hinnimmt. Ich nehme mir eben jeden Anschiss sehr zu Herzen.

Heute hob sich meine auf den Nullpunkt gesunkene Stimmung etwas, denn ein Uffz trieb mit uns heute Nachmittag Leichtathletik – endlich mal das, woran ich immer mit besonders viel Begeisterung dabei war. Als ich heute die Sportgeräte und den Sportplatz sah, war meine alte Begeisterung, die ja sehr nachgelassen hatte, wieder da. Wir werden jetzt wohl sehr oft Leichtathletik treiben, natürlich nimmt daran nicht die gesamte Kompanie teil, sondern bis jetzt nur sechs Mann. Der Sport der Anderen besteht nur aus Fußball spielen. Lieber Papa, schau Dir doch mal bitte meine Rennschuhe an, ob Du noch was daran flicken kannst, und schicke sie mir bitte so bald wie möglich zu. Ende Mai haben wir hier nämlich ein Sportfest.

Gestern erhielt ich einen Brief an Hermann zurück, den ich am 21.12 an ihn abgesandt hatte. Was der Brief für einen ungeheuren Weg zur mir zurückgenommen hat, kann man aus den vielen Stempeln und roter Tinte auf dem Umschlag ersehen. Am Tage zuvor hatte ich Hermann schon einen Brief nach Oberkaufungen geschrieben.

Liebe Eltern, ich muss leider auf einmal feststellen, dass mein Geld so langsam aber sicher abnimmt und somit auch das Sparen vorbei ist. Obwohl ich noch ungefähr 40 RM in der Tasche habe, also eine ganz nette Summe. In der Kantine gibt es nämlich

Kartoffelsalat zu kaufen und so bin ich dort allmählich Stammgast geworden. Wenn ich ausgehe, bin ich nicht sparsam, denn meistens gehe ich dann ins Kino, um beim Genuss des Films mal alle Sorgen und dumme Gedanken zu vergessen. Im Horst haben wir auch jede Woche einmal Kino. Ihr dürft natürlich nicht denken, dass ich schon oft in Finsterwalde war! Ich glaube, drei Mal habe ich mir die Stadt bis jetzt angesehen. Liebe Eltern, nun muss ich schnell Schluss machen, und mit dem Stubendienst anfangen. Wie durch ein Wunder steht plötzlich im Putzspind ein neuer Besen.

Ein recht frohes Osterfest wünscht Euch, liebe Eltern und Dir liebe Bringfriede

Euer Arnold

PS: Liebe Mutter, kannst Du vielleicht in der Stadt etwas Haaröl für mich besorgen?

»Na, wie gefällt Euch mein Bild?«

Finsterwalde, Sonntag, den 5.4.1942

Liebe Eltern!

Noch etwas müde und benommen von der Wache habe ich mich hingesetzt, um Euren Brief vom 02.04. zu beantworten. Ihr habt sicher inzwischen meinen letzten Brief erhalten und somit auch die Bestätigung über den Empfang des Paketes, das unbeschädigt bei mir ankam. Die Feiertage verliefen für mich bis jetzt sehr eintönig und ohne Abwechslung. Am Karfreitag Morgen mussten wir sogar Kohlen schaufeln und den Nachmittag vertrödelte ich mit lesen und Briefe schreiben. Auch durfte ich ja nicht ausgehen, da ich Stubendienst hatte. Samstag auf Sonntag hatte wir Wache und so fiel auch für diese Tage der Ausgang flach. So müde, wie ich von der Wache bin, verspüre ich keine Lust eine Stunde nach Finsterwalde zu marschieren. Doch morgen geht es auf den Rummelplatz in Finsterwalde der reich an Karussells, Schiffsschaukeln und Schaubuden ist und ins Kino. Denn gar zu eintönig sollen die Feiertage doch nicht vergehen. Bis jetzt habe ich sehr wenig von den Feiertagen gehabt. Ich hatte im Stillen immer gehofft, dass ich von irgendwoher ein schönes Osterpäckchen erhalten würde und ich an Ostern nicht nur Kommissbrot zu essen bräuchte. Doch war meine Hoffnung leider vergebens. Ein Kamerad aus dem Saargebiet, der mit mir in Detmold ausgebildet wurde und alle acht Tage ein großes Paket bekommt, hat mir schon so oft Brot und anderen Sachen spendiert, wenn ich nichts mehr im Spind hatte. Er teilte auch diesmal kameradschaftlich mit mir seinen Kuchen – ein prima Kerl. Leider kann ich mich dafür nie revanchieren. Der Andere, der mit uns von Detmold hierher versetzt wurde und aus unserer Heimat stammt, bekommt Fresspakete, die sein Spind schon nicht mehr fassen kann. Er zeigt auch in dieser Hinsicht keine Kameradschaft und lässt eher was verderben, als dass er was rausrückt. Ja, hier erkennt man erstmal seine Kameraden und man verhält sich ihnen gegenüber demnach. Wenn ich daran denke, was Ihr über die Feiertage wohl für guten Kuchen gegessen habt, läuft mir das Wasser im Munde zusammen besonders heute Morgen, als mein Osterfrühstück aus Käse und einer Schnitte Brot bestand.

Dass Du, liebe Mutter, gehofft hast ich würde auf Urlaub kommen, glaube ich Dir gerne. Doch für die nächsten sechs Monate ist an Urlaub nicht zu denken. Vorerst besteht ja noch die Bahnsperre. Beginnt erstmal der Urlaub wieder, dann kommen wir ja doch als letzte dran. Ja, wenn wir Landwirtschaft daheim hätten, könnte ich Urlaub für die Frühjahrsbestellung der Felder einreichen, wie es verschiedene Kameraden mit Erfolg getan haben. Leider ist das bei mir nicht der Fall nach Hause zu kommen, und so muss ich geduldig warten, obwohl es mir manchmal sehr schwerfällt.

Liebe Eltern, ein Wunsch möchte ich auch wieder äußern und Euch bitten zu versuchen Traubenzucker zu bekommen und mir zu schicken. Bei unserer Verpflegung kann ich das gut gebrauchen. Nun möchte ich wieder schließen, denn ich bin noch sehr müde und werde mich mal ordentlich auspennen. Dies ist auch das beste Mittel gegen Hunger und Brot sparen.

Seid nun recht herzlich gegrüßt von

Arnold

Finsterwalde, Donnerstag, den 9.4.1942

Liebe Eltern, liebe Bringfriede!

Nun sind die Osterfeiertage vorüber, die mir fast keinerlei Abwechslung geboten haben. Was hätte es auch für einen großen Wert gehabt, Ostersonntag etwas zu unternehmen. Ich war von der Wache gar zu müde. Ostermontag sah es fast so aus, als ob wegen Regenwetter wieder an Ausgang nicht zu denken sei, doch Gott sei Dank hatte Petrus mit uns ein Einsehen und am Nachmittag fuhren wir mit dem Omnibus in die Stadt. Was mich in erster Linie interessierte, war das Kino in dem der Film »Geheimakte W.B. 1« gezeigt wurde, ist übrigens ein sehr schöner Film. Doch wie und wo die übrige Zeit verbringen – in ein Lokal setzen und ein Bier trinken? Nein, das liegt mir nicht! Also, hinaus auf den Rummelplatz, der mich sehr an unsere Kirmes daheim erinnerte. Beruhigt und zufrieden ging ich am Abend nach Hause, da ich mir doch wenigstens etwas während den Feiertagen geleistet hatte. Mein stiller Wunsch, von irgendwoher ein kleines Osterpäckchen zu erhalten, ging leider nicht in Erfüllung und so konnte ich diesmal nicht traditionsgemäß Ostereier und guten Kuchen essen. Aber ich weiß ja, wie schwer das alles im Kriege wegen Knappheit zu entbehren ist. Das merken wir ja auch hier an unserer Verpflegung und darum möchte ich Euch bitten, lieben Eltern, wenn Ihr mal Brot »ohne« bekommen könnt, ich wäre bestimmt ein sehr dankbarer Abnehmer. Doch ich glaube die Zeiten, in denen man mal ein Brot mehr bekommen konnte, sind auch vorbei. Als ich noch daheim war, drückten die Bäcker ja manchmal ein Auge zu. Weiterhin glaube ich, dass so etwas auch nur auf dem Lande möglich ist. Der Vorteil, auf dem Land als in der Stadt zu wohnen, während des Krieges, erkennt man doch deutlich. Der größte Beweis hierfür liefern uns die Kartoffeln. Auch wir im Horst merken diese Knappheit, denn jeder bekommt nur noch eine bestimmte Menge an Kartoffeln die uns zugeteilt werden, ebenso ist es auch mit dem Eintopf.

Liebe Eltern, auch beim Militär habe ich Gelegenheit zum Segelfliegen und das ich hieran Lust und Liebe habe, könnt Ihr Euch ja vorstellen. Schickt mir bitte bald mein Flugbuch, das ich hierzu nötig brauche. Auch habe ich mich vor ein paar Tagen zu einem Ski-Lehrgang gemeldet. Drückt mir beide Daumen, dass ich diesmal Glück habe. Ich hatte schon immer Interesse daran gehabt, mal solch einen Lehrgang mit zu machen. Beim Militär hat man eben immer die besten Chancen dazu. Nun, liebe Eltern, muss ich den Brief schließen, die Mittagspause ist zu Ende.

Recht herzliche Grüße sendet Euch

Euer Arnold

PS: Versucht doch bitte mal mir regelmäßig eine Zeitung von daheim zu schicken.

Finsterwalde, Montag, den 13.4.1942

Liebe Eltern, liebe Bringfriede!

Heute kam zu meiner freudigen Überraschung Euer Paket. Dass das Paket so schnell hier sein würde, nein, das hatte ich nicht erwartet. Am Inhalt hat sich nichts geändert. Mein Essfach ist nun ein Genuss für das Auge und den Magen eines Landsers geworden. Kein freies Plätzchen zu entdecken, denn es war auch noch ein halber Kuchen von Tante Lotte drin! Und nächste Woche will Bringfriede einen Kuchen schicken. Die Zukunft in Bezug auf meinen guten Appetit, spiegelt sich in den rosigsten Farben wider. Das stärkt die Glieder und gibt dem A..., oh Verzeihung, dem Gesicht eine gesunde Farbe.

Liebe Eltern, so langsam beginne ich jetzt das Leben eines Landsers zu führen, welches ich so in kurzen Worten mal schildern möchte:

Als Erstes steht er, der Landser, den Vorgesetzten nicht mehr so fremd gegenüber wie in der Rekrutenzeit und nimmt einen Anschiss gleichgültig und mit absoluter Ruhe hin. Das hat er sich so allmählich von den alten Oberschnäpsern abgeguckt. Er denkt, du kannst mich mal am ...! Oder etwas anders ausgedrückt: »Morgen kannst du mich damit versuchen zu ärgern, denn gerade heute habe ich so eine friedliche Stimmung«, und wird mir mal der Nachturlaub gestrichen dann genügt bis 10 Uhr in der Nacht

Ausgang vollkommen – natürlich bis Mitternacht wäre schöner – aber wozu ärgern, denn das bringt mich keinen Schritt weiter.

Als Zweites, wenn der erwähnte Nachturlaub gewährt wurde, dann wird zunächst das Geld vom Brustbeutel in das Portemonnaie umgefüllt, in die Halbschuhe reingeschlüpft, Kragen und Schlips umgebunden, hört sich wieder zivilistisch an, Mütze auf den Kopf, Rock angezogen und Koppel umgebunden doch halt, noch die Brotmarken – beinahe das Wichtigste vergessen – und dann in Windeseile zum U. v. D, Nachturlaubkarte geholt und im Laufschritt zum Bimmelbähnchen. Schneller schlecht gefahren ist besser als langsam gut gelaufen! Der Landser macht dann ein Gesicht während der Fahrt, dass ungefähr mit dem eines glücklichen Familienvaters vergleichbar ist und endlich der »Bau« für einige Stunden hinter ihm liegt. In der Stadt wartet ja die Abwechslung, bestehend aus Kino, Kaffee, Gasthaus, indem ordentlich gespeist wird, dazu Bier getrunken wird usw. So sitzt er also gemütlich mit seinen Kameraden in einem Lokal, vergisst die Zeit, plaudert und lacht um plötzlich mit einem Seitenblick festzustellen, dass der Zeiger der Wanduhr bedenklich der Zwölf nahegerückt ist. Dann kommt Bewegung in den Landser-Haufen. Schnell die Zeche bezahlen, Koppel an, Eisenbahnerhut auf die Birne und der Heimmarsch bestehend aus einem gestreckten fünfzehn Minuten Dauergalopp wird angetreten um das Ziel kurz vor Torschluss als glücklich lächelnder Sieger, jedoch etwas außer Atem, zu erreichen. Der Bemerkung des U. v. D. »Na, gerade noch mal so am Kahn vorbeigekommen«, wird von ihm überhaupt keine Beachtung geschenkt.

Als Drittes ab in die Koje, Holzkiste, Furzkiste oder wie das Bett sonst noch in der Sprache der Landser genannt wird. Er rollt sich hinein und pennt einen verdienten Schlaf, träumt meistens von seinem Mädchen oder der Heimat, was deutlich von seinem Gesicht und den anderen schlafend lächelnden Gesicherten abgelesen werden kann.

Doch genug mit den tollen Seitensprüngen meiner Phantasie, denn am Ende glaube ich ja selbst noch daran. Was davon glaubwürdig erscheint, werde Ihr wohl noch aus meinen Erzählungen herausfinden müssen.

Endlich habe ich nun auch einen Schachpartner gefunden, nämlich einen Feldwebel. Mit erhitzten Köpfen und der Versicherung uns bald Revanche zu geben, trennten wir uns nach dem ersten »Kamp« mit Remis (1 zu 1). Ich freue mich schon auf die nächste Begegnung. Im Sport ist Hochsprung jetzt mein besonderes Steckenpferd geworden. Über 1,45 m kam ich noch nicht hinaus, doch ich weiß, dass es noch höher gehen wird. Nun liebe Eltern, möchte ich Schluss machen, denn mein Magen verlangt seine kümmerliche Nahrung und sein Wunsch ist mir Befehl. Oh, Verzeihung, ich habe ja den Kuchen ganz vergessen, wie konnte ich nur …

Herzliche Grüße sendet Euch Allen

Arnold

PS: Hermann hat mir auch einen netten Brief geschrieben und vergesst nicht, im nächsten Brief Stopfwolle beizulegen. Neue Bilder schicke ich im nächsten Brief mit.

Finsterwalde, Montag, den 20.4.1942

Liebe Eltern, liebe Bringfriede!

Die freien Stunden bis zur nächsten Wachablösung, möchte ich dazu benutzen, Euch mal wieder zu schreiben. Gestern schickte ich Euch ein Paket zu, über dessen Inhalt Ihr wahrscheinlich staunen werdet. Mehr möchte ich nicht verraten und Euch nur schon mal einen recht guten Appetit wünschen. Ja, das Tauschgeschäft mit Zigaretten blüht und ich bin froh, dass ich Nichtraucher bin.

Ich wollte die Sachen aufheben bis Muttertag, liebe Mutter, doch bis dahin wäre sicher alles verdorben. Nun kommt eine noch erfreulichere Nachricht, dass die Bahnsperre aufgehoben ist und die Ersten der Kompanie fahren morgen schon in Urlaub. Wenn wir junge Soldaten auch noch lange warten müssen, bis wir dran sind, wir müssen erst sechs Monate Soldat gewesen sein, ehe wir Urlaub einreichen können. So ist doch wenigstens mal der Anfang gemacht. Fünfzehn Prozent der Kompanie, die ungefähr hundert Mann stark ist, können jeweils in Urlaub gehen. Ihr könnt Euch also auch ungefähr ausrechnen, wann ich an der Reihe bin.

Unser Dienst wird immer interessanter und abwechslungsreicher. Ich möchte Euch mal kurz zur Aufklärung den Dienstplan der vorigen Woche schildern.

Am Montag Exerzieren, Dienstag bis Mittwoch Wache, Donnerstag das Revier reinigen und mittags Arbeitsdienst beim Fourier, Freitag Kohlen abladen bis zwei Uhr nachmittags und anschließend Feierabend, Samstag drei Waggons Mist abladen bis drei Uhr nachmittags – dann endlich anschließend Feierabend und Wochendienst vorbei. Daraufhin wurde sich mal ordentlich geduscht. Doch kaum ruhten wir uns im Bett aus, schrillte die Alarmglocke durch den Bau »Absperrdienst raustreten!«. Nichts Gutes ahnend, furchtbar fluchend und halb nackt rasten wir die Treppen hinunter um gleich darauf wieder die Treppen hinauf. Einige dauernd fürchterlich schimpfend, während ich mich gleich damit abgefunden hatte. Ja, ich freute mich sogar über den Befehl »Sofort Klamotten anziehen, Koppel umschnallen und in fünf Minuten abmarschbereit unten vor der Türe stehen!« Wir sollten als Wehrmachtshilfsdienst helfen einen Waldbrand mit zu bekämpfen. Schnell wurden wie auf Autos verfrachtet und ab ging die Fahrt. An der Brandstelle angekommen, konnten wir nur noch feststellen, dass es hier ganz anständig gebrannt hatte. Unsere Aufgabe bestand nun darin, einzelne Brandherde zu löschen. Nachdem sich also die Luftwaffe auch auf diesem Gebiet sehr einsatzbereit gezeigt hatte, konnten wir ja wieder nach Hause gondeln. Endlich um halbneuen abends Feierabend. Gott sei Dank, dass morgen Sonntag ist, dachten wir. Doch am Sonntagmorgen konntet Ihr uns beim Kohlen abladen beobachten. Um ein Uhr nachmittags Feierabend, dann aber im Galopp zur Stadt – nichts wie weg. Dort hat man wenigstens seine Ruhe! Ihr seht also, welch vielseitige Ausbildung wir genießen. Einmal werden wir mit den Arbeiten eines Landwirtes vertraut gemacht, ein anderes Mal werden wir tatsächlich zu Soldaten ausgebildet und schließlich zur Kräftigung der Armmuskulatur das Kohlen schaufeln. Dass da mein Interesse, Angehöriger der Kompanie zu bleiben, stark gesunken ist, könnt Ihr Euch bestimmt vorstellen. Schließlich bin ich doch Soldat und kein Gelegenheitsarbeiter – es besteht aber immer noch die Hoffnung versetzt zu werden.

Die letzten Tage herrschte bei uns wunderschönes Frühlingswetter, auch heute scheint die Sonne und das Wache steh'n ist ganz angenehm. Jetzt beginnt sicher daheim bei Euch die Gartenarbeit, doch vorausgesetzt, dass daheim ebenso schönes Wetter ist wie hier. Inzwischen haben wir schon den 21.04.1942, und ich erhielt gerade Euren lieben Brief. Ja, lieber Papa, wie gerne würde ich für Dich im Garten einspringen und das Du Deinen Fuß mal richtig schonen kannst. Ich glaube, dass es Dir sehr schwerfällt so untätig daheim herumzusitzen, wünsche Dir deshalb recht baldige Besserung, und dass Du auch sehr bald wieder im Garten arbeiten kannst. Vierzehn Beete habt Ihr also schon angebaut, eine ganz schöne Zahl für diese kurze Zeit.

Liebe Bringfriede, recht herzlichen Dank dafür, dass Du mir ein Paket schicken willst. Hoffentlich lässt es nicht lange auf sich warten, denn mein Essfach muss unbedingt mal wieder aufgefüllt werden. Wenn ich zurzeit hineinblicke, dann sehe ich nur vier kahle Wände – nicht gerade ein schöner Anblick. Also liebe Bringfriede, wie schon erwähnt, der Inhalt meines Paketes soll ja für Euch fünf daheim sein. Ich möcht mich doch auch einmal für all Eure Liebe und Güte mir gegenüber erkenntlich zeigen. Liebe Eltern und Bringfriede, ich möchte nun meinen Brief schließen.

Seid alle recht herzlich gegrüßt von

Arnold

PS: Wie gefällt Euch mein Bild? Ich habe noch mehrere davon! Ich weiß, der Fotograf sagte nicht »bitte lächeln« zu mir.

Arnold während seiner Stationierung in Finsterwalde.

Finsterwalde, Samstag, den 25.4.1942

Liebe Eltern, liebe Bringfriede!

Inzwischen werdet Ihr wohl mein Paketchen erhalten haben und ich hoffe, Euch damit eine Freude bereit zu haben – wenn es auch nicht besonders viel war. Ich glaube, ich habe mir einen etwas merkwürdigen Platz zum Briefeschreiben ausgesucht. Ein nettes Lokal mit schöner Radiomusik. Soeben wird gerade »Der frohe Samstagnachmittag aus Stuttgart« übertragen und ist nicht gerade der richtige Moment um Briefe zu schreiben. Doch die Zeit bis zum Kinobeginn ist so am Besten ausgenutzt. Der Nachturlaub erlaubt es mal wieder, in die letzte Vorstellung zu gehen. Es ist mir schon langsam zur Gewohnheit geworden, beim Ausgang zuerst die Bäckerläden aufs Korn zu nehmen und ein paar Brötchen oder Kuchen »ohne« zu erbetteln und ich muss sagen, diese Aktion bis jetzt immer mit vollem Erfolg durchgeführt zu haben. Ja, ein Soldat weiß sich halt immer zu helfen. So ist es auch immer in der Küche! Stehen zum Beispiel einem Soldaten zur Mahlzeit ein Teller Kartoffeln zur Verfügung, so stehen auf meinem Platz bestimmt drei Teller. Die Küchenbullen können noch so aufpassen, sie werden doch beschummelt.

Ein Blick auf die Uhr zeigt mit, dass die Kinovorstellung bald beginnt. Morgen werde ich den Brief weiterschreiben.

Nach glücklich überstandenem Stubendurchgang und wohlgesättigtem Magen, ich hatte natürlich heute wieder meine zwei Teller Kartoffeln, kann ich also meinen Brief fortsetzen.

Zunächst der Stubendurchgang. Der Hauptfeldwebel ging selbst die Stuben durch und betrachtete sich mit gestrenger Miene die Spinde. Hier prüfte er das Essfach, da das Wasserglas, dort das Besteck und fast überall hatte er was zu bemängeln. Dann stand er auch vor meinem Spind. Hacken zusammen meinerseits und zackig gemeldet. Sein Blick glitt durch den Spind und blieb bei der Wäsche haften. Ja, die war mal wieder erstklassig von mir zusammengelegt, auf den Millimeter genau. Auch sonst war der Spind tadellos in Ordnung. Ohne sich weiter einzelne Gegenstände zu betrachten, ging der Hauptfeldwebel weiter. Ihr könnt Euch denken, wie mich das gefreut hat. Das war so viel wert wie ein ausgesprochenes Lob. In diese Freude hinein hörte ich auf einmal aus einer Ecke die Stimme des Hauptfeldwebels »von der Eltz, zeigen sie mal dem jungen Mann hier, wie man Wäsche zusammenlegt!«

Der Dienst der vorigen Woche war fast genau derselbe, wie ich ihn Euch schon geschildert hatte. Nur, dass ich diesmal meine gärtnerischen Kenntnisse unter Beweis stellen konnte, indem ich die Außenanlagen der Kompanie in Ordnung brachte. Während die Kameraden exerzierten, spielte ich den Gärtner. Schade nur, dass diese Arbeit schon zu Ende ist. Sie hat mir sehr viel Spaß gemacht. Manchmal dachte ich, so müsste ich jetzt daheim im Garten arbeiten und somit helfen können.

Liebe Eltern, gestern Nacht, als ich vom Ausgang nach Hause kam, erhielt ich Euren Brief und ich freue mich, Euch mit meinem Paket und meinem Bild so eine Freude bereitet zu haben. Endlich haben sie also die »Gret« mit ihrem Schlappmaul erwischt. Es hatte ja lange genug gedauert und hoffentlich wird sie auch ganz gehörig bestraft, Ihr Sündenregister ist ja groß genug dafür. Sicher werde ich ja alles weitere in der Zeit lesen, die ich jetzt täglich bekomme. Nun wäre ich also beim Thema Zeitung angekommen, liebe Eltern, die Zeitung bezahle ich natürlich. Ich gab Euch doch damals, als ich einrückte 50 M, von denen Ihr die Zeitungen bezahlen könnt – oder habt Ihr es schon anders geregelt? Jedenfalls möchte ich die Zeitungen bezahlen!

Der letzte Teil des Briefes heute, sei nun Dir gewidmet, liebe Bringfriede. Ich wusste doch, dass ich dein Paket entweder am Samstag oder Sonntag bekommen würde, und war deshalb auch nicht sehr erstaunt, aber doch natürlich sehr erfreut, meinen Namen gestern Abend, als ich nachhause kam, auf dem Zettel bei dem Vermerk »Paket« zu lesen. Heute Morgen nach dem Stubendurchgang konnte ich nicht mehr länger warten und raste zur Schreibstube. Das Paket war ja größer als ich erwartet hatte – eine nette Überraschung.

Liebe Bringfriede, Du sollst dafür als Dank ein Bild von mir bekommen! Na, wie gefällt Dir »dein Bruder in Uniform?« Liebe Eltern, liebe Bringfriede, ich muss nun schließen. Wir hören jetzt im Gemeinschaftsempfang die Reichstagsrede des Führers. Ich bin sehr gespannt, was er uns zu sagen hat.

Herzliche Grüße sendet Euch allen

Euer Arnold

PS: Liebe Bringfriede, ich höre immer »Malzkaffee«! Bei uns gibt es jedenfalls an Sonn- und Feiertagen Bohnenkaffee – da staunste, was?

Finsterwalde, Sonntag, den 3.5.1942

Liebe Eltern, liebe Bringfriede!

Der sechste Monat meiner Soldatenzeit hat nun begonnen, und wenn ich auf die verflossenen Monate zurückblicke, dann muss ich tatsächlich mit Erstaunen feststellen »Kinder, wie die Zeit vergeht!« Wisst Ihr noch, wie wir uns auf dem Bad Kreuznacher Bahnhof verabschiedet hatten? Damals konnte ich mir noch keine Vorstellung davon machen, was es heißt, von daheim und von der Familie mehr als fünf Monaten getrennt zu sein. Wenn nun die Möglichkeit besteht, in ungefähr zwei Monaten auf Urlaub fahren zu können, so sage ich mir »Zwei Monate, welch kurze Zeit!« Es wäre ja auch schlimm, wenn es gerade jetzt umgekehrt wäre.

Erna schrieb mir, dass sie nun endgültig am 22. Mai heiraten will, und dass Ihr, liebe Eltern und Bringfriede, nach Herford fahren werdet, aber, es fehlt ja noch einer im Bunde, und das bin ich. Jetzt müsste ich noch in Detmold sein und die Familie von der Eltz wäre dann vollständig zur Stelle. Tja, hätte ich den bisherigen Verlauf meiner militärischen Laufbahn geahnt, wäre ich jetzt bestimmt Ausbilder in Detmold. Das wäre auch eine lohnende Beschäftigung beim Militär, doch ich muss mich mit der Tatsache abfinden, dass daran nichts mehr zu ändern ist. Übrigens, was fehlt mir denn eigentlich hier bei der Kompanie – und zu den Fliegern wollte ich ja unbedingt.

Durch die vielen Urlauber hier in der Kompanie, müssen wir jetzt etwas mehr Wache stehen und gerade dann vergeht die Zeit wie im Fluge – befinde mich leider aber immer noch beim fliegenden Bodenpersonal. Zwei Mal in der Woche Wache stehen, dann ist die Woche um und der Urlaub rückt immer näher. Hoffentlich werden wir bis dahin nicht versetzt, denn dann fällt der Urlaub für dieses Jahr endgültig flach. Übrigens stehe ich morgen schon meine neunte Wache.

Wie mir verschiedene »alte« Kameraden schrieben, sind wieder eine Menge junger Burschen eingezogen worden. So zum Beispiel Karl Beyer, Horst May und Kriegsfreiwilliger Kurt Meyer – der ja tatsächlich den Mut besitzt, sich »freiwillig« zum Bodenpersonal zu melden! Etwas anderes hätte ich von dem auch bestimmt nicht erwartet. Der Walter Schmitz sitzt auch schon Monate lang in Würzburg, ihn traf ungefähr das gleiche Los wie mich. Nur, dass er noch weiter als Bordfunker ausgebildet wird. Ob er das Glück hat, zum fliegenden Personal zu kommen? Und Günther Hyar? Auch er hat sein Ziel nicht erreicht. Der hätte bestimmt vorher alle ausgelacht und für Idioten erklärt, wenn man ihm prophezeit hätte, dass er mal auf einer Schreibstube landen würde. Horst May bekommt jetzt auch als Rekrut in Olmütz/Mähren die Grundbegriffe eines Soldaten beigebracht. Ihm wird es auch schwerfallen, auf die Kommandos anderer gleichaltriger Kameraden hören zu müssen. Und Herbert, dieser »alte Schwerenöter«, hat schon seinen ersten Nachwuchs bekommen? Eigentlich müsste man Bauklötzer staunen über Herbert – der schüchterne Jüngling – wer hätte das gedacht! Ja, beim Militär wird jeder in der Beziehung anders! Ich wundere mich nur, dass Herbert mir noch nichts davon geschrieben hat, denn wir stehen im eifrigen Briefwechsel miteinander. Na, er wird mir bestimmt bald stolz diese Freudenbotschaft verkünden.

Gestern Abend hatte ich mal wieder eine interessante Beschäftigung. Ich musste bei einer Veranstaltung des N.S.R.L. Finsterwalde, bei der auch Boxer des Fliegerhorstes mitwirkten, kübelweise Wasser für die abgekämpften Akteure heranschleppen. Den ganzen Abend habe ich mir die Vorführungen, die zum Teil sehr interessant waren, von der Bühne aus angesehen. Das Schönste dabei war, dass wir (es war noch ein Kamerad bei mir) Absperrdienst hatten und keinen Nachturlaub. Doch was konnte uns schon passieren, denn der Uffz hatte uns ja mitgenommen. So brachte also das Wochenende unverhofft und überraschend eine willkommene Abwechslung. Wir hatten dies auch reichlich verdient! Dienstag bis Mittwoch und Donnerstag bis Freitag Wache! Da sehnt man sich schon mal nach was anderem. Heute gehe ich in den Film »Anuschka«, der ja so wunderschön sein soll, und morgen beginnt die Woche wieder mit Wache.

Seid Ihr mit der Gartenarbeit gut vorangekommen und bald fertig, lieber Papa? Ist dein Fuß endlich wieder in Ordnung?

Ich wünsche Dir auf jeden Fall von ganzem Herzen, recht baldige Besserung gerade jetzt im Frühling, wo Du doch anstatt mit mir, mit Gisela schöne Spaziergänge machen kannst.

Seid nun alle recht herzlich gegrüßt von

Arnold

Finsterwalde, Sonntag, den 10.5.1942

Liebe Eltern, liebe Bringfriede!

Endlich mal übers Wochenende zwei verhältnismäßig ruhige Tage obwohl wir heute Morgen ausgerechnet am Sonntag mal wieder Kohlen schaufeln mussten. Den Nachmittag verbrachte ich so, wie ich ihn auch daheim erlebt haben könnte. Ich lag hinter dem Kompaniegebäude wohlig ausgestreckt in der Sonne, ein interessantes Buch lesend und die Heimatzeitung studierend. Dazu spielte leise ein Radio – ja, wenn doch jeder Tag so wäre. Jeder Tag? Ich möchte Euch mal schildern, warum wir uns so eine Pause und Ruhe redlich verdient haben. Die Woche begann für mich sozusagen erst am Mittwoch, da ich die ersten beiden Tage Wache hatte. Dabei vergeht die Zeit ja immer wie im Fluge. Dienstag erhielt ich auch Eure Karte aus Monzingen. War da mal wieder eine Gesellschaft zusammen – ausgerechnet dabei musste ich fehlen! Wie gerne möchte ich mal wieder in lustiger Gesellschaft ein Glas Wein trinken! Ob Du noch zu meinem Geburtstag eine Flasche Wein für mich übrig hast, lieber Papa? Würde mich sehr freuen und glaube fest daran. Hoppla, da bin ich ja ganz vom Thema abgekommen. Also, Montag bis Dienstag Wache, Dienstagnachmittag dienstfrei und zum Sonnen wunderbar geeignet – so dachte ich ganz sorglos. Rannte also schon in der Badehose rum, als plötzlich die Glocke schrillte. Nichts Gutes ahnend, rannten wir so, wie wir angezogen waren, runter zum U. v. D.-Zimmer und unsere Vermutung wurde mal wieder bestätigt mit

»Fertigmachen zum Wehrhilfskommando und den ersten Waldbrand in dieser Woche bekämpfen«! Zuerst ärgerten wir uns mächtig darüber, wie Ihr Euch sicher vorstellen könnt, erst müde von der Wache gekommen und dann wieder dieser Mist! Doch meine Stimmung besserte sich jedenfalls zusehends. Ja, ich freute mich sogar darauf, zu diesem Kommando zu gehören, da es doch auch eine Abwechslung in dem eintönigen Dienst ist. Hier gilt es doch wertvolles Volksgut und wichtige Rohstoffe vor dem sicheren Verderb zu schützen. Natürlich reizte uns auch die Autofahrt. Als der Brand dann endgültig gelöscht war, blieben wir, das heißt die Stabskompanie als Brandwache, zur Sicherheit noch einige Zeit vor Ort. Glaubt mir, es war sehr schön, mal wieder im Wald zu sein. Wir waren alle an der Brandgrenze entlang verteilt und auf der einen Seite waren die verkohlten Kiefern und Birken, die ihren schönen weißen Stamm und ihr lichtes Grün verloren hatten, und auf der anderen Seite der krasse Gegensatz mit lustig zwitschernden Vögeln in den grünen Bäumen, als ob es für diesen Bereich nicht auch die Gefahr bestanden hätte, vernichtet zu werden. Mitten in der Nacht kamen wir dann müde und hungrig mit der Bahn nachhause. Der Dienst am darauffolgenden Mittwoch, war dafür umso ruhiger. Am Donnerstagmorgen war mal wieder Kohlen abladen und am dienstfreien Nachmittag wollte ich mich mal endlich sonnen. Es blieb mal wieder bei dem Wunschgedanken, denn am Freitagabend kehrten wir erneut müde und mit Ruß verklebten Gesichtern vom dritten Waldbrand zurück. Verdammt, das kann doch nur Sabotage sein, dachten wir, drei Waldbrände hintereinander, das ist doch zu viel. Aber der Reihe nach.

Waldbrandbekämpfung bei Finsterwalde.

Ich hatte nämlich am Donnerstag das Gefühl, dass wir in unserer wohlverdienten Ruhe, nach den beiden Waldbränden und Kohlen abladen, noch mal gestört werden würden. So sah ich nachmittags von meinem Sonnenplatz aus, dass von der letzten Brandstelle ungefähr 10 km entfernt riesige Rauchschwaden aufstiegen. Und richtig, gab es um 6 Uhr abends neuen Alarm! Diese Nacht geht es bestimmt durch, dachten wir und nahmen vorsorglich die Mäntel mit, denn es würde bestimmt kühl werden. Was war das diesmal aber für ein Brand, als wir ankamen. Auf einer Länge von mehreren hundert Metern Länge brannte der Wald lichterloh. Mit einem Eifer, der uns bald den Schweiß aus sämtlichen Poren trieb, bekämpften wir den Brand, bis es endlich nach ungefähr zwei Stunden geschafft war. Nun ging es ans Werk, einen breiten Graben quer durch den Wald zu ziehen, um ein Übergreifen des Brandes zu verhindern. Nach mehrstündiger Arbeit war auch diese Arbeit geschafft und nun galt es erstmal den Durst mit Getränken wie Bier, Essigwasser, Himbeersaft, Kaffee usw. zu stillen, die von den Einwohnern aus den umliegenden Dörfern für uns herangeschleppt wurden. Dann wurden wir als Wachen eingeteilt und morgens um sechs Uhr sollten wir abgelöst werden. Verdammt, jetzt spürte ich erst die Müdigkeit in den Knochen, denn es war mitten in der Nacht. »Ein wenig Schlaf wäre jetzt angebracht«, dachte ich. Mit unverwüstlichem Eifer ging ich bald daran, mir ein Loch in den sandigen Boden zu graben, polsterte es gut mit Heidekraut aus, legte mich dann eingehüllt in meinen Mantel und schlief bald wie ein Murmeltier. Sogar die Rufe des kontrollierenden Uffz überhörte ich. Ein Wunder, dass er nicht in meine tief liegende Schlafmulde fiel, denn ich hatte sie genau in den Trennungsgraben gebaut. Ich glaube, dass dieser Kontakt für uns beide sehr unangenehm gewesen wäre. Als ich irgendwann aufwachte und mal über die »Reling« sah, leuchteten ringsherum verstreut einzelne Feuerstellen auf und ich wäre froh gewesen, eine dieser Feuerstellen in meiner Nähe gehabt zu haben, denn es war trotz Mantel verflucht kalt. Eifrig wie eine Biene schleppte ich also erneut ungeheure Mengen an Heidekraut heran und bald ließen höchstens noch etwaige schnarchende Laute meinerseits vermuten, dass in diesem Loch ein Lebewesen schlafend hausen musste. Etwas unsanft wurde ich dann später aus meinen netten Träumen gerissen, als mir ungeheure Mengen Sand auf mein edles Haupt fielen. Meine Vermutung, dass dies wohl der Uffz sein muss, fand ich bald an dem lauten Gebrüll heraus, das ja logischerweise kommen musste, bestätigt. Etwas geknickt, erbost aber doch mit reuiger Miene, verließ ich meine Erdvilla und marschierte bald nach den Anweisungen des Uffz tapfer auf und ab. Als er verschwunden war, vergingen keine zwei Minuten, da war Flieger von der Eltz wieder vom Erdboden verschwunden. Diesmal bis zum Morgen um ca. sechs Uhr, wo wir endlich abgelöst wurden und im Eiltempo es im Bus nachhause fuhren. Doch wie sahen wir aus! Die Gesichter verrußt und verdreckt, den Mantelkragen hochgeschlagen, der Mantel selbst hatte seine ursprüngliche Farbe verloren, zusammengefasst gesagt, wir waren den wie eben aus dem Graben gestiegenen Frontkämpfern nicht unähnlich. Soweit also meine Schilderung.

Liebe Mutter, Du kannst Dir denken, dass wir danach allerhand Reinigungsmittel verbrauchten und trotzdem pro Monat nur ein Stückchen Einheitsseife bekommen und eigentlich besitzen. Hast Du vielleicht mal wieder etwas Seife, auch Rasierseife und ein Paket Waschpulver übrig? Das letzte Paket hat wertvolle Dienste geleistet. Auch mein Haaröl geht schon wieder zur Neige. Schicke mir doch, wenn Du kannst, bald diese von mir gewünschten Sachen.

Am Freitag erhielt ich mal wieder, ganz unverhofft, einen prima Kuchen. Ja, die Tante Lotte ist doch die Beste von allen – Ihr wisst, was ich damit meine! Sie schreibt immer von sehr viel Arbeit bei der N. S. V. oder Frauenschaft und trotzdem hat sie Zeit, mir ab und zu auch einen guten Kuchen zu schicken. Mich interessiert dabei nur, woher sie trotz Krieg noch die Zutaten her hat? Ich habe ihr natürlich schon ein Bild von mir geschickt und ihr versprochen, sie in meinem Urlaub auch mal zu besuchen. Denn ich glaube, dass ich ihr damit eine große Freude machen werde.

Liebe Mutter, Du glaubst ja nicht, wie gern ich Dir jetzt im Garten helfen würde, denn eigentlich ist das doch keine Arbeit für Dich und Bringfriede. Ihr habt in der Strickerei genug zu tun und abends solltet Ihr Euch besser ausruhen und erholen. Doch was nutzen meine besten Ratschläge, wenn man im Krieg dafür sorgen muss, was zum Essen zu haben und Ihr beide für die Familie sorgen müsst. Leider kann ja Papa Euch mit seiner Blindheit nicht helfen. Und natürlich wie es ja kommen musste, sind mal wieder alle Blüten erfroren. Man hat aber auch gar keinen Spaß mehr an den Obstbäumen, wenn die letzte gute Ernte ein paar Jahre zurückliegt. Haben eigentlich dieses Jahr die Kohlmeisen wieder genistet? Gehen die ersten Leute wieder am Gefach baden?

Lieber Papa, ich glaube, Erna würde es sehr leidtun, wenn Du an ihrer Hochzeit nicht teilnehmen könntest. Ich wünsche Dir nur von ganzen Herzen, dass dein Bein bald wieder geheilt ist. Es ist Dir ganz bestimmt eine Qual, so untätig herumsitzen zu müssen. Und schrecklich wäre es auch, wenn ich jetzt auf meinen ersten Urlaub nachhause käme, und wir noch nicht mal miteinander spazieren gehen könnten. Ich drücke Dir für Deine Genesung die Daumen – alles Gute! Im letzten Brief hatte Mama zwar von Deinem Bein geschrieben, aber was hast Du denn eigentlich für eine Krankheit am Bein?

Liebe Bringfriede, Du fährst doch höchst wahrscheinlich mit Deinen Kindern nach Herford – wenn ich doch nur auch kommen könnte, um Euch alle mal wieder zu sehen, und vor allen Dingen Deine kleinen Kinder Gisela und Jürgen. Auch könnten wir nachträglich meinen neunzehnten Geburtstag im engsten Familienkreis feiern, aber die große Entfernung macht ja alles zunichte. Liebe Eltern und Bringfriede, ich muss nun meinen Brief schließen. Inzwischen ist es dunkel geworden, was sich dementsprechend auch negativ auf meine Handschrift auswirkt.

Herzliche Grüße sendet Euch

Arnold

PS: Liebe Eltern, meine Frage zur Zeitung ist immer noch nicht geklärt.

Während eines Heimaturlaubs mit Freunden in der Nahe schwimmen »Am Gefach«.

Finsterwalde, Samstag, den 6.6.1942

Liebe Eltern,

ich möchte Euch gleich nach meinem Heimaturlaub und meiner Ankunft hier in Finsterwalde, den ersten Brief schreiben. Ehrlich gesagt, der Abschied von Euch und Sobernheim ist mir viel schwerer gefallen, als Ihr Euch vorstellen könnt. Der sechzehntägige Urlaub hatte ja wieder sozusagen, aus mir einen Zivilisten gemacht, und meine Soldatenzeit in den Hintergrund gedrängt – kam mir alles nur noch wie ein Traum vor. Die Zeit hatte mir auch den Beweis geliefert, dass es daheim immer noch am schönsten ist, darüber herrscht bei mir keinen Zweifel mehr. Glaubt mir, ich beneide jetzt die Kameraden, die ihren Urlaub noch vor sich haben und möchte ihre Freude sehr gerne mit ihnen teilen. Doch nun zu meiner Fahrt. Morgens in Sobernheim im Zug bis Bingerbrück an der Nahemündung in den Rhein, lief alles nach Plan. Dort aus dem Zug ausgestiegen, erwartete mich dann der erste größere Aufenthalt – der Anschlusszug nach Frankfurt hatte Verspätung. Meine einsetzende Unruhe und Sorge, wuchs damit von Minute zu Minute, denn hoffentlich bekomme ich in Frankfurt den Anschlusszug! In Frankfurt angekommen, hatte zu meinem großen Glück dieser Zug für die Weiterfahrt auch Verspätung. Ich war erst froh, als ich in dem vollen »Fronturlauber« wenigstens einen Stehplatz erwischt hatte. In Halle angekommen, hatte ich nach stundenlangem Stehen, mal wieder einen vernünftigen Sitzplatz erwischt, und so kam ich dann wohlbehalten um ca. 10 Uhr nachts in Finsterwalde an. Der Weg zum Horst war ja noch einmal so ein Ding für sich. Erstens viel es mir schwer mich in Gedanken, wieder Dienst machen zu müssen, zu gewöhnen, und zweitens schwitzte ich auf diesem Weg wie ein Bär. In der Kompanie angekommen, kühlte ich mich erstmal ordentlich unter der Dusche ab und haute mich danach so schnell wie möglich auf den harten Strohsack – auch so ein Ding für sich.

Heute Morgen begann mein Dienst »zum Besseren wieder eingewöhnen nach dem Urlaub«, erstmal mit Revier reinigen und den freien Nachmittag verbrachte ich auch schon wieder natürlich im Schwimmbad. Ich weiß heute schon, dass ich den Sommer über viel Geld sparen werde, denn was gibt es Schöneres, als die Freizeit in einem schönen Schwimmbad zu verbringen! Es gibt ja, so unter uns, leider nur wenige, die auf demselben Standpunkt stehen wie ich. Morgen am Sonntag habe ich mal wieder Wache und von Dienstag ab acht Tage Feuerwache. Ist ein ziemlich ruhiger Posten, man wird der Feuerwehr als Verstärkung zugeteilt.

Heute hat mir Kurt aus seinem neuen Standort München geschrieben (Adresse Gefreiter Kurt Hößler L 08336, München 2), vielleicht hat deshalb Erna auch noch nichts von ihrem Geld, was ihr Kurt schuldet, gehört. Ich lege mal seinen Brief bei, damit Ihr ihn auch mal lesen könnt.

Liebe Mutter, wir haben ja so manches in der Aufregung während der Abreisevorbereitungen, vergessen. Du wolltest mir doch noch Brotmarken mitgeben und Zigaretten zum Tauschen, auch hatte ich vor meine Aktentasche mitzunehmen. Nun möchte ich schließen in der Hoffnung, auch bald mal wieder von Euch was zu hören!

Seid nun herzlich gegrüßt von Eurem Sohn

Arnold

PS: Liebe Eltern, Kurt hat in seinem Brief das richtige Wort gefunden, dass ich auch in meinem Urlaub erst so richtig empfunden und schätzen gelernt habe, was den Krieg betrifft. Viele Grüße auch an Gisela und den kleinen Jürgen. Ich hätte die beiden so gerne noch mal vor meiner Abreise gesehen.

Finsterwalde, Sonntag, den 14.6.1942

Liebe Eltern!

Die letzten acht Tage haben genügt, um mich wieder ins alte Fahrwasser zu bringen. Womit aber nicht gesagt sein soll, dass damit auch die Erinnerung an meinen Urlaub weggewischt wäre. Die Tage daheim waren eben zu schön, um sie schon nach so kurzer Zeit vergessen zu können. Nein, ich glaube sie bleiben als schönes und unvergessliches Erlebnis ewig in Erinnerung. Meinen anderen, genauso lange wie ich, dienenden Kameraden sind jetzt auch alle in Urlaub. »Meine Uniform« ist sogar wieder ganz in Eurer Nähe, denn ein Kamerad aus Fürfeld, ist damit nachhause gefahren und gibt damit jetzt an. Ja, jeder hat das Bestreben, mit einer möglichst guten Uniform in Urlaub nachhause zu fahren. Ist aus meiner Sicht deshalb verständlich, da mein Kamerad Bauer ist und dass durch das Verleihen meiner Uniform, ich ihm einen Wunsch erfüllen konnte.

Liebe Eltern, nachdem ich jetzt sechszehn Tage wieder hier bin, könnte meine Versetzung zum Luftwaffenanwärter-Bataillons kommen. Ich habe bestimmt nichts dagegen, nachdem ich Finsterwalde kennengelernt und den nicht gerade anstrengenden Dienst bei der Stabskompanie lange genug mitgemacht habe, endlich eine Abwechslung zu bekommen. Ehrlich gesagt, ich beneide fast meinen Kameraden Kurt Bastian, der ja seinen ersten Schritt zum fliegenden Personal gemacht hat und so seinem Ziel wenigstens etwas näher gerückt ist. Ich wünsche mir nur, dass er eines Tages keine Enttäuschung erlebt, wie es schon bei so vielen Kameraden der Fall war.

Wie ich schon im letzten Brief schrieb, begann mein Dienst sehr ruhig. Er hat sich diese Woche ebenso fortgesetzt, denn für acht Tage bin ich zur Horstfeuerwehr abkommandiert – jede Woche kommt ein anderer dran. Das Wort »Feuerwehr« sagt ja genug. Sie bewahrt auch hier bei uns die sprichwörtliche Ruhe und kann man daran erkennen, dass ich diese Woche vierzehn Briefe geschrieben habe, ein schönes Stück Arbeit. Am liebsten hierbei ist mir ja der Turmposten, der von der Feuerwehr gestellt wird. Hoch oben auf dem Befehlsgebäude am Rollfeld ist eine Glasveranda, dort sitze ich dann ganz allein und ungestört und habe den Flugbetrieb zu überwachen. Das heißt, ich müsste einen eventuellen Unfall auf dem Rollfeld sofort weiter melden. Alle zwei Stunden wird der Posten abgelöst.

Liebe Eltern, für die 1600 g Brotmarken, recht herzlichen Dank. Bis jetzt habe ich, beruhigenderweise, noch keine gebraucht. Auch will ich versuchen, sie ziemlich lange zu behalten. Außerdem möchte ich Euch in Bezug auf die Zigaretten, einen guten Rat geben »Gut verpacken, sonst kommt bestimmt keine einzige bei mir an, denn ich brauche sie doch zum Tauschen«! Denn aus den Paketen meiner Kameraden sind meistens sämtliche Zigaretten gestohlen worden und die Wut meiner Kameraden könnt Ihr Euch bestimmt vorstellen. Auch möchte ich Euch bitten, mir Rechenhefte oder Schreibhefte zu kaufen und zu schicken, denn das ist immer noch das beste Schreibpapier.

Heute habe ich nach dem Feuerwachedienst meinen freien Tag. Hoffentlich wird das Wetter noch etwas schöner, damit ich baden gehen kann. Übrigens gehe ich jetzt jede freie Minute schwimmen, denn etwas Schöneres kann ich mir nicht vorstellen. Ausgehen kommt für mich nicht mehr infrage, denn ich spare dadurch Geld und vor allen Dingen ist es auch gesünder. Schwimmen wie auch in Zukunft Leichtathletik, werden in der Kompanie als Dienst betrieben und die Leistungen jedes Einzelnen werden hierbei notiert – mal wieder ein Pluspunkt für mich.

Und nun zum Thema Garten. Liebe Eltern, kommen denn die Pflanzen jetzt etwas vorwärts? Sind die umgesetzten Gurken angewachsen und auch die Pflanzen oben am Gartentor? Es macht mir einfach viel Freude im eigenen Garten arbeiten zu können, da man ja für sein eignes Wohl arbeitet und diese Arbeit von Nutzen ist! Lieber Papa, in einer Zeitung las ich ein Rezept, dass ich Dir mal hier beilege für dein Bein. Nun möchte ich schließen, es ist Zeit zum Mittagessen.

Recht herzliche Grüße sendet Euch und auch den Kleinen Gisela und Jürgen

Euer Arnold

PS: Vergesst auch bitte im nächsten Brief nicht die Adresse von Trude!

Finsterwalde, Samstag, den 20.6.1942

Liebe Eltern!

Ohne erst vorher Euren nächsten Brief zu erwarten, möchte ich heute schon antworten. In dieser Woche habe ich endlich eine neue Stube bezogen und der alten Stube »74« endlich Adieu gesagt. Von der neuen Bude und deren Bewohner wäre Folgendes zu berichten: Wir liegen hier mit sechs Mann zusammen, ein gemütlicher Verein, vier Mann davon sind auf der Schreibstube, zwei machen Außendienst. Der gebräuchliche Name für diese Stube: »Die Stube der Schreibstubenbullen«! Sie hat seine volle Berechtigung und wirkt sich in mancher Beziehung sehr günstig aus, denn unsere Stubenbelegschaft macht keinen Revierdienst mit, wodurch man morgens auch mehr Zeit zum Waschen, Kaffee trinken und Schlafen usw. hat. Auch der Stubendienst ist hier gegen »74« ein Kinderspiel. Fünf Minuten vor Stubendurchgang den Besen in die Hand, Staub gleichmäßig verteilen und der U. v. D kann kommen. Und nun zu dem schönsten Kapitel: »Die Betten«! Endlich den harten, unkultivierten Strohsack, durch den ich beim näheren Hinsehen die Bretter schimmern sah, mit anständigen Federmatratzen getauscht, auf dem der Soldat wie im siebten Himmel schläft und fast kein U. v. D zu wecken vermag. Ja, wenn man früher morgens vom Strohsack aufstand, musste man erstmal seine Gliedmaßen sortieren und geradebiegen. Dieses notwendige Ritual, um überhaupt in die Senkrechte zu kommen, ist jetzt nicht mehr notwendig.

Einmal in der Woche ist nun als Dienst abends nach 6 Uhr für die Kompanie Sport angesetzt. Beim ersten Start habe ich allerdings lächerliche Ergebnisse erzielt. Die Trainingspause war doch etwas zu lang. Das Kugelstoßen ging so einigermaßen und mit etwas über neun Meter schaffte ich die 15 Pfund doch. Diese Woche war ich sowieso nicht ganz auf dem Teppich, bekam ich doch auf einmal ein furchtbar großes Geschwür an den Hals und auch noch heftige Kopfschmerzen dazu. Drückte ich die Stelle mal, so wollte mir fast der Kopf zerspringen. So lief ich also bis gestern mit einem steifen Genick herum. Doch dann wurde es mir zu bunt … Etwas das mir den Schlaf verdirbt, hat es auch mit mir verdorben und so griff ich zu einer Nadel nebst weiterem »OP-Besteck«. Ergebnis: Danach lässt sich mein Kopf wieder um ca. zwei Grad nach links und rechts drehen. Auf Befehl eines Feldwebels musste ich dann doch aufs Krankenrevier gehen und dort wurde ich dann auf soldatische Art behandelt.

Soldatisch beschrieben: »Zunächst vom Sanitäter die betroffene Stelle mit den Daumen der linken und rechte Hand erfassen, dann so lange drücken bis man Widerstand verspürt. Es empfiehlt sich, für ein erfolgreiches Resultat diesen Vorgang mehrmals zu wiederholen, um dem geduldigen, langsam in sich zusammensinkenden Patienten die angewendeten Kräfte zu beweisen. Nach mehrmaligem Wiederholen dieses geschilderten Vorgangs hat man garantiert Erfolg, denn dann schreitet man mittels mehrerer Gazeläppchen zur Bergung des ausgetretenen Endproduktes, um dann das entstandene Loch am Hals vorsichtshalber mit einem Pflaster abzudecken, der Fall ist erledigt – der Nächste bitte!«

Gestern war auch Tropentauglichkeitsuntersuchung! Ergebnis: »Tropentauglich!« Als Beweis hierfür habe ich heute auf einmal dicke Lippen wie ein typischer Schwarzafrikaner bekommen. Wahrscheinlich Ansteckung durch das Geschwür und hoffentlich geht der Mist bald weg. Solche exotischen Lippen stehen mir gar nicht zu Gesicht.

Liebe Eltern, ist der Garten noch in Ordnung und gedeiht alles gut? Wir haben hier ziemlich schlechtes Wetter, vor allem sehr kühl. Zwei Mal war ich erst seit meinem Urlaub baden – für Juni eine traurige Bilanz. Nun möchte ich schließen und hoffe, bald Euren Brief zu erhalten.

Herzliche Grüße sendet Euch und den Kindern

Euer Arnold

PS: Morgen will ich mir ein Postsparbuch zulegen, denn 35,- Mark habe ich zu viel, die müssen günstig untergebracht werden.

Finsterwalde, Samstag, den 27.6.1942

Liebe Eltern, liebe Bringfriede!

Absperrdienst und trübes, kaltes Wetter zwingt mich heute zu Hause zu bleiben. Und so vertreibe ich mir die Zeit mit Schreiben und natürlich auch mit Pennen – das einzig Nützliche, was ich an einem solchen Tag machen kann. Bei Sonnenschein läge ich jetzt bestimmt im Schwimmbad und würde am Abend auf dem Sportplatz eifrig Leichtathletik treiben, was schon die ganze Woche meine Hauptbeschäftigung ist. Beim letzten Sport der gesamten Kompanie habe ich gesehen, dass ich, außer ein paar Vorgesetzten, allen anderen im Sport voraus bin. Ja, beim Kugelstoßen erreichten nicht mal die Vorgesetzten meine Weite, denn mein Stoß lag ungefähr bei zehn Meter. So langsam komme ich wieder auf Touren und der Ehrgeiz, Bester der Kompanie zu sein, lässt mich nun jede freie Zeit zum Trainieren nutzen.

Endlich ist auch das Geschwür an meinem Hals wieder verschwunden und ich kann den Kopf wenigstens wieder in alle Himmelsrichtungen drehen. Meine Lippen sind auch wieder in Ordnung.

Bei der Untersuchung in der vorigen Woche, stellte ich zu meinem Erstaunen fest, dass ich trotz der »guten« Verpflegung zugenommen habe. 69 kg wiege ich jetzt – ein ganz schönes Gewicht.

Liebe Eltern, morgen ist also unsere Johanniskirmes! Schade, mein Urlaub müsste einen Monat später gewesen sein und ich hätte mal wieder ein Heimatfest mitfeiern können. Es wäre auch wieder mal ein guter Grund gewesen, um eine anständige Menge zu trinken.

Hier fand also gestern mein Brief eine Unterbrechung, denn ich ging mit zwei Stubenkameraden zur Kantine um – man höre und staune – mal ein paar Gläschen Likör zu trinken. Nachdem nun jeder von uns dreien seine zehn Gläschen intus hatte, was sich auch bald an unserer guten Laune und Stimmung bemerkbar machte, traten wir schweren Herzens den Rückzug an. Wir hätten ja gerne noch mehr (!!!) getrunken, doch das edle Nass war bald alle und mit dem festen Vorsatz, der Kantine heute noch mal einen Besuch abzustatten, legten wir uns zufrieden ins Bett.

Ihr dürft aber jetzt nicht denken, dass ich vielleicht mit meinem Geld leichtsinnig umgehe. Im Gegenteil, vorige Woche habe ich mit 40,- RM bei der Post angefangen zu sparen. Ein ganz netter Anfang denke ich und hoffe, dass sich der Betrag bald erhöht.

Liebe Mutter, in Deinem letzten Brief erwähnst Du, dass es mir trotz des nicht reichlichen Essens (wie Du schreibst) daheim gefallen hat. Erstens muss ich sagen, dass das Essen prima war und zweitens, wer fragt denn schon nach dem Essen, wenn man mal wieder daheim bei den Eltern, in der Heimat sein kann. Letzteres ist doch schließlich die Hauptsache und alles andere kommt doch dann an zweiter Stelle.

Vorige Woche erhielt ich von Völklingen drei dicke Briefe voller Süßigkeiten. Auch schrieb mir Tante Ella, dass Tante Lotte wieder einen Kuchen abgeschickt hätte. Wo doch Tante Lotte auch so für mich sorgt, ist es direkt wunderbar, trotz der vielen Arbeit, die auf ihr lastet.

Liebe Eltern, es freut mich, dass im Garten alles so schön angewachsen ist. Jedoch fehlt das richtige Wetter für das Wachstum. Es ist ja so kalt, dass man sich schon wärmer anziehen muss und wir für den Juni eine ganz merkwürdige Temperatur haben. Wenn es nicht bald wärmer wird, steht wieder eine Missernte bevor. Liebe Eltern, nun muss ich meinen Brief schließen, denn ich muss aushilfsweise zur Küche das Essen ausgeben. Na, da wird sich Euer Sohn mal wieder ordentlich satt essen können.

Herzliche Grüße sendet Euch, Bringfriede und Kinder

Euer Arnold

Finsterwalde, Samstag, den 4.7.1942

Liebe Eltern, liebe Bringfriede!

Ein ganzer Monat liegt mein Urlaub von daheim nun schon wieder zurück, dessen Tage mir alle noch in sehr guter Erinnerung sind. Dieser eine Monat mich aber nicht nur von meinem ersten Urlaub entfernt, sondern auch dem nächsten wieder nähergebracht. Ja, so muss ich die Dinge sehen und mich zu trösten wissen.

Mein Freund Günther ist jetzt nach dem Westen versetzt worden. Gestern erhielt ich von dort seinen ersten Brief. Er schreibt, so schön wie in Eger ist es dort zwar nicht, doch er freut sich mal ein anderes Land kennenzulernen.

Seht, liebe Eltern, dies ist auch mein Wunsch von Finsterwalde irgendwohin versetzt zu werden, um mal wenigstens einen kleinen Teil Europas kennenzulernen. Einem jungen Menschen wie mir, kann ja gerade in dieser Beziehung nicht genug geboten werden. Es gibt ja auch nichts, was mich hier in Finsterwalde halten würde. Im Gegenteil, diese ganze Gegend, dieses flache unfruchtbare Land auf dem höchstens Kiefer gedeihen, wo kein prächtiger Laubwald wie im Hunsrück oder der Pfalz zu finden ist, kein Fluss wie die Nahe der durch die Landschaft zieht, alles das wirkt auf mich deprimierend, von unserem Dienst, den ich Euch ja schon beschrieb, ganz zu schweigen. Einen ganzen Monat seit meinem Urlaubsende, habe ich den Horst nicht mehr verlassen und Finsterwalde nicht mehr gesehen. Doch für das heutige Wochenende hatte ich mir fest vorgenommen auszugehen, das Kino zu besuchen, um mal wenigstens für zwei Stunden den ganzen Kram hier zu vergessen. Aber war ja klar, das was dazwischenkommen musste, und von heute auf morgen kann ich meine achtzehnte Wache schieben – nix ist mit ausgehen.

Das regnerische kalte Wetter ändert sich endlich auch zusehends, denn die letzten paar Tage brachten mal wieder warmen Sonnenschein. Die Nächte aber sind noch sehr kühl, sodass man sich nachts auf Wache viel Bewegung verschaffen muss, um nicht zu frieren. Ich hoffe doch, dass daheim das Wetter etwas besser ist und im Garten alles gut vorangeht.

Und nun zu Deinem letzten Brief, liebe Mutter. Ja, wenn ich gewusst hätte, dass Du Dir wegen meinen dicken Lippen so viele Sorgen gemacht hast, hätte ich besser darüber geschwiegen. Nach acht Tagen war doch alles wieder in Ordnung und es ist nichts mehr davon zu sehen. So schnell wie es kam, ging es auch wieder.

Liebe Mutter, Du glaubst ich fühle mich vielleicht dadurch verlassen, weil von daheim nicht mehr so zahlreiche Päckchen ankommen? Ich muss Dir dazu sagen, dass Du Dich hier bestimmt irrst. Ich weiß doch ganz genau, dass Ihr daheim gerade hinreichend zu essen bekommt und davon nichts abgeben könnt. Wenn ich nur alle acht Tage einen Brief bekomme, bin ich der zufriedenste Mensch, was das betrifft. Also mach Dir bitte darüber keine Sorgen und verschwende dafür keine Gedanken.

Mein Kamerad Friedel, dem ich meine Uniform geliehen hatte, hat mich nach seinem Urlaub etwas enttäuscht. Zuerst ein großes Maul haben wie er sich erkenntlich zeigen wird, und um dann danach mir nur ein Ei und eine halbe Schnitte Brot mit Schinken belegt zu geben, was er alles von der Reise übrig hatte. Bin enttäuscht – wenigstens ist die Uniform sauber! Wenn also alles geklappt hat, geht Ihr heute Abend wieder nach Meddersheim? Leider kann ich nur im Geiste bei Euch sein, was aber keineswegs meinen Weindurst stillt. Ich wünsche Euch für den Abend recht viel Freude und Spaß, und dass der Abend wieder so wie der letzte verlaufen möge und einen guten Heimweg – fallt nicht in den Graben!

Zum Schluss noch etwas »Geschäftliches«. Lieber Papa, ein Stubenkamerad von mir der bald heiraten wird, hätte gerne Nahewein so ca. zwanzig Flaschen und mehr. Er bettelt schon die ganze Woche, ich möge doch mal nachhause schreiben und will ihm mal den Wunsch erfüllen. Ich sage Dir aber gleich, wenn es Dir zu viel Arbeit ist, dann lasse es, denn schließlich kennst Du ihn ja nicht. Das Einfachste wäre ja, wenn Du einem Weinbauern im Nahetal den Auftrag gibst den Wein selbst zu verpacken und abzuschicken. Die Adresse lautet: Frl. Ruth Engler, Leipzig N22, Krokerstraße 15 II L. Also die Sache hat Zeit und seinem Wunsch mal zu schreiben bin ich nachgekommen. Bezahl den Weinbauern von meinem Geld, das ich Euch beim letzten Urlaub dagelassen hatte. Nun möchte ich schließen, denn ich muss an diesem schönen Samstagnachmittag nicht ins Schwimmbad gehen, sondern zur Wache.

Recht herzliche Grüße sendet Euch, liebe Eltern, Bringfriede und Kindern

Euer Arnold

Finsterwalde, Dienstag, den 14.7.1942

Liebe Eltern, liebe Bringfriede,

genau wie vor einem Monat nach meinem Urlaub, bin ich mal wieder für acht Tage Feuerwehrmann. Allerdings so ruhig wie damals ist es leider nicht mehr. Morgen wird eisern unter der Leitung des Brandmeisters an den Fahrzeugen exerziert, bis als Zeichen der besonderen Anstrengung der Schweiß von der Stirne läuft. Doch das macht mir natürlich nichts aus, ein wenig flotte Bewegung ist bestimmt nicht verkehrt und auch gesund.

Am Samstag war ich mal wieder auf Achse oder »flitzen« wie der Soldat zu sagen pflegt. Zuerst wollte ein Holländer, der sich freiwillig zur Luftwaffe gemeldet hat – wir haben übrigens noch mehr hier – mit mir ausgehen, doch leider kam was dazwischen und so schloss ich mich dann, um nicht ganz allein in die Stadt pilgern zu müssen, mehreren anderen Kameraden an. Es dauerte nicht lange und ich hatte einen Kameraden kennengelernt, der mir in seinem Wesen und seinen Ansichten besonders gefiel, und bald waren wir die besten Freunde trotz fünfzehn Jahre Altersunterschied.

In der Stadt angekommen, führte unser Weg zunächst zum Bäcker. Der Erfolg war großartig! Ein Vollkornbrot »ohne« war unsere erste Beute. Beim nächsten Bäcker fiel etwas Gebäck ab und der übernächste konnte ebenfalls unserem Bitten nicht widerstehen und gab uns einige Brötchen. Beim letzten Bäckerbesuch hatte ich unverschämtes Glück, schon mein bittender Blick ließ die Verkäuferin erweichen und stolz verließ ich kurze Zeit später mit einem halben großen Brot unterm Arm den Laden. Diese Woche brauche ich also mal nicht sparsam zu sein. Nachdem unser »Beutezug« einen so günstigen Verlauf genommen hatte, peilten wir erst einmal ein Lokal an, indem es noch was »ohne« zu Essen gab. Zufällig fand ich in meiner Hosentasche ein paar Fettmarken und konnte mir deshalb Bratkartoffeln mit Salat bestellen und die anderen aßen Pellkartoffeln mit Quark. Leider bekam jeder nur eine Portion. Doch auch diese Frage »wie den Hunger stillen« wurde einfach gelöst! Wir setzen uns an einen anderen Tisch und ließen uns von einem neuen Kellner bedienen.

Mein neuer Freund und ich trennten uns bald von den anderen alten Knackern und amüsierten uns in verschiedenen Cafés, bei schöner Tanzmusik auf unsere Weise. Spät am Abend bummelten wir dann gemütlich und zufrieden nachhause, um uns dann gegenseitig zu versichern, nächsten Samstag wieder gemeinsam auszugehen.

Ja, ich muss mir eben manchmal ein bisschen Abwechslung verschaffen, um nicht ganz zu verblöden, denn das Leben wäre auf die Dauer viel zu eintönig.

Und nun zu einer günstigen Neuregelung in Bezug auf Sonntagsurlaub. Wir können jetzt über unbeschränkte Kilometerzahl hinaus auf Urlaub fahren. Sofort überlegte ich mir, ob ich trotz der Entfernung über das Wochenende nachhause kommen könnte. Ich glaube, es könnte gelingen. Ich fahre am Freitagabend von hier und bin Samstagmorgen um 7 Uhr in Bingerbrück. Von dort aus weiß ich allerdings nicht, ob ein Zug um diese Zeit in Richtung Sobernheim fährt? Erkundigt Euch doch bitte mal und teilt mir dies mit, Sonntagnachmittag müsste ich wieder zurückfahren. Ich würde mich ja so freuen, wenn es klappen würde. Ein paar Tage mal wieder daheim zu sein, etwas Schöneres könnte ich mir nicht wünschen. Mitte oder Ende August werden ich den Versuch mal starten. Bis dahin möchte ich doch noch warten. Wie denkt Ihr denn darüber liebe Eltern, lohnt es sich für diese Stunden die lange Fahrt auf sich zu nehmen? Ich bin mal gespannt, wie Ihr darüber denkt.

Es freut mich auch besonders, dass Hermann endlich aus dem Lazarett entlassen wurde und jetzt wieder in Bad Kreuznach ist. Muss das doch ein Freudengeheul gewesen sein, als plötzlich und unerwartet Hermann Euch überraschte. Ich wollt, ich hätte mal dabei sein können um diese Freude mit zu erleben, die so ein unverhofftes Wiedersehen mit sich bringt.

Liebe Papa, Du hast Dir ja im Garten ein schönes Stück Arbeit vorgeknöpft, da fehlt Dir mal wieder so eine richtige Arbeitskraft wie mich. Ich hätte gerade mal wieder so richtig Lust, im Garten herum zu wühlen. Wenn ich also diesmal nicht dabei sein kann, so helfe ich nächstes Jahr bestimmt bei der Erdbeerernte. Liebe Eltern, liebe Bringfriede, die Zeit zum Schlafengehen rückt näher und somit auch das Ende des Briefes.

Herzliche Grüße sendet Euch

Arnold

PS: Viele Grüße an Hermann nicht vergessen!

Finsterwalde, Montag, den 20.7.1942

Liebe Eltern!

Heute hatte ich mal wieder einen guten Tag – Post in rauen Mengen. Ich arbeite also gelangweilt auf der Feuerwache an einem Spaten herum, im Geiste jedoch war ich schon bei der heutigen Abendverpflegung. Das ertönt auf einmal irgendwo mein Name, denn ein Stubenkamerad von der Schreibstube verlangte mich am Telefon und faselte da etwas von einem Riesenpaket. Zunächst schaute ich etwas dumm aus der Wäsche, wie ich im gegenüber angebrachten Spiegel feststellte, um aber schnell diesem Aussehen ein Ende zu bereiten und mein Gesicht in sonnige Falten zu legen. Ich strahlte! »Das wird wohl der Koffer sein«, sagte mir mein Instinkt, »vielleicht sogar mit etwas Inhalt«. Als dann endlich mein Dienst zu Ende war, flitzte ich in meiner schnellsten Gangart und eine Riesen-Staubwolke hinter mir herziehend, zum Kompaniegebäude. Richtig, der Koffer war da und der Schwere nach musste auch etwas drin sein. Dann noch mal schnell zum U. v. D. nach Post fragen. Mit ein paar Zeitungen, einem Brief von Euch und einem von Günther sowie einem Päckchen aus Völklingen unterm Arm verließ ich stolz das U. v. D.-Zimmer. Oben in der Stube begann nun das große Auspacken. Endlich war die Verpackung vom Koffer entfernt, öffnete den Koffer und hatte zunächst ein Brett vorm Kopf! »Ach so, ich hatte meinen Kopf im Übereifer etwas zu weit in den Koffer gesteckt«. Ich schob das besagte Brett mal ein wenig zur Seite, um endlich den Inhalt studieren zu können. »Oh, ein Glas Apfelgelee, da muss ich sofort mal eine Kostprobe nehmen«. »Donnerwetter, wie der schmeckt – wie Honig!« Das nächste Päckchen aus dem Koffer musterte ich mit misstrauischen Blicken. »Verdammt, von was ist das bloß so feucht?« Nichts Gutes ahnend öffnete ich das Päckchen und sah vor mir zu meinem großen Bedauern ein seltsames Gemisch aus Zeitungspapier, Eidotter, Eiweiß und Eierschalen. Sämtliche Eier hatten es vorgezogen, sich so der gedachten Bratpfanne zu entziehen.

Liebe Mutter, Du hast es ja wieder so gut gemeint und wolltest mir damit eine Freude bereiten. Aber was hilft es, wenn wir beide darüber trauern. Ich habe auch schon eine gute Lösung gefunden, im Geiste esse ich die Eier in Tante Ellas gutem Kuchen aus Völklingen mit! Originelle Lösung, gell?

Deine Raucherkarte, liebe Mutter, habe ich schon in Brot umgesetzt. Das nennt man promptes Umsetzen, ich brauchte nicht mal die Zigaretten zu kaufen, denn die Abschnitte genügten vollkommen. Sie gehen weg wie warme Semmeln. Abschließend recht herzlichen Dank für den Koffer mit Inhalt, nebst Mappe und für die Raucherkarte, vergesst nur nicht für Nachschub zu sorgen.

Am Samstag hatte ich bei der Feuerwehr meinen freien Tag und am Nachmittag ging mal wieder einer mit einem Kameraden flitzen. Es lohnte sich den schönen Film »Hochzeit auf Bärenhof« mit Heinrich George, anzusehen. Der Andrang an der Kasse war dementsprechend sehr groß und ich hatte, ohne mich körperlich anstrengen zu müssen, geschwitzt – außerhalb der Kaserne, eine neue Erfahrung. Doch endlich war ich glücklicher Besitzer einer Karte. Unser Weg führte uns jedoch vorab wie üblich ins Gasthaus »Vetter«, um den knurrenden Magen erstmal zu besänftigen. Wir bestellten uns ein Bauernfrühstück, bestehend aus Bratkartoffeln, gemischt mit gebratenen Eiern und Salat, allerdings brauchte man dafür 20 g Fettmarken. Kommt doch da die Kellnerin an unseren Tisch und fragt, ob wir etwas essen wollen. Ich erinnerte sie nochmals an unsere Bestellung und sie fragte mich treuherzig: »Haben sie auch schon die Marken abgegeben?« »Natürlich, selbstverständlich, mir bleibt ja nichts anderes übrig« war meine empörte Antwort, sie glaubte mir und verschwand. Zur zweiten Portion spendierte mein Kamerad die Marken und gesättigt trollten wir ins Kino. Doch nach der Vorstellung hatten wir wieder Hunger, wie es bei Soldaten halt üblich ist. Nach dem Genuss eines Wurstbrotes und einer Portion Bratkartoffeln, traten wir befriedigt den Heimweg an.

Ich bin froh, dass Morgen endlich mein achttägiger Dienst bei der Feuerwehr zu Ende ist. Vorige Woche hatten wir ein paar Mal Übungen an den Fahrzeugen, die uns den Schweiß aus sämtlichen Poren trieben – da ist die Sobernheimer Feuerwehr ein Kinderspiel dagegen. Wie sind wir doch um die Wagen gewetzt, Schläuche raus, Stahlrohr in die Hand und im Affentempo – jetzt nur noch halb so schnell – die Leiter hinauf, wobei das Stahlrohr jetzt an der Koppel steckte. Zu meiner großen Freude hatte der Brandmeister den »Brandangriff« gerade auf den Schlafraum gelegt, und ich mich sofort auf ein Bett warf, nachdem ich durchs Fenster eingestiegen war. Von unten konnte mich ja keiner sehen, hörte aber den Brandmeister Befehle brüllen und die anderen herumtoben, die emsig wie die Bienen trotz ihres teilweise fortgeschrittenen Alters neue Schlauchleitungen legten – ganz so, wie es der Brandmeister wünschte.

Das Wetter war ja letzte Woche so miserabel, dass an Sport, geschweige denn an Schwimmen nicht zu denken war. Wenn das so weiter geht, verlerne ich dieses Jahr noch das Schwimmen! Ist es denn bei Euch daheim auch so schlecht? Gedeiht denn im Garten alles bei dieser Witterung?

Die Verbindung nachhause ist also nach eurer Beurteilung kein Problem? Das ist ja wunderbar! Nur fürchte ich, dass der »Fronturlauber« Verspätung hat und ich dann in Bingerbrück festsitzen werde. Damals, auf der Anreise hierher nach Finsterwalde, hatte dieser Zug auch vierzig Minuten Verspätung. Das würde natürlich alles über den Haufen schmeißen. Die Fahrt an und für sich macht mir keine Sorgen. Die Hauptsache dabei ist, ich komme mal wieder zu Euch in die Heimat.

Für den Samstagabend ist natürlich das Programm schon fertig. In Meddersheim, wird unser Weinlokal das Ziel sein und der Heimweg wird nicht eher angetreten, bis auch tatsächlich der Kanal voll ist. Mit Euch, lieber Vater und Mutter, möchte ich mal wieder ausgehen und mich mit Euch nach Herzenslust amüsieren. Ob dann Hermann noch zu Hause ist? Er hat ja sicher jederzeit Gelegenheit, übers Wochenende nachhause zu kommen. Mein Schreibstoff geht jetzt doch langsam zur Neige und ich bin am Ende meiner Erzählkunst.

Recht herzliche Grüße sendet Euch, liebe Eltern und Familie Schaaf

Euer Arnold

PS: Wenn sich Gretel noch mal bei Euch sehen lässt, dann richtet ihr von mir die besten Grüße aus. Ich hoffe, dass sie ihr Versprechen hält und mir bald mit einem Brief sehr viel Freude bereitet.

Finsterwalde, Dienstag, den 28.7.1942

Liebe Eltern!

Papas Brief habe ich heute mit vielen Dank erhalten und möchte Euch auch nicht länger auf Antwort warten lassen.

Zuerst liebe Eltern, überrasche ich Euch heute mit einer sehr wichtigen und sehr erfreulichen Nachricht für mich. Heute in acht Tagen sagen wir Finsterwalde Lebewohl, mein Kamerad Brenner und ich werden zum Kampfbeobachteranwärter-Battalion nach Senftenberg bei Prag versetzt. Ich war ja überglücklich, als unsere Versetzung bekannt gemacht wurde. Jetzt wird es ernst, jetzt heißt es lernen und nochmals lernen und unsere Freizeit wird wesentlich gekürzt sein. Urlaub? Ich denke so ein Jahr bis zum nächsten Wiedersehen müssen wir nun warten. Und komme ich dann nachhause, ist die Freude umso größer, auch bin ich dann nicht mehr ein einfacher einsamer Flieger.

Ich bin ja auch so froh, dass endlich dieser elende Arbeitsdienst wegfällt und keine Kohlen mehr abladen, Kartoffeln schälen oder Abort schrubben muss. Was nun kommt, wird mal wieder Spaß machen und lernt wenigstens mal wieder was. Der vorher erwähnte Dienst wäre auch ohne Versetzung in Zukunft für mich weggefallen, denn an dem Tag, an dem meine Versetzung bekannt wurde, sollte ich auf der Schreibstube anfangen zu arbeiten. Ein Glück, dass meine Versetzung noch rechtzeitig kam, denn als Schreibstubenbulle wäre ich vom fliegenden Personal abgelöst worden.

Gestern erhielt ich von Tante Lotte wieder einen leckeren Kuchen. Er schmeckte wieder so gut, dass fast nichts mehr davon übrig geblieben ist. Was sich Tante Lotte für mich so viel Mühe macht, soviel habe ich ja gar nicht verdient.

Lieber Papa, endlich ist also Deine Schreibmaschine so weit, um damit an die Öffentlichkeit zu gehen. Hoffentlich hast Du Glück damit, dass Deine Monate lange und mühselige Kleinarbeit Dir einen vollen Erfolg bringen wird! Ich warte ebenso wie Du mit Spannung auf das Ergebnis und drücke Dir die Daumen. Schicke mir bitte auch bald ein paar Bilder davon, damit ich mir von der neuen »Schreibtafel« ein genaues Bild machen kann.

Der Garten wird ja jetzt auch ein schönes Stück größer werden. Was kann da noch alles gepflanzt werden. Auch ist es gut, dass diese verwilderte Ecke endlich kultiviert wurde und der Boden in Zukunft eine nützliche Verwendung findet. War denn Hermann auch schon mal mit im Garten? Wie gedeihen denn sonst die anderen Pflanzen? Habt Ihr schon tüchtig ernten können? Bei dem Wetter, so wie es bei uns schon wochenlang herrscht, kann ja kaum was gedeihen. Die paar Minuten Sonnenschein kann man ja zählen und im Gegenzug regnet es fast den ganzen Tag. Es ist sehr merkwürdig, ist mal tatsächlich ein Tag warm, folgt bestimmt ein Gewitter und schon ist das schlechte Wetter wieder da. Vorige Woche sind wir sogar mit Mantel auf Wache gegangen, um erstens nicht nass zu werden und zweitens um nicht zu frieren – ein ganz tolles Wetter. Hoffentlich ist es da unten im Protektorat Böhmen und Mähren schöner. Liebe Eltern, ich möchte nun schließen und hoffen, Euch bald von meiner neuen Dienststelle den ersten Brief schreiben zu können.

Herzliche Grüße sendet Euch und Familie Schaaf

Euer Arnold

PS: Zwei leere Geleegläser werde ich heute noch abschicken und vielleicht kann noch ein zweites Paket folgen.

Kapitel 4: 1942 – Senftenberg

Senftenberg, Samstag, den 1.8.1942

Liebe Eltern,

unser Ziel, Senftenberg im Protektorat, haben wir gestern glücklich erreicht. Die Gegend mit ihren schönen Tannenwäldern, den vielen Bergen ringsum ist wunderbar. Dieses schöne Städtchen Senftenberg steht im krassen Gegensatz zu Finsterwalde und passt wunderbar hier in diese Landschaft. Nur sind die Einwohner keine Deutschen, denn man sieht und fühlt an allem, dass hier ein anderes Volk wohnt. Ist ja auch klar, dass die Tschechen nicht gerade freundlich auf uns gestimmt sind. Erstaunlich dabei ist nur, dass der größte Teil der Bevölkerung deutsch spricht. Jeder, den wir um eine Auskunft gebeten hatten, gab uns eine prompte Antwort auf Deutsch.

Die Fahrt hierher war sehr abwechslungsreich. In den beiden Städten Dresden und Prag, wurde der Aufenthalt ergiebig ausgenutzt. Zu dritt wurde Dresden mit der Straßenbahn eifrig kreuz und quer erkundet, dabei besuchten wir natürlich auch den berühmten Zwinger und sonstige Sehenswürdigkeiten der Stadt. Gegen Abend besuchten wir eines der erstklassigen Lokale (so was gibt es nicht alle Tage) und kurz vor Zugabfahrt ging es hin zum Bahnhof und der N. S. Schwesternstation, um den hungrigen Magen zu füllen. Die Marschverpflegung war zu diesem Zeitpunkt auch schon restlos aufgefuttert. Doch lange sollten wir keine Ruhe haben auf der Schwesternstation, denn eine Schwester bat vier Mann sich zu einer Arbeit freiwillig zu melden. Wir drei meldeten uns sofort, fuhren dann mit einer anderen Schwester im Wagen kreuz und quer durch Dresden zur Hauptküche. Als wir endlich eine dreiviertel Stunde vor Abfahrt des Zuges die Küche fanden, hätten wir vorher unbedingt die Rückfahrt mit einplanen müssen. Denn zum Schleppen von vier Kanistern Essen auf den Wagen, brauchten wir eine sehr lange Zeit. Jetzt aber nichts wie zurück, nur die nächste Straßenbahn fuhr nicht zum Bahnhof … sondern erst die nächste in zehn Minuten. Wir entschieden die Strecke zum Bahnhof zu laufen. »Passt auf«, sagte ich, »wenn wir am Bahnhof ankommen, kommt auch die Straßenbahn an. Nassgeschwitzt und abgehetzt kamen wir endlich am Bahnhof und siehe da, die Straßenbahn kam auch zur gleichen Zeit an. Verdutzt schauten wir uns an und mussten dann laut lachen, denn was anderes blieb uns ja nicht übrig als humorvoll zu reagieren. Bis wir auch endlich unser Gepäck am richtigen Schalter gefunden hatten, war auch ein Kapitel für sich. Endlich im Zugabteil und alles verstaut, schliefen wir auch bald ein.

Am nächsten Morgen um 5 Uhr, erreichten wir Prag. Vom Hauptbahnhof mit der Straßenbahn zum Moldauer Bahnhof, dort Gepäck aufgeben, dann mit der nächsten Straßenbahn wieder in die Stadt, war dann ein und dasselbe morgens um halb fünf. Als Erstes mussten wir natürlich den Hradschin, die Prager Burg sehen, neben der Karlsbrücke die größte Sehenswürdigkeit Prags. Was haben wir dann den schönen und wuchtigen Bau des Doms bestaunt, die wundervolle Inneneinrichtung mit den schönen, interessanten Gemälden, denn nirgends ist mit Kunst gespart worden. Für uns drei, die so was noch nie gesehen hatten, war das ein einprägsames Erlebnis. Wir waren ent-

»Dresden Hauptbahnhof» von ca. 1930.

Postkarte Vorderansicht »Prag mit Wenzelsplatz«.

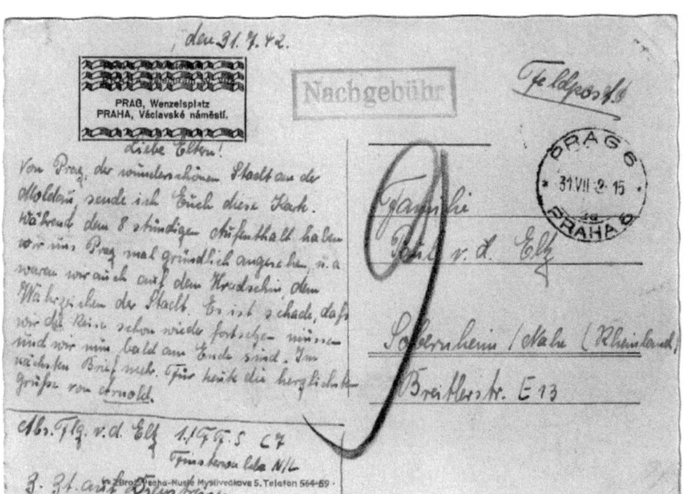

, den 31.7.42.

PRAG, Wenzelsplatz
PRAHA, Václavské náměstí.

Nachgebühr

Feldpost

PRAG 6 31.VII.42-15 PRAHA 6

Liebe Eltern!
Von Prag, der wunderschönen Stadt an der Moldau, sende ich Euch diese Karte. Während dem 8 stündigen Aufenthalt haben wir uns Prag mal gründlich angesehen, u. a. waren wir auch auf dem Hradschin, dem Wahrzeichen der Stadt. Es ist schade, daß wir die Reise schon wieder fortsetzen müssen und wir nun bald am Ende sind. Im nächsten Brief mehr. Für heute die herzlichsten Grüße von Arnold.

Familie
Paul v. d. Elz
Sobernheim / Nahe (Rheinland)
Breitestr. E13

Abs. Flg. v. d. Elz

Rückseite der Postkarte »Prag mit Wenzelsplatz« die Arnold nachhause schrieb.

täuscht, aber dennoch glücklich, als wir am Mittag um Viertel nach eins, nachdem wir schon zwei Züge übersprungen hatten, Prag in Richtung Osten nach Senftenberg verlassen mussten. Jetzt waren wir nur noch höchstens 12 km von der Grenze entfernt.

Hier soll ich nun also meinen U. L. K (Unteroffizier Lehrkursus) machen, und anschließend auf die Schule versetzt zu werden. Diese acht Wochen allerdings werden viel Dienst mit sich bringen, vor allen Dingen wird hier der Geist gefordert. Doch halt, da gibt es eine Tatsache, dass von jedem Lehrkursus mindestens sechzig bis siebzig Prozent abgelöst werden. Die Abiturienten sind natürlich überall im Vorteil, aber ich hoffe und weiß, dass auch ich es schaffen werde.

Liebe Eltern, nun möchte ich Euch bitten, mir meinen Zirkelkasten zu schicken, denn den kann ich jetzt gut gebrauchen. Zum Thema Geld muss ich Euch auch bitten, mir hier auch unter die Arme zu greifen und welches zu schicken, denn ich habe fast nichts mehr und muss mir sonst noch so viel anschaffen. Mein Wehrsold reicht momentan dafür nicht aus. Von meinem Sparbuch kann ich ja hier nichts abheben. Nun möchte ich meinen Brief schließen und hoffe, bald wieder etwas von Euch zu hören.

Für heute grüßt Euch und Familie Schaaf recht herzlich

Euer Arnold

Flieger von der Eltz
2./Kampfbeobachteranwärter-Bataillon I
Senftenberg/Böhmen
Postleitstelle Prag

Senftenberg, Freitag, den 7.8.1942

Liebe Eltern!

Wie schnell doch die Zeit vergeht, und schon sind acht Tage seit meiner Versetzung vergangen. Nach anfänglichem Missgefallen beginne ich mich doch einzugewöhnen. Es bietet sich ja jedes Mal das gewohnte Bild, erst wandert man von Stube zu Stube, man meint dann zwischendrin endlich die richtige Stube gefunden zu haben, packt seine Klamotten aus und plötzlich heißt es zu unserem Ärger nochmals umzuziehen, also Klamotten wieder einpacken. Dann hatte ich aber endlich die »richtige« Stube gefunden und nun geht es ans Ausschmücken der Stube, der Spinde usw. Wie gehabt, zwei Mann müssen sich einen Spind teilen.

Am Montag fängt unser achtwöchiger U. L. K. an. Zunächst werden wir noch eine schriftliche Prüfung ablegen und dann geht es mit vollen Segeln in den »Kampf«. Was ich damit sagen will ist, dass dann das Lernen wieder so richtig anfängt! Für die anstehende Prüfung werde ich mich, soweit es geht vorbereiten, mir die Karte Deutschlands noch mal einprägen und auch mal nachprüfen, ob ich überhaupt noch rechnen kann.

Ich bin mal gespannt, wie ich mit den zahlreichen Lehrfächern fertig werde, denn wie lange habe ich und auch alle anderen, nicht mehr geistig gearbeitet. Bei der Stabskompanie wäre so was anormal und nicht erforderlich gewesen. Aber nun wird es wieder mit aller Härte verlangt – das Denken! Na, unsere Vorgesetzten werden es schon verstehen, uns wieder geistig auf Trab zu bringen und nicht nur das, sondern auch im Exerzieren werden wir wieder nach dem Muster der Rekrutenzeit in Schwung gebraucht. Wie lange haben wir auch kein Gewehr mehr in der Hand gehabt, keinen Exerziermarsch geübt, keine Anschlagsarten durchgenommen oder einen zackigen Bettenbau hingelegt. Das alles werden wir bestimmt wieder in erstaunlich kurzer Zeit lernen, also nicht nur praktisch, sondern auch theoretisch als Unterrichtsthema ausarbeiten und niederschreiben. Hinzu kommt noch, wie schon erwähnt als Vorausbildung zum fliegenden Personal, Erdkunde, Kartenkunde, Kartenlesen und als Schwerstes, Funken! Wer da nicht einigermaßen mitkommt, wird ohne Gnade abgelöst. Die Ausbildung als Kampfbeobachter (Navigator) ist eben sehr vielseitig und schwer, das beweist auch das die große Zahl der Abgelösten eines jeden Lehrgangs.

Ich werde mich jedenfalls sehr anstrengen, um mitzukommen. Samstags und sonntags wird eben mal zu Hause geblieben und eisern gelernt, denn schließlich war, und ist es mein sehnlichster Wunsch zu fliegen! Die acht Wochen werden schon vergehen und am Ende winkt ja auch als Lohn die Beförderung zum Gefreiten, ohne ein Jahr gedient zu haben. Danach sind wir Unteroffiziersanwärter. Wenn ich aber nicht bestehe, so …

Die weiteren Seiten dieses Briefes fehlen …

Senftenberg, Montag, den 10.8.1942

Liebe Eltern!

Noch kurz vorm Antreten zum Kinobesuch, ein paar Zeilen. Ja, in dieser Beziehung wird uns tatsächlich viel geboten. Gestern im Theater, heute ins Kino und das Gleiche hatten wir auch schon letzte Woche. So wird das fast jede Woche sein, wurde uns mitgeteilt. Aber heute haben wir uns das Kino auch sauer verdient, denn heute haben wir zum ersten Mal exerziert, fragt bloß nicht wie! Doch es hilft ja alles nichts und auch kein Jammern, die Ausbildung muss ja irgendwie so sein, wenn wir wieder den Tag als Soldat überstehen müssen. Jedenfalls ist der Unterschied zur vorherigen Stabskompanie sehr groß, da man dort vieles verlernt mit der Zeit und umso schwerer fällt es dann, wieder zu lernen. Auch diese erlebte »Ruhe« vorher in der Stabskompanie führt nun dazu, dass ich mich gewaltig umstellen muss.

Inzwischen ist wieder ein ganzer Tag vergangen. Gestern Abend sahen wir den Film »Illusion« und heute Morgen schreiben wir die letzten Arbeiten zur Aufnahmeprüfung. Morgen haben wir unsere Sportprüfung, da kann bestimmt nichts schief gehen. Heute beim Wiegen, stellte ich fest, dass ich wieder zwei Kilo abgenommen habe – 67 kg wiege ich jetzt. Das Essen hier ist ja gut, fast jeden Tag neue Kartoffeln doch leider viel zu wenig. Richtig satt werde ich nicht und die Bezugsquellen von Finsterwalde fallen hier natürlich auch erstmal weg.

Ich glaube, seit heute Vormittag habe ich zusätzlich wieder ein paar Kilo abgenommen, denn von sechs bis acht Uhr morgens hatten wir unter persönlicher Leitung des Spießes, munter das »Raustreten« geübt. Es ist nun gerade kein Vergnügen, x-mal fünf Treppen auf und ab zu rennen, dazu noch in einem solchen Affentempo und das danach jetzt als sichtbares Zeichen weithin unsere verschwitzten Hemden am Fenster zum Trocknen hängen. Doch der Humor und die gute Laune verlassen uns nie! Warum denn auch, in fünzig Jahren ist ja sowieso alles vorbei. So zu denken ist doch am besten.

Liebe Eltern, Ihr habt also ein Päckchen und 30 Mark abgeschickt, vielen Dank dafür! Aber war das nicht ein bisschen zu viel ? Gewiss, ich hatte acht Tage kein Geld mehr in der Tasche und musste allerhand pumpen, doch gibt es hier ja auch nicht die Möglichkeiten viel Geld auszugeben. Höchstens Geld für Papier oder Hefte und für Bonbons aus der Kantine, die man noch so bekommen kann. Am Anfang hatte ich für Neuanschaffungen und auch durch die Reise hierher viel Geld gebraucht. Ich dachte auch, das würde so bleiben, aber darin hatte ich mich getäuscht. Also, seid mir bitte nicht böse, wenn ich Euch um Geld gebeten hatte.

Lieber Papa, mit großer Spannung verfolge ich die Entwicklung Deiner Schreibmaschine. Schicke mir doch bitte mal Bilder davon. Hoffentlich hast Du auch Glück damit, dass Deine mühselige Arbeit auch gerecht belohnt wird. Also schreibe mir bitte in jedem Deiner Briefe davon.

Im Garten gedeiht ja zu meiner Freude, wie Ihr schreibt, auch alles gut, so könnt Ihr Euch doch wenigstens mit Gemüse selbst versorgen. Ja, wäre ich jetzt noch in Finsterwalde, könnte ich vielleicht jetzt noch mal auf Urlaub kommen und mir die Früchte meiner Frühjahrsarbeit im Maiurlaub selbst betrachten. Auch beschleicht mich irgendwie das Gefühl, dass ich immer weiter von daheim stationiert werde. Liebe Mutter, lieber Vater, schon ist wieder die Zeit um, ich muss raus zum Revierdienst.

Bis zum nächsten Brief sendet Euch für heute die besten Grüße

Euer Arnold

PS: Liebe Mutter, schicke mir doch bitte wieder etwas Waschpulver.

Senftenberg, Sonntag, den 16.8.1942

Liebe Eltern!

Die Appellklamotten sind jetzt endlich sauber und den Rest des Nachmittags kann ich mit Briefe- oder Themenschreiben ausfüllen. Dem Dienstplan nach, beginnt am Montag unser Lehrgang, denn morgen werden wir den ersten Unterricht über Funken, Erd- und Kartenkunde erhalten. Die kommenden nächsten Wochen entscheiden also, ob wir uns zum fliegenden Personal eignen oder nicht. Die Aufnahmeprüfung haben wir bereits erfolgreich hinter uns gebracht. Einige sind aber auch schon abgelöst worden. In der Sportprüfung war ich wieder mal der Beste, denn mein Sprung von »nur« 5,70 m wurde von allen bestaunt und bewundert, auch vom Hauptfeldwebel. Ich glaube also bestimmt, dass ich den militärischen U. L. K. bestehen werde. Unser Gruppenleiter ist zwar streng und sehr genau, doch hat man einen solchen Ausbilder, wird man bestimmt ein guter Soldat. Wer Sport getrieben hat, ist anderen im Vorteil.

Die Wehrmachtbetreuung ist hier im Protektorat direkt fabelhaft, so viel Abwechslung wurde mir noch nicht mal daheim geboten, was Angebote betrifft. Ich will nur mal die Darbietungen innerhalb von zehn Tagen aufzählen. Freitag vor acht Tagen Kino, danach am Sonntag Theater, dann Montag Kino, Freitag Kino und gestern haben wir bei den Darbietungen einer kleinen Wiener Künstlergruppe bald in die Hosen gepinkelt vor Lachen. Zweieinhalb Stunden unter dem Motto »Der Zeiserlwagen«, Bilder aus der guten alten Zeit, aber auch die Neuzeit war vertreten, alles untermalt mit Musik von Peter Kreuder und dazu Stepptänzerinnen oder sonstigen ulkigen Zwischenspielen. Den gestrigen Abend werde ich so schnell nicht vergessen. Und morgen – da wird es höchste Zeit, mal wieder ins Kino zu gehen. Jedenfalls sieht es jedenfalls planmäßig aus zurzeit. Übrigens, ein guter Witz von gestern, lieber Papa, den kannst Du auch in Deine reiche Sammlung mit aufnehmen: «Ging doch eines Tages ein aus Afrika stammender Mann nur mit einem Lendenschurz bekleidet durch Paris und erregte dadurch ein nicht geringes Aufsehen. Als ihn ein Polizist zur Wache brachte und man ihn wegen Erregung öffentlichen Ärgernisses einsperren wollte, zeigte der verdutzt einen Urlaubsschein und sagte: »Hier ist mein Urlaubsschein von Afrika-Armee und ich bin auf Urlaub in Zivil!«.

Diese Woche hatte ich mal zur Abwechslung als Ordonnanz fungiert, denn unser wunderschöner Unterhaltungsraum sollte feierlich eingeweiht werden. Hierzu hatte der Kompanie-Chef als seine Gäste mehrere Offiziere und einige Unteroffiziere unserer Kompanie eingeladen. Nach der Stimmung von uns Ordonnanzen am späten Abend zu urteilen, schienen wir bald mehr Wein getrunken zu haben als die Gäste. So eine Gelegenheit bekommt man selten und wir wären Esel gewesen, wenn wir die Weine vorher nicht probiert hätten – sie hätten ja schlecht sein können.

Liebe Eltern, gestern erhielt ich Euer Päckchen und die Pralinen schmeckten so fabelhaft, dass es eine Sünde gewesen wäre, sie länger aufzubewahren. Eine Schachtel Zigaretten hat sich auch schon in Brot verwandelt. Jetzt ist also schon wieder ein Paket unterwegs, wie Ihr schreibt, da bin ich wieder einer der Glücklichen, der fast als erster ein Paket von daheim empfängt. Hoffentlich kommt es bald, ich habe einen fürchterlichen Appetit auf Kuchen.

Das Geld allerdings, lässt lange auf sich warten. Das Nationalblatt trudelt täglich mit drei Tage Verspätung bei mir ein. Ich hatte dem Nationnalblatt schon von Finsterwalde aus meine Versetzung mitgeteilt und ihnen sofort meine neue Adresse geschrieben. Hier traf ich schon am ersten Tag einen aus Pferdsfeld, ein alter Anwärter, auf dessen Stube ich zufällig zu liegen kam. Er ist zwar nicht von dort, sondern seine Eltern, und seine Ferien hat er immer dort verlebt und kennt Sobernheim und Umgebung wie seine Hosentasche. Augustin ist sein werter Name. Das war also sozusagen der Erste und als zweiten traf ich einen Kameraden aus Odernheim. Wir beide sind jetzt in einem Zug.

An seinem Elternhaus sind wir schon sehr oft vorbei gegangen. Es steht rechts der Straße von Staudernheim nach Odernheim, ein wenig von der Straße ab und ist ein Neubau mit einem schönen Garten ringsum. Auch er hatte seine Rekrutenzeit von Dezember bis Februar in Detmold verbracht, ohne das wir beide uns begegneten bzw. von uns wussten.

Für heute weiß ich nichts Neues mehr zu berichten und grüße Euch liebe Eltern und Familie Schaaf recht herzlich

Euer Arnold

Senftenberg, Samstag, den 22.8.1942

Liebe Eltern!

Bevor ich meine Uffz-Themen weiter ausarbeite und für das Fach Erdkunde büffele, möchte ich Euch mal wieder ein paar Zeilen schreiben und Neues berichten.

Der Lehrgang läuft jetzt auf vollen Touren. Unterricht und Exerzieren lösen den ganzen Tag einander ab. Bei diesem warmen sonnigen Wetter ist Exerzieren kein Vergnügen. Schwitzen ist gar kein Ausdruck für die Ströme von Schweiß, die fließen, somit sind Hemd und Unterhose jedes Mal nass. Wenn ich jetzt daheim wäre, wüsste ich das Wetter an der Nahe und dem Gefach auszunutzen und keine zehn Pferde könnten mich da wegbringen.

Wenn ich am Anfang Bedenken hatte, dass ich im Funken Probleme bekommen könnten, so habe ich bis jetzt eine angenehme Überraschung erlebt. In den fünf Stunden dieser Woche haben wir schon siebzehn Buchstaben gelernt, die ich alle voll beherrsche. Nicht einen einzigen Fehler habe ich jetzt beim Diktieren gemacht – hoffentlich bleibt das auch weiterhin so, denn es sind immerhin noch zwanzig Buchstaben und Zahlen zu lernen.

Euer Paket, liebe Eltern, habe ich schon am 17.08. erhalten. Der Kuchen, der ja wieder fabelhaft geschmeckt hat, war innerhalb kürzester Zeit vertilgt. Ich verstehe darunter ein bis zwei Tage. Zum Teil musste ich ihn mit dem Löffel essen, da er sich in Wohlgefallen aufgelöst hat, aber er schmeckte trotzdem wie noch nie. Das Geld habe ich inzwischen auch erhalten und einen Teil davon gespendet. Ja, alle in unserem Zug haben sich diesmal besonders angestrengt, jeder hat im Durchschnitt 4 Mark gegeben. Insgesamt ist es die Hälfte des Betrages, der in der ganzen Kompanie gesammelt wurde. Die Hauptsache dabei ist ja, dass wir dafür am Montag dienstfrei bekommen haben. Deshalb hatten wir auch so viel gespendet. Heute war innerhalb der Kompanie ein Stubenwettbewerb – hoffentlich haben wir auch dabei gut abgeschnitten, denn dafür gibt es noch mal dienstfrei. Unsere Stube sieht ja auch heute einfach fabelhaft aus, sodass es eine Schande wäre, mit Drillichzeug darin herum laufen zu müssen.

Gestern fragte der Hauptfeldwebel nach guten Sportlern, die bei einem Sportfest die Kompanie vertreten sollen. Ich habe mich natürlich sofort gemeldet, denn ich möchte mal endlich wieder ein Sportfest mitmachen wie daheim. Diese alte Sehnsucht hat selbst beim Militär noch nicht gelitten.

In unserem Unterhaltungsraum haben wir einen schönen Schachtisch, den ich auch eifrig benutze, um gegen andere Kameraden zu spielen. Bis jetzt hat noch keiner gegen mich gewonnen. Ja, Onkel Fritz war mir halt ein sehr guter Lehrmeister gewesen.

Kamerad Günthers Wartezeit ist auch vorüber, er sitzt jetzt wieder am Steuerrad und wartet nur noch auf den Einsatz. Gestern erhielt ich von Tanten Lotte einen Brief, indem sie mir die Bombardierung Saarbrückens beschrieb. Da haben ja tatsächlich die Engländer furchtbar gewütet und die schöne Stadt Saarbrücken zum Teil in Schutt und Asche gelegt. Wenn ich das so höre, wie die Engländer einfach rücksichtslos unbefestigte Städte bombardieren, strengt man sich noch einmal so richtig an, um bald auf die Schule zum kommen und den Engländern alles wieder heimzahlen zu können.

Liebe Eltern, nun möchte ich schließen und grüße Euch und Familie Schaaf recht herzlich

Euer Arnold

Senftenberg, Mittwoch, den 26.8.1942

Liebe Eltern!

Für Euren Brief recht herzlichen Dank. Ja, lieber Papa, Du hast recht, bis zum fertigen Flieger ist es noch ein weiter und harter Weg. Man merkt schon an unserem Dienst, dass hier eine Auslese getroffen wurde und keine bekloppten Kerle hierher zur Ausbildung gekommen sind, die nur den Roten Baron spielen wollen. Wenn auch vielleicht noch ein paar darunter sind, so werden sie bestimmt noch im Laufe der Zeit abgelöst. Zu meiner Freude muss ich sagen, dass ich bis jetzt in jedem Fach mitkomme, und bei Weitem nicht der Schlechteste bin. Funken und Erdkunde machen mir bis jetzt noch keine Sorgen. Es freut mich auch, lieber Papa, dass Du an meinem Vorwärtskommen bei der Fliegerei so interessiert bist und mir Mut zusprichst. Den Mut habe ich noch lange nicht verloren. Mag auch manchmal der Dienst noch so hart sein und der Schweiß noch so fließen, dass ich am Ende Unteroffiziersanwärter und zum Gefreiten schon nach zehnmonatiger Militärzeit befördert werde, das ist doch ein großer Ansporn. Jede freie Minute, sei es in der Mittagspause, sei es abends, Samstag oder Sonntag wird mit Themen schreiben, Erdkunde ausarbeiten usw. ausgenutzt. Hoffentlich wird mein Fleiß auch dementsprechend belohnt – es liegt jedenfalls nur an mir. Wenn ich schon vor Beendigung des Lehrgangs »Tempo 30« funken kann, werde ich eher versetzt! Wenn ich in dem jetzigen Tempo weiter mache ... – – – ...

Ludwig schrieb mir vor Kurzem persönlich einen Brief, indem er mir das Ergebnis der Musterung mitteilte. Es ist besser so, dass er in seinem Zustand nicht zum Militär kommt. Dieses Tempo würde er mit seiner Behinderung am Fuß und Bein nicht aushalten können und bekäme er dann auch noch einen blöden Gruppenführer der ihn wegen seiner Behinderung zum Spielball seiner Launen machen würde, wie ich es ja in der Rekrutenzeit bei einem Kameraden miterlebt habe, dann wäre das die Hölle auf Erden für ihn! Also, Ludwig braucht sich darüber bestimmt nicht zu grämen, was er ja auch bestimmt nicht tut.

Deine mühselige Arbeit, lieber Papa, hast Du jetzt endlich auch hinter Dir, und ich möchte jetzt mal in den Garten schauen können, um Deine Arbeit zu bewundern. Kannst Du denn das viele Land alleine kultivieren und darauf anbauen? Wenn ich daran denke, was für Zukunftspläne ich Euch vor einigen Monaten aus Finsterwalde geschrieben hatte, von Urlaub schrieb ich damals, von Mithelfen bei der Ernte im Garten und dann kam der Urlaub schon im Frühjahr. Das liegt also schon volle drei Monate hinter mir, einen ganzen Monat bin ich nun schon bald in Senftenberg, dann kann ich mich nur verwundert fragen, wo die Zeit geblieben ist. Und trotzdem vergeht die Zeit wiederum viel zu langsam – wieso ist das so? Weil vielleicht die kommenden Tage und Wochen noch so viel Entscheidendes, aber auch Ungewisses bringen werden? Man mag noch so ein gelehriger Schüler und guter Soldat sein, so lange man noch nichts Genaues weiß, ist auch der Ausgang des Lehrgangs völlig ungewiss. Liebe Eltern, die Zeit ist knapp, lernen heißt die Parole zurzeit und so werde ich auch heute Abend am Nachhilfefunken teilnehmen, obwohl ich es kann, aber Überstunden schaden bestimmt nicht.

Herzliche Grüße sendet Euch und Familie Schaaf

Euer Arnold

PS: Ab 15.09. fällt bei meiner Adresse der Zusatz »Deutsche Dienstpost und Postleitstelle Prag« weg.

Senftenberg, Sonntag, den 30.8.1942

Liebe Eltern!

Mein Erdkundeheft und meine Uffz-Themen habe ich mal zur Seite gelegt, um Euren Brief zu beantworten.

Da ist ja auf einmal wieder das Haus voll geworden bei Euch. Wenn es willkommene Gäste sind, dann freut man sich ja jedes Mal auf den Besuch, besonders dann, wenn jemand gleich als Verpflegung ein frisch geschlachtetes Brathähnchen mitbringt. Eure Überlandpartien waren ja leider mit wenig Erfolg gekrönt – wenn man den durch dieses schöne warme Sommerwetter entstandene Durst nicht mal richtig löschen kann, ist es einfach Sch…, oh Verzeihung, ärgerlich! Da wäre mir doch beinahe ein echtes, viel gebräuchliches Soldatenwort aus der Feder geflossen. Jawohl, dieses Wort wird oft in Bezug auf das Wetter von uns ausgesprochen, denn so schön es auch sein mag, zum Exerzieren höchst ungeeignet – das Wetter. Doch zwei Mal in dieser Woche, konnten wir das Wetter mal so richtig ausnutzen. Am Montagnachmittag hatten wir dienstfrei, weil der Stubendurchgang vom Samstag so glänzend ausgefallen war. Mit qualmenden Socken und angelegten Ohren, flitzten wir zum Schwimmbad und reinigten unsere stinkenden Kadaver ausgiebig im kühlen Nass. So faulenzten wir den Nachmittag im

Bad herum, guckten uns nach den Mädchen Stielaugen und dachten versonnen: »Enthaltsamkeit ist ein Vergnügen von Sachen wo wir nichts von kriegen«. Die Tschechenmädels gucken keinen deutschen Soldaten an. Am Abend gingen wir geschlossen ins Kino und schwitzten uns wieder feucht im Hemd bei dem Film »Wiener Blut« vor Lachen. Dieser Tag hat sich gestern wiederholt für das gute Sammelergebnis unseres Zuges. Deshalb hatten wir gestern noch mal einen freien Tag. Hauptziel war natürlich morgens und mittags das Schwimmbad. Zwischendurch kreuzten wir in Senftenberg herum, versuchten vergeblich irgendetwas Essbares »ohne« zu bekommen und ausgerechnet gestern gab es auch nirgends »markenfreien« Sirup zu kaufen, wo ich doch gerade total ausverkauft bin, was diesen begehrten Artikel betrifft. Als billigeren Ersatz und um die Enttäuschung zu kompensieren, kauften mein Kamerad und ich Kinokarten zum Film »Operette«. Doch vorher klapperten wir sämtliche Gasthäuser Senftenbergs ab, um den immerwährenden knurrenden Magen mit Kartoffeln und Gemüse zu füllen. So ungefähr verging der dienstfreie Samstag.

Heute wäre ich ja wieder so gerne ins Schwimmbad gegangen, aber gerade heute war ich eisern, denn heute musste mal wieder allerhand geschrieben und gelernt werden. Auch zum morgigen Appell die Klamotten auf Hochglanz bringen. Schließlich gesteht man dem U. L. K., nicht mit baden zu gehen. Es wäre ja auch zu schön. Morgen haben wir sowieso wieder eine Abwechslung – morgen geht es wieder ins Kino.

Liebe Eltern, ich kann mir Euer Gefühl gut vorstellen, wen so ein paar Meter die Flieger über Eure Dächer brausen, da die Engländer in den letzten Wochen sehr aktiv geworden sind. Sie scheinen es wahrscheinlich momentan auf unsere Heimatgegend abgesehen zu haben. Mainz und Saarbrücken sind ja ein deutlicher Beweis. Den Weg bis zu uns ins Protektorat haben sie, Gott sei Dank, noch nicht gefunden. So hat man wenigstens eine ungestörte Nachtruhe.

Der Garten bringt also einen guten Ertrag! Große Kappesköpfe, die Hermann »So dick wie mein A…« bezeichnet? Na, da glaube ich aber eher, dass die Kappesköpfe bei der Beschreibung eher zierlich sind.

Lieber Papa, die Bilder von Deiner Schreibtafel, geben mir einen anschaulich verständlichen Überblick. Jetzt fehlt aber auch nichts mehr dran meiner Ansicht nach, alles ist bis aufs Feinste ausgearbeitet von Dir. Fast eine halbe Stunde habe ich mir die Bilder eingehend betrachtet, um mir alles genauestens anzuschauen. Nun warte ich nur noch gespannt auf das Ergebnis der Patentanmeldung.

Und nun noch eine Frage: »Lebt eigentlich die Familie Schaaf noch?« Ich höre und sehe nichts mehr von ihnen. Liebe Bringfriede, schreib mir doch bitte mal wieder! Was machen Gisela, Jürgen und wie geht es Hermann? Ist Otto noch zu Hause? Ich mache Dir die Beantwortung meiner Fragen jetzt zur Pflicht – Punkt!

Die Bilder, die ich mitschicke, haben wir während unserer Versetzungsreise in Prag gemacht. Leider konnte ich kein blöderes Gesicht machen, um das Bild dadurch noch etwas interessanter zu gestalten. Der Jüngling, der sich so ungeniert vor mich gesetzt hatte, ist Kamerad Bremmer aus Fürfeld, der andere ein Kamerad aus Finsterwalde. Für heute habe ich genug geschrieben und meine Feder glüht bereits.

Herzliche Grüße an Euch, liebe Eltern, an Familie Schaaf und an die beiden Völklinger Männer, sendet

Euer Arnold

Rechts Arnold mit zwei weiteren Kameraden unterwegs in Senftenberg.

Senftenberg, Sonntag, den 6.9.1942

Liebe Eltern!

Der heutige dienstfreie Sonntag gibt mir endlich mal wieder Gelegenheit, Euch zu schreiben. Hierzu habe ich mich, wie schon so oft in meiner Freizeit, in unseren schönen Unterhaltungsraum gesetzt, um auch nebenbei die schönen Musikklänge lauschen zu können. Die muss man ja in der Woche leider entbehren. Während ich schreibe, gleitet mein Blick oft hinüber zum Schachtisch, ob er nicht endlich für meinen Partner und mich frei wird. Ja, Schach ist noch immer meine Leidenschaft geblieben. Wie oft ging ich in den Unterhaltungsraum mit dem festen Vorsatz, mindestens zwei oder drei Themen auszuarbeiten. Hatte ich aber kaum gesehen, dass der Schachtisch frei ist, war mein gut gemeinter Vorsatz hin. Ein Partner war schnell gefunden und schon ging die Schlacht auf dem Brett los. Hatte man endlich genug vom Spiel, stellte man mit leisem Bedauern fest, dass man die kostbare Freizeit tatenlos vorbei streichen ließ. Nebenbei und wie schon so oft erwähnt, hat mich bisher noch keiner im Schachspiel geschlagen.

Beschreibe ich Euch mal die vorherige Woche als eine sehr ruhige, so kann ich von dieser Woche gerade das Gegenteil behaupten. Diesmal musste man, um bei der Wahrheit zu bleiben, das Sprichwort »Auf Regen folgt immer Sonnenschein« auf den Kopf stellen. Was wäre schon ein Lauf mit angezogenem Gewehr von zwei Kilometern, wenn diese Hitze nicht wäre. Das Wetter bleibt weiter heiter und warm, jeden Tag ziehen Gewitter vorüber, aber ergiebigen Regen bringen sie keinen. Einesteils bin ich ja über das Wetter sehr froh, ich will ja noch meine 300 m für das Sportabzeichen schwimmen. Kugelstoßen und Weitsprung habe ich erfüllt, jetzt fehlt nur noch schwimmen, der 10.000 m-Lauf und 100 m-Lauf. Ich habe als einziger die 2. Gruppe mit Kugelstoßen erfüllt, während die anderen dafür Handgranaten-Weitwurf machten. Mein Gruppenführer sagte zu mir, er werde sich selbst darum kümmern, dass ich mein Sportabzeichen machen werde, weil ich mich von allen anderen am meisten angestrengt hätte. Ich liebe halt Sport, es fällt mir leicht und das freut mich dann natürlich besonders.

Also bis ich die 300 m geschwommen habe, mag das Wetter ruhig so warm bleiben. Ob wir eine oder zwei Wochen länger schwitzen, bleibt sich gleich. Ende September werden wir sowieso die längste Zeit hier gewesen sein, denn dann machen wir jungen Flieger einen großen Sprung nach vorne, denn wir werden Gefreite und Uffz-Anwärter. Es geht auf die Schule, auf die ich eigentlich schon direkt nach meiner Rekrutenzeit gehofft hatte hinzukommen – nämlich auf die Insel Rügen.

Schade, dass wir dann schon Herbst haben, mit baden gehen in der Ostsee wird es dann wohl nichts werden.

Ja, jetzt ist das Schachspiel frei geworden und ich entschuldige mich dafür, dass ich jetzt den Brief mal unterbrechen muss …

Inzwischen sind ungefähr drei Stunden vergangen, ich habe das Turnier wieder gewonnen während draußen sich tüchtige Gewitterschauer mit Hagelkörnern abwechselnden. Endlich der ersehnte Regen, denn jetzt brauchen wir doch wenigstens nicht so viel Staub zu schlucken – freue mich auf den Schlamm …

Liebe Eltern, heute komme ich mal wieder mit einer Bitte. Ihr könnt Euch vielleicht denken, dass wir uns am Tage nach jedem Außendienst mehrmals waschen müssen. Das für einen Monat bestimmte Stückchen Einheitsseife, reicht höchstens für zwei bis drei Wochen. Ich muss mich schon mit meiner Rasierseife waschen. Wenn Ihr also irgendein Stückchen Seife, Rasierseife oder Einheitsseife übrig haben solltet, schickt es nur bitte sofort per Brief, sonst kann ich mich noch nicht mal als zivilisierter Mitteleuropäer waschen. Noch etwas, von jetzt ab könnt Ihr bei meiner Adresse die Zusätze »Postleitstelle Prag« und »Deutsche Dienstpost« weglassen.

Für heute habe ich sonst nichts Neues zu berichten und grüße Euch recht herzlich

Euer Arnold

PS: Viele Grüße an Bringfriede, Hermann und Kinder

Senftenberg, Dienstag, den 8.9.1942

Liebe Eltern,

zu Euerem Paket und Brief von gestern, möchte ich Euch meinen herzlichen Dank aussprechen. Kuchen und Äpfel schmeckten ausgezeichnet, nur ein Apfel hatte schon etwas braune Flecken, was aber seinen Geschmack nicht minderte.

Ihr hättet gestern mal unseren Spind sehen sollen, wir müssen ihn ja uns zu dritt teilen, wie das reine Schlaraffenland sah er aus. Jeder von uns dreien bekam gestern ein Paket und eins größer als das andere. Es war tatsächlich ein schwieriges Problem, alles sachgemäß unter zu bringen.

Wie Du in Deinem Brief schreibst, lieber Papa, ist Saarbrücken und nun auch Völklingen bombardiert worden. Das ist der Augenblick, auf den die Völklinger sich schon so lange gefürchtet hatten. Jetzt werden die Einwohner wohl keine Nacht mehr ruhig schlafen können. Und bei uns daheim schwirren die Tommys auch so oft herum und stören Euch in Eurer wohl verdienten Nachtruhe. Liebe Eltern, Ihr müsstet auch mal wieder die Zeit kennenlernen, wo man sich abends ins Bett legt und ungestört die Nacht durchschlafen kann. Keine Flieger mehr die Euch aus dem Schlaf schrecken so wie wir hier. Während meiner Soldatenzeit waren wir überhaupt höchstens zwei Mal im Luftschutzkeller. Wir brauchen auch nachts unsere Ruhe, wenn wir am nächsten Tag wieder frisch und munter den Dienst antreten wollen und gerade mit funken, wobei man sich besonders konzentrieren muss, beginnt unser täglicher Dienst. Heute Morgen hatten wir nach achttägiger Unterbrechung wieder »Funken«. Unser Lehrer legte ein solches Tempo vor, sodass über die Hälfte nicht mitkam. Von mir kann ich wieder mit Stolz behaupten, dass ich nicht einen einzigen Buchstaben ausließ.

Lieber Papa, bei mir ist gerade das Gegenteil der Fall. Das Funken macht mir viel Freude, und eigentlich geht der Funkunterricht überhaupt zu langsam voran. Ich möchte auf Tempo gehen, sehen bei welchem Tempo ich noch mitkomme, aber auch Rücksicht auf die anderen nehmen, denen das Funken schwerer fällt.

Seit Sonntag haben wir endlich etwas kühleres Wetter und wir atmen hier richtig auf. Der Dienst scheint jetzt noch einmal so leicht, wenn dabei halt nicht so schwitzen muss. Hätten wir hier aber dreißig Grad im Schatten, ich glaube da wäre so mancher umgekippt.

Apropos dreißig Grad, bei einer solchen Hitze habt Ihr also Eure Wanderung gemacht. Da muss aber Euer Durst auf kühlen Wein sehr groß gewesen sein, wenn Ihr bei solch einer Bullenhitze losmarschiert seid, um nachher für Eure »Leistung« mit den paar Tropfen Wein belohnt zu werden. Dazu kann ich nur eins im Voraus sagen: »Wenn ich mal auf Urlaub komme, lieber Papa, dann müssen wir unbedingt auch einen Kriegskameraden besuchen, der unseren Durst und Hunger mit echten Bauernmitteln stillen kann.

Liebe Mutter, dass Du mir in Kürze schon wieder einen Kuchen schicken willst, freut mich ja so sehr, dass ich den anderen nicht immer nur beim Essen ihrer Kuchen und

Schinken zusehen muss. Soeben steigt mir wieder ein von gebratenem Speck und gerösteten Zwiebeln und Bratkartoffeln in die Nase. Ihr merkt bestimmt, dass ein Teil der Stubenbelegschaft nicht schlecht hier lebt. Aber auch ich habe hier noch nie Hunger leiden müssen. OK! Das mit dem zusehen wie andere Kuchen und Schinken essen war jetzt etwas übertrieben. Generell ist das Essen gut und wenn ich den Bogen raushabe, dann habe ich auch immer genug. Eintopf kann man immer so viel haben, wie man will. Fast hätte ich es vergessen, dass wir morgen eine Erdkundearbeit schreiben, und dafür muss ich mich noch etwas vorbereiten.

Seid also für heute recht herzlich gegrüßt

Euer Arnold

PS: Denk an die Änderung meiner Adresse!

Senftenberg, Sonntag, den 13.9.1942

Liebe Eltern!

Wie vor einer Woche sitze ich wieder in unserem Unterhaltungsraum bei schöner Radiomusik, ein paar Schachspiele habe ich bereits hinter mir, und nun wird es doch so langsam Zeit, meinen Brief an Euch zu beginnen.

Die Tage und Wochen vergehen ja so schnell, und wir haben schon eine ganz neue Zeitrechnung eingeführt. Und zwar geht die Woche nur bis Dienstagabend und die anderen Tage zählen schon zum Wochenende. Wir haben uns hierbei nach unserem Dienst gerichtet, der am Wochenanfang besonders lebhaft ist und ab Mittwoch hat man sich wieder eingewöhnt und der Dienst erscheint uns dann halb so schlimm. Die letzten vierzehn Tage werden wohl auch noch vergehen und wir werden uns dann erstaunt fragen: »Wo ist nur die Zeit geblieben, die wir doch vorher mit so großer Spannung erwartet hatten?« Doch hält man sich das Gelernte vor Augen, so erkennt man, was der Mensch in einem Monat so alles zu lernen vermag und auch noch behält. Mich freut es immer wieder, dass ich im Funken solche Fortschritte mache. Meinen Kameraden bin ich deshalb voraus, da ich mir so einen kleinen Morseapparat angeschafft habe. Ein Obergefreiter, der schon von früher her funken kann, funkt uns vor, ich höre schon bald Tempo 60, aber im Unterricht haben wir Tempo 30 noch nicht erreicht.

Meine Erdkunde- und Kartenlesehefte sind auch ständig unterwegs in anderen Händen, da jeder meine Ausarbeitungen abschreiben möchte. Es steckt ja kein denkbares Geschäft von mir dahinter, wenn ich meine Sachen verleihe, aber es fällt mir auch sehr schwer »Nein« zu sagen – mir geht es jedenfalls so.

Diese Woche steht uns wieder allerhand Abwechslung bevor. Am Mittwoch Kino und am Donnerstag eine Veranstaltung unter dem Motto: »Lachende Dichtung – frohe Musik«. Dies ist ja auch die einzige Abwechslung, die wir haben. Das merke ich auch schon am Geldbeutel, der immer dicker wird. Doch die Kantine sorgt manchmal dafür, dass wir nicht zu reich werden. Es gibt manchmal Bonbons, Gebäck oder sonstige Süßigkeiten zu kaufen, was nicht gerade sehr billig ist. Aber, es ist nun mal was zum Naschen und das Geld spielt dann keine Rolle – wir haben genug davon. Schade, dass jeder nur eine bestimmte Menge bekommt, die leider auch nicht allzu groß ist.

In der vergangenen Woche hatten wir endlich das idealste Wetter zum Exerzieren. Kein Staub und keine Schweißtropfen tropften von der Stirn, ja manchmal sehnten wir uns sogar nach der Sonne. Die Wärme wird für dieses Jahr endgültig vorbei sein und wir nähern uns langsam schon wieder einem Winter.

Hermann bildet also jetzt Rekruten aus. Ich glaube, dass die Rekruten infolge seiner praktischen Erfahrung viel und vor allen Dingen Nützliches lernen werden. Es ist schon ein großer Unterschied, ob ein Ausbilder vor der Mannschaft steht und seine Weisheiten aus einem Buch schöpft, oder ob er den Rekruten seine vielen Erfahrungen vermitteln kann. Ob Hermann diese Aufgabe gern erfüllt? Bei uns ist es jedenfalls so, dass sich jeder vor diesem Posten drückt. Uns allen wurde die Gelegenheit geboten, als Ausbilder hierzubleiben. Aber keiner hatte Lust dazu, denn jeder will doch endlich zum fliegenden Personal. Diejenigen, die einfach dazu bestimmt wurden, hatten dann halt Pech gehabt.

Vorgestern habe ich ein Päckchen abgeschickt mit meinen Rennschuhen, Halbschuhen und den Socken. Im Winter kann ich diese Sachen nicht gebrauchen. Außerdem brauche ich Platz im Spind für den Winter. So, für heute weiß ich sonst nichts mehr zu berichten.

Ich grüße Euch liebe Eltern und Familie Schaaf recht herzlich

Euer Arnold

PS: Schickt mir doch bitte mal ein paar Briefumschläge, sonst kann ich zwar weiterhin Briefe schreiben, aber keine mehr versenden.

Senftenberg, Freitag, den 18.9.1942

Liebe Eltern!

Endlich habe ich mal wieder Zeit, kurz vor Zapfenstreich Euren Brief zu beantworten. Diese Blödlinge von der Post hatten ja den Brief zuerst in die Nieder-Lausitz geschickt. Deshalb erhielt ich ihn erst am Mittwoch. Inzwischen wird ja auch das angekündigte Paket unterwegs sein. Hoffentlich bleibt es nicht zu lange irgendwo liegen, da ich ja weiß, dass wieder eins unterwegs ist – warte ich täglich mit Ungeduld darauf.

Unser Lehrgang geht nun langsam seinem Ende zu. Anzeichen dafür sind genug vorhanden, denn die Beurteilungen sind geschrieben. Samstag in acht Tagen noch die Abschiedsfeier und dann am 1. werden wir wieder mal unserer Klamotten packen und einem neuen noch unbekannten Ziel entgegen reisen. Das heißt, so unbekannt ist es nun auch wieder nicht. Ein Kamerad von mir, Kurt Bastian, schrieb mit in seinem letzten Brief, von seinem Dienst auf der nächsten Schule. Das Schönste daran ist, dass wir dort schon nach ungefähr drei Wochen in die Maschine kommen und machen dann unsere ersten Flüge. Dabei haben wir als Kampfbeobachter die Aufgabe, den Kurs der

Maschine zu bestimmten und sie sicher ans Ziel zu bringen. Auch das Bombenwerfen gehört zu unserer Aufgabe. Na, eines Tages werde ich den Engländern ihre nächtlichen Angriffe vergelten und den Leuten dort auch mal Furcht und Schrecken einjagen. Doch bis dahin und überhaupt ist es ja noch ein sehr weiter Weg.

Wie ich auf der neuen Schule im Unterricht genau solche Erfolge habe wie hier, könnte nichts schief gehen. In Erdkunde und Kartenlesen habe ich meine Arbeiten mit »sehr gut« geschrieben und bei den Funkprüfungen jedes Mal mit »0« Fehler. Höchstens zwei oder drei weitere Kameraden erreichten in unserem Zug dieses Ergebnis. Manche können es gar nicht glauben, dass ich bisher noch nie gefunkt habe, aber es ist nun mal so und deshalb schwer, sie vom Gegenteil zu überzeugen.

Ja, am Anfang hatte ich selbst ein wenig Angst vorm Funken gehabt, muss ich gestehen, weil ja gerade dabei die meisten Teilnehmer abgelöst wurden. Heute denke ich nicht mehr daran und muss auch meine Freizeit mit Funkübungen ausfüllen. Höchstens dann, wenn ich wissen will, welches Tempo ich noch beherrsche.

Wir guten Funker werden auch als Erstes versetzt werden. Am 1. werden wir Senftenberg Lebewohl sagen. Es fällt mir nicht schwer, muss ich ehrlich gestehen, Senftenberg den Rücken zu kehren. Denn in Bezug auf Dienst und Druck von der Vorgesetzten, wird uns das Anwärter-Bataillon sehr unangenehm in Erinnerung bleiben – ein bisher markanter Punkt in meiner Soldatenzeit. Nun muss ich schließen, denn der Stubendienst wird schon rebellisch.

Also für heute die herzlichsten Grüße an Euch und Familie Schaaf

Euer Arnold

Senftenberg, Freitag, den 20.9.1942

Liebe Eltern!

Auf Euer heute erhaltenes Paket und den Brief, muss ich ja sofort wieder antworten. Es ist Sonntagnachmittag, Zeit zum Kaffee trinken, der Kuchen steht neben mir und es schmeckt mir wieder ausgezeichnet, sodass es fraglich ist, ob er den morgigen Tag noch überstehen wird. Zwei dicke Briefe mit Bonbons kamen heute auch aus Völklingen an.

Lieber Papa, hoffentlich habt Ihr in Berschweiler Erfolg gehabt und auch ein paar Zwetschgen bekommen. Weißt Du, manchmal habe ich einen unbändigen Appetit auf Apfel- oder Zwetschenkuchen, einfach Dinge zum Essen, die ich schon mindestens ein Jahr lang nicht mehr gegessen habe – also was jetzt Obstkuchen betrifft. Hier in Senftenberg habe ich auch gelernt, Tomaten zu essen, die es in der Stadt in rauen Mengen gibt. Mein ganzes Essfach ist voll mit Tomaten und zu jeder Mahlzeit vertilge ich welche dazu. Was ich beim Militär nicht so alles lerne?!

Inzwischen habe ich auch mal wieder einen Bekannten getroffen und ist mein neuer Gruppenführer. Er kommt aus Türkismühle und kennt Karl von der Eltz vom N.S.F.K. aus persönlich sehr gut.

Ja, seitdem mein alter Gruppenführer weg ist, kümmert sich keiner mehr um unsere Sportabzeichen. Wenn wir dieses Thema ansprechen, dann nimmt keiner so richtig Notiz davon. Wir sind ja sowieso nicht lange hier, denn Dienstag in acht Tagen ist wahrscheinlich Reisetag, wobei das Ziel noch unbekannt ist.

Liebe Eltern, bei Euch hat das kalte Wetter viel später eingesetzt wie bei uns. Wir haben bestimmt schon vierzehn Tage lang kühles Wetter, sodass wir nicht mehr so schnell ins Schwitzen kommen. Ja, manchmal wünschen wir uns etwas mehr Sonne und stellen uns die Frage: »Was ist angenehmer, schwitzen oder frieren?«

Mein Freund Günther hat mal wieder Urlaub, ebenso ist Herbert in seiner Heimat und auch inzwischen glücklicher (?) Ehemann geworden. Habt Ihr den schon mal mit ihm sprechen können? Liebe Eltern, für heute weiß ich sonst nichts Neues mehr zu erzählen. Hoffentlich kann ich bald etwas Näheres von meiner Versetzung berichten.

Recht herzliche Grüße sendet Euch, liebe Eltern und Familie Schaaf

Euer Arnold

PS: Ist mein Paket an Euch schon angekommen?

Senftenberg, Donnerstag, den 24.9.1942

Liebe Eltern!

Endlich ist uns der genaue Zeitpunkt unserer Versetzung mitgeteilt worden. Wie wir erwartet hatten, geht es Dienstag los, sehr wahrscheinlich Richtung Bug auf Rügen. Na, das kann ja ein langweiliger Winter da oben werden. Doch dafür können wir uns umso mehr unserem Dienst widmen, der uns sowieso nicht viel Zeit zum Vergnügen lassen wird. Ein Glück, liebe Mutter, dass dein Likör sich so lange hält. Denn auf meinen nächsten Urlaub werde ich noch sehr lange warten müssen. Hoffentlich erreicht Euch dieser Brief, bevor Ihr den nächsten Kuchen an mich abschicken werdet.

Heute hatten wir die letzte Funkprüfung auf Tempo 30, 40 und 50. Bei 30 kamen noch fast alle mit, bei Tempo 40 schon weniger als die Hälfte und Tempo 50 habe ich allein erfüllt. Tja, bei mir funkt's! Falls ich es noch nicht erklärt hatte, Tempo 50 bedeutet, dass innerhalb einer Minute fünfzig Buchstaben gefunkt werden müssen.

Liebe Mutter, habt Ihr denn immer noch so viel zu tun? Bekommt Ihr denn immer noch so viel Wolle? Wenn ich jetzt noch die Gartenarbeit hinzurechne, dann habt Ihr in der Woche ja gar keine ruhige Minute. Samstag und Sonntag aber gehört Euch ganz allein und in alter Frische wird der Wein genossen in Meddersheim, das heißt, wenn noch welcher da ist … Liebe Eltern, trotz früher Stunden ist es Zeit zum Schlafengehen, denn diese Nacht wird sehr kurz sein.

Seid also für heute recht herzlich gegrüßt

Euer Arnold

PS: Viele Grüße an Familie Schaaf und an Tante Betty.

Senftenberg, Samstag, den 26.9.1942

Liebe Eltern!

Das man es nur durch Fleiß und Ausdauer weiterbringen kann, habe ich heute gemerkt. Heute wurden wir dafür durch die Beförderung zum Gefreiten und Unteroffiziersanwärter belohnt. Ihr glaubt gar nicht, wie stolz und froh ich war, als meine Beförderung bekannt wurde, und zwar rückwirkend vom 1.9.1942.

Mit neun Monaten schon dieses Ziel erreicht zu haben, gelingt nicht jedem. Damals in Herford hatte ich das schon bei Alfred sehr bewundert, ihn dementsprechend auch eingeschätzt und heute bin ich in derselben glücklichen Lage. Das Erste was wir nach unserer Beförderung erledigten, war das Aufmontieren des ersten Winkels und der Unteroffiziersbalken auf die Schulterklappe der Fliegerbluse. Und jetzt warten wir nur noch auf die Soldbücher, um Ausgehen zu können.

Beim Funken habe ich tatsächlich Tempo 50 mit null Fehlern erfüllt, wie ich heute an meiner zurückgegebenen Arbeit sehen konnte. Funken wird mir auf der nächsten Schule nicht schwerfallen.

Dienstagmorgen werden wir unsere Versetzungsreise antreten. Wohin wissen wir noch nicht genau, wahrscheinlich aber auf die Insel Rügen. Ja, diese zwei Monate sind doch sehr schnell vorüber gegangen. Noch vor zwei Monaten beneideten wir die Kameraden, die den U. L. K. erfolgreich bestanden hatten und zur nächsten Schule versetzt wurden. Wir dagegen hatten noch zwei völlig ungewisse Monate vor uns. Der Dienst in der Zwischenzeit war jedoch so abwechslungsreich, dass die Tage nur so dahinflogen und wir heute unser Ziel erreicht haben.

Für heute sendet Euch die herzlichsten Grüße

Euer Arnold

Kapitel 5: 1942/43 – Bug auf Rügen

Bug, Sonntag, den 20.12.1942:
»Gute Urlaubsaussichten, Weihnachten daheim und die Versetzung nach Kärnten«

Bug, Mittwoch, den 30.12.1942:
»Rückreise mit Hindernissen«

Bug, Donnerstag, den 31.12.1942:
»Ins neue Jahr ohne Erkennungsmarke!«

Bug, Montag, den 4.1.1943:
»Erkennungsmarke wieder da, die gute Laune auch und die Versetzung!«

Bug, Freitag, den 2.10.1942

Liebe Eltern!

Nach einer langen dreitägigen Fahrt kamen wir heute müde in Bug auf Rügen an. Über siebzig Stunden Bahnfahrt sind auch für einen leidenschaftlichen Reisenden wie mich, doch etwas zu viel. Besonders dann, wenn man während der Fahrt dauernd an Güterzüge angehängt wird. Die letzte Etappe war für mich äußerst interessant und erlebnisreich, weil wir sie per Schiff zurücklegten. Zum ersten Mal also per Schiff über die Ostsee! Hier scheinen wir nun bei der richtigen Kompanie gelandet zu sein. Denn unser Hauptfeldwebel, ein Soldat durch und durch, stellt Mannschaften und Unteroffiziere auf eine Stufe. Ich glaube, hier spurten wir noch mehr als beim U. L. K. und das soll was heißen.

Es ist immer wieder das gleiche Bild: »Kommt man zu einer neuen Dienststelle, gibt es zuerst zum besseren Eingewöhnen schweren Rabatz, doch im Laufe der Zeit wird sich dieses Tempo legen, sobald wir uns da befinden, wo der Hauptfeldwebel uns haben will. Liebe Eltern, das sollen meine ersten Eindrücke aus Bug sein, bin aber zu müde um noch einen klaren Gedanken fassen zu können und höre auf zu schreiben.

Für heute also sendet Euch die herzlichsten Grüße

Euer Arnold

Die neue Adresse:
Gefreiter von der Eltz
Kampfbeobachter-Vorschule II
Bug auf Rügen
Lehrgang 102/2

Bug, Dienstag, den 6.10.1942

Liebe Eltern!

Die in meinem ersten Brief geschilderten Eindrücke, kann ich heute erweitern. Denn die vergangenen vier Tage haben genügt, um mir ein klares Bild von unserem Dienst zu verschaffen.

Gestern begann der Unterricht, der, wie wir schon feststellen mussten, sehr abwechslungsreich ist. Ab jetzt heißt es sich noch mehr anzustrengen, wenn ich jedes der vielen Fächer vollkommen mit Erfolg abschließen will. Interessant ist der Lehrstoff auf alle Fälle und das trägt natürlich viel zum Lerneifer bei. Unsere Lehrer versuchen, allen so viel wie möglich beizubringen; sie geben sich wirklich sehr viel Mühe und wollen fortlaufend von uns Fragen hören.

Wie ich schon im vorigen Brief schrieb, muss es hier oben im Sommer sehr schön sein, ein Spaziergang am Sonntag quer durch den Fliegerhorst hat mich nochmals davon überzeugt. Es ist wirklich sehr schön hier. Doch um diese Schönheiten zu genießen, fehlt uns natürlich wie immer die Zeit. Erstens durch das Lernen und zweitens durch den Kompaniedienst. Ich glaube, wir sind in den ersten Tagen vom Hauptfeldwebel schon mehr gescheucht worden, wie in den ersten vier Tagen der Rekrutenzeit. Das alles wirkt sich natürlich etwas auf unsere ganze Stimmung aus. Wenn man tagsüber im Unterricht sitzt, denkt man wieder darüber nach, für was man wohl am Abend wieder herum gescheucht wird. Ich glaube aber und bin fest davon überzeugt, dass sich das allen nach ein paar Wochen legen wird. Vielleicht sind wir aber wirklich so schlapp geworden und geben ein so schlechtes Bild als Soldaten ab, dass eine Auffrischung mal wieder aus uns die alten zackigen Kerle macht.

Unsere Unterkunft ist wirklich prima. Alles blitzt vor Sauberkeit, wofür wir natürlich schon ordentlich geschuftet haben. Die Stuben sind nicht mehr wie mit acht Mann belegt und manche nur mit drei Mann. Jeder hat mal wieder seinen eigenen Spind und muss ihn nicht mit anderen teilen. Weiterhin gibt es Parkettböden in den Stuben die jede Woche einmal gespänt und gebohnert werden müssen und, Matratzenbetten!

Ja, in dem Horst fehlt wirklich nichts! Angefangen vom Hallenbad bis zum erstklassigen Kino und Theater, wie es selbst nicht in so manchen Großstädten vorkommt. Erstklassige Filme und Varieténummern werden uns geboten; nächste Woche zum Beispiel wird »Karl Napp« und andere bekannte Künstler und Komiker bei uns eintrudeln. Hoffentlich bekomme ich für den Abend eine Karte, d. h., wenn es mir tatsächlich gelingen sollte, diese Woche nicht unangenehm aufzufallen, was ja jedem Einzelnen von uns hier passieren kann.

Liebe Eltern, mein einziger und sehnlichster Wunsch, der leider nicht in Erfüllung geht, ist, jetzt mal wieder in Urlaub nachhause zu Euch fahren zu können. So schön es auch überall sein mag, wo ich bis jetzt war, daheim ist es immer noch am schönsten. Und ich könnte dann auch mal wieder warme wohltuende Worte zu hören bekommen. Ich habe mich ja schon lange mit diesem Leben abgefunden, aber manchmal ist die Sehnsucht nach ein paar ruhigen Tagen eben stärker und ich frage mich, was das alles soll. Das liegt eben in der Natur jedes einzelnen Menschen begründet.

Aber wir wissen ja, wie kurz so ein halbes Jahr sein kann, jedenfalls für mich, bis es vielleicht den nächsten Urlaub geben wird. Liebe Eltern, für heute möchte ich schließen und hoffe, recht bald einen Brief von Euch zu erhalten.

Herzliche Grüße sendet Euch und Familie Schaaf

Euer Arnold

PS: Ist mein Paket inzwischen angekommen?

Bug, Samstag, den 10.10.1942

Liebe Eltern,

Euren lang erwarteten Brief, habe ich gestern erhalten und möchte ihn auch gleich beantworten.

Liebe Papa, Du hast ja recht, durch den Kommiss sieht man ein schönes Stück von Deutschland, mir wäre aber lieber, wenn ich Bug nie gesehen hätte. Ich hatte mir ja immer gewünscht, entweder nach Stolp oder gar nach Bonn zu kommen, denn in Bug verspricht es sehr einsam zu werden. In den kommenden vier Monaten werde ich wohl kaum den Fliegerhorst verlassen und ich weiß nicht wohin im Winter. Wenn erstmal der Schnee alles verweht und der Bodden zugefroren ist, wird sowieso niemand mehr den Horst verlassen können – wie uns schon länger hier stationierte Soldaten erzählt haben. Deshalb dürft Ihr Euch auch nicht wundern, wenn Ihr dann eines Tages keine Post mehr von mir bekommt. Doch diese Zeit beginnt erst Ende Dezember.

Ein anderer Grund, warum es mir und vielen anderen Kameraden hier nicht gefällt, ist die Kompanie. Der Dienst ist fast genau dem der Rekrutenzeit zu vergleichen. Fällt man irgendwie in der Woche auf, zum Beispiel wie ich diese Woche, weil ich beim Mülleimer leeren draußen ohne Mütze gesehen wurde, und schon war ich am Samstagnachmittag beim Exerzieren dabei. Gestern haben wir den Parkettboden mit Rasierklingen und Küchenmessern gesäubert und geschrubbt – geflucht haben wir bei dieser furchtbaren Arbeit nicht schlecht. Um halb eins in der Nacht war dann der Boden so einigermaßen sauber und da waren wir doch wieder stolz auf unsere Leistung und den hellen frischgebohnerten Boden. Doch wenn diese Arbeit jeden Freitag gemacht werden muss und so lange dauert …

Na ja, die Hauptsache ist ja, dass ich im Unterricht mitkomme, woran ich nicht zweifle, und im Funken höre ich sowieso jeden Tag im Kopfhörer ein schnelleres Tempo von mir. Die Navigation ist ja so was von interessant, sodass ich schon von ganz alleine die komplette Aufmerksamkeit auf den Unterricht lenke. Wie man sich an Hand er Karte und dem Kompass durch die Gegend »franzt«, wie man den Kurs berechnet, die Abweichungen hiervon korrigiert, und vieles mehr. Dass alles müssen wir nun in den Kopf hämmern. Der Bombenwurf ist ja noch viel interessanter, da ist ja so viel zu berücksichtigen, damit auch wirklich die Bombe ins Ziel fällt und wie dann die Abweichungen alle durch das Bombenvisier ausgeschaltet werden können. Wie diese Werte alle bei diesem Visier eingestellt werden, wird uns exerziermäßig gelehrt, wir uns das einprägen bis man es fast im Schlaf beherrscht. Schade, das Wetter wird aber jetzt wohl so schlecht werden, dass in den nächsten Wochen an Flugdienst noch nicht gedacht werden kann.

Lieber Papa, es freut mich, dass endlich die Patentanmeldung ins Rollen gekommen ist und sie auch so einen günstigen Anfang genommen hat. Auf das weitere Ergebnis bin ich ja mal gespannt. Für die kommenden schlechten Tage hast Du ja nun auch eine schöne Beschäftigung gefunden und vertreibst Dir die Zeit mit »Spielzeugbasteln«. Wenn ich Weihnachten auf Urlaub kommen könnte, würde ich mir gerne Deine Bastelarbeiten ansehen. Aber daran ist ja nicht einmal im Traum zu denken, denn von hier kommt keiner auf Urlaub. Keine Stunde Unterricht darf versäumt werden. Ich würde mich aber riesig freuen, mal wieder nachhause kommen zu können, um Euch zu sehen und zu sprechen. Das Hähnchen, von dem Ihr geschrieben habt, könnt Ihr also ruhig braten und essen zu Weihnachten, denn bis ich mal wieder heimkomme, dann hast Du, liebe Mutter, bestimmt wieder was anderes auf dem Herd. Hier in Bug werden wir gut verpflegt und werden bei jeder Mahlzeit satt.

Morgen Mittag gehe ich mal wieder ins Kino und sehe mir den Film »Frauen sind doch bessere Diplomaten« an. Auch muss am Strand bei dem stürmischen Wetter der Wellengang ganz ordentlich sein, und dass muss ich mir natürlich auch mal ansehen.

Noch eins, liebe Eltern, bei meiner Adresse den Zusatz »Lehrgang 102/2 nicht vergessen, sonst erhalte ich eure Post verspätet oder nie, weil sie dann zuerst von Kompanie zu Kompanie geht.

Nun seid für heute recht herzlich gegrüßt

Euer Arnold

PS: Viele Grüße auch an Bringfriede und Sprösslinge und auch an Tante Betty.

Bug, Samstag, den 17.10.1942

Liebe Eltern!

Am heutigen Samstagnachmittag habe ich endlich mal wieder Zeit, Euch ein paar Zeilen zu schreiben. Durch diese Woche bin ich glücklich durchgekommen, ohne aufzufallen. So allmählich kenne ich ja sämtliche »Steckenpferde« vom Spieß Heinig und stelle mich dementsprechend darauf ein. Morgen Abend jedoch können wir noch mal unsere Stube schrubben. Heinig fand heute den Stubenboden noch saumäßig, dann muss er halt bis Montag eben blitzeblank sein.

Lieber Papa, über das Wort »Schlaraffenland«muss ich doch heftig protestieren und Dich eines Besseren belehren. Du musst Dir vorstellen, wenn wir morgens zum Unterricht gehen, sind wir mit diesen Gedanken unterwegs: »Ob heute Mittag wohl wieder ein Zettel vom Hauptfeldwebel auf dem Tisch in der Stube liegen wird? Und ist dies dann der Fall, dann muss die Stubenmannschaft geschlossen bei ihm vortreten, damit er ein Donnerwetter auf uns niederprasseln lassen kann. Meistens endet die ganze Angelegenheit mit zusätzlichem Revierreinigen oder Stubenreinigen, und das macht uns garantiert keinen Spaß.

Um dafür dann eine etwas angenehmere Abwechslung zu haben, gehe ich Sonntagnachmittag ins Kino, muss natürlich dann schon eine Stunde vor Beginn an der Türe stehen, damit ich noch eine Eintrittskarte bekomme.

Kurz gesagt, lieber Papa, wenn hier der Kommiss und auch unser zackiger Spieß fehlen würden wie Du schreibst, dann wäre der Dienst etwas angenehmer und es würde uns hier auch vielleicht ganz gut gefallen.

Etwas Gutes hat ja Bug nun auch wieder, es fehlt die Gelegenheit, mein Geld auszugeben, und somit fange ich automatisch an zu sparen. Mein Kontostand bei der Post hat sich inzwischen auf 85 Mark erhöht. Das kam auch durch den letzten hohen Wehrsold, bei dem die Nachzahlung wegen der vorzeitigen Beförderung dabei war.

In der Zeitung habe ich jetzt schon ein paar Mal gelesen, dass es dieses Jahr einen ganz guten Wein-Jahrgang geben wird, nur schade, dass im Frühjahr so viele Blüten erfroren sind. Was hätte das mal wieder ein guter Jahrgang gegeben, wenn das nicht passiert wäre. Ihr braucht Euch ja, wie ich schon oft in Euren Briefen gelesen habe, über Weinknappheit nicht zu beschweren. Wenn man also in mehreren Lokalen Stammkunde ist, kann man genug über den Durst trinken und ich meinen Wein genießen.

Liebe Mutter, für die Brotmarken und auch für den Kuchen, der leider immer noch unterwegs ist, meinen herzlichsten Dank. Hoffentlich kann ich ihn bald zum Frühstück anschneiden, um sonntags mal etwas Feineres als Kommissbrot essen zu müssen. Du fragst, ob ich die Brotmarken gebrauchen kann oder nicht? Darüber brauchst Du Dir bestimmt keine Sorgen zu machen! Ein Landser lässt so was nie verfallen, auch wenn er noch so viel zu futtern hat. Wir bekommen zum Beispiel jeden Abend ein Drittel Brot für zwei Mahlzeiten, den Brotaufstrich für morgens und abends dazu getrennt. Für abends gibt es immer allerhand als Brotbelag und dann isst man eben so viel, bis kein Brot mehr da ist. Morgens schaut man dann in die Röhre, denn es gibt dann weniger Brotaufstrich dafür aber Brot in Massen, etwas übertrieben ausgedrückt. Das passiert natürlich trotz allem nicht so oft.

Unsere Ausbildung macht weiterhin Fortschritte. Doch bis zum ersten Flugdienst werden wir noch lange warten müssen, denn das Wetter trägt daran natürlich die Hauptschuld. Wenn es regnet und furchtbar stürmt, dann kann halt nicht geflogen werden. Wen das Gerücht stimmt, dass wir fünf Monate hierbleiben, brauchen wir uns ja auch in der Ausbildung nicht zu sehr zu beeilen. Na, dann werden wir ja den Winter auf Rügen mit allen Schikanen kennenlernen.

Weihnachten wird es wohl kaum jemanden von uns möglich sein in Urlaub fahren zu können, denn im Unterricht darf ja kein Tag versäumt werden. Ich muss wohl auch dieses Jahr Weihnachten und Neujahr weit von daheim feiern, wie groß ist aber der Wunsch, mal wieder ein paar gemütliche und ruhige Tage daheim verbringen zu können. Ich glaube, dass ich doch zufrieden sein kann, dieses Jahr im Mai auf Urlaub daheim gewesen zu sein, denn so wenige zählen sich zu diesen Glücklichen.

Nun möchte ich meinen Brief schließen und es grüßt Euch recht herzlich

Euer Arnold

PS: Das Bild schicke ich wieder zurück – Erna hatte mir bereits dasselbe geschickt.

Bug, Dienstag, den 20.10.1942

Liebe Eltern!

Kaum hatte ich am Samstag den Brief weggeschickt, als ich Euer Paket erhielt und über dessen Größe ich nicht wenig gestaunt habe. Der Kuchen war diesmal noch so frisch, dass es doppelt so gut wie sonst geschmeckt hat. Die Birnen behalten nach und nach auch noch ihren guten Geschmack. Und der Gelee erst – ja den möchte ich gleich am Liebsten löffelweise essen, so fein ist der. Ihr seht, liebe Eltern, welch große Freude und was für ein Bedürfnis Ihr mir wieder mit den guten Sachen gemacht habt. Dafür möchte ich Euch meinen allerherzlichsten Dank aussprechen. Tante Ella hatte mir vorige Woche wieder ein paar Leckerbissen geschickt, leider war es wahrscheinlich die letzte Schokoladensendung von ihr, denn diese Sachen werden nicht mehr hergestellt.

Lieber Papa, gerade eben drückt mir ein Kamerad einen Brief von Dir und eine Karte von Mutter in die Hand und da kann ich Dir gleich auf Deinen Brief antworten.

Also, das Stube schrubben gehört bestimmt nicht zu unserer Ausbildung. Denn es ist ja nur in unserer Kompanie nur so ein intensives Stubenreinigen angesagt und es trägt auch bestimmt mehr zu unserer Ausbildung bei, wenn wir abends in der Freizeit lernen, anstatt zu schrubben. Unsere Ausbildung ist eine der interessantesten der gesamten Fliegerei, wie Bomben geworfen werden, wie man sich in der Luft orientiert und auch tatsächlich das Ziel findet und erreicht. Auch das Nachrichtenverbindungswesen ist eine Wissenschaft für sich und ich glaube, dass Dich Näheres dazu bestimmt auch interessieren würde. Was ist das aber noch ein weiter Weg bis zum fertigen Kampfbeobachter und die Ausbildung wird dann ihren Höhepunkt erreicht haben, wenn wir zum ersten Flug starten. Dann werden wir auch aus der Maschine unsere MG-Übungen schießen, Navigationsflüge durchführen und Bomben werfen und somit die stur gepaukte Theorie endlich Praxis wird. Ist unsere Ausbildung hier erfolgreich beendet, kommen wir zur großen Kampffliegerschule, wo die Besatzungen zusammengestellt und frontreif gemacht werden. Dieser Tag liegt aber für unseren Lehrgang noch in weiter Ferne, sodass es überflüssig ist, jetzt schon darüber zu schreiben. Was kann in der Zeit noch alles dazwischenkommen? Die bisher gesammelten Erfahrungen haben uns gelehrt, dass plötzliche Änderungen beim Kommiss an der Tagesordnung sind. Diese Überraschungen können aber angenehmer oder unangenehmer Natur sein. Beweise hierfür gibt es ja genug.

Der schönste und ruhigste Tag ist immer noch der Sonntag. Man hat fast den ganzen Tag für sich, das heißt, aber nur dann, wenn man Freitagabends nicht mit dem Fußboden aufgefallen und ist und ihn sonntags noch einmal schrubben muss. Jeden Sonntagnachmittag gehe ich ins Kino. Damit wir nicht jedes Mal so lange an der Kasse anstehen müssen, steht einer nach dem anderen unserer Stube für ungefähr zehn Minuten auf Posten, die übrigen sitzen nebenan im Kameradschaftsheim unserem sogenannten »Wachlokal« und wechseln uns dann ab. Die Vorstellung ist jedes Mal eine willkommene Abwechslung, denn man vergisst für zwei Stunden ganz, dass man Soldat ist. Man ist dann plötzlich in einer ganz anderen Welt und nach dem Ende des Films, muss ich immer erstmal einen Spaziergang an der Ostsee oder sonst wohin machen, bis ich dann endlich mit meinen Gedanken in die Kompanie zurückfinde. Ein Kamerad aus Finsterwalde ist meistens auf diesen Spaziergängen mein Begleiter – ihm machen diese kleinen Ausflüge genau so viel Freude wie mir.

Beginnt montags der Dienst wieder, so freut man sich schon auf den nächsten Sonntag auf die zwei Stunden Kino und den nachfolgenden Spaziergang, die unsere Gedanken mal etwas vom täglichen Dienst und Geschehen abbringen.

Lieber Papa, ich weiß, wie sehr Ihr Euch freuen würdet, wenn ich Weihnachten auf Urlaub kommen würde, doch dann müsste es ein Wunder geben. Unsere Ausbildung müsste mal eine kurze Unterbrechung finden und jedem von uns wäre dann ein Weihnachtsurlaub das schönste Weihnachtsgeschenk vom Kommiss.

Lieber Papa, hast Du nicht mal inzwischen mit dem Herrn Kunz oder einem anderen von der Volksbank in Sobernheim gesprochen? Von diesen Brüdern hört und sieht man nichts mehr. Der mir im Urlaub versprochene Brief von Herrn Kunz, habe ich bis heute nicht erhalten. Also schreibe ich diesem »Zappelphillip« auch nicht mehr. Die Zeit mahnt mich, für heute Schluss zu machen.

Viele Grüße sendet Euch und Familie Schaaf

Euer Arnold

Bug, Dienstag, den 21.10.1942

Liebe Schwester Erna!

Schon wieder ist mal ein Tag zur Neige gegangen und nun sitzen wir acht auf unserer Bude, jeder mit etwas anderem beschäftigt. Doch gleich wird der »Pfiff« ertönen: »Anfangen mit der Arbeitsstunde!« Und wir werden uns mit dem heute in den Unterrichtsstunden durchgekauten Stoff beschäftigen müssen. Unsere Hoffnung, lieber Schwester, schon in diesem Monat zum Fliegen zu kommen, war leider vergebens. Je mehr wir uns dem Winter nähern, umso schlechter wird das Wetter und ans Fliegen ist vorläufig nicht zu denken, zumal noch andere Lehrgänge vor uns dran sind. Na, vertrösten wir uns wieder mal auf das nächste Jahr, die Zeit vergeht ja wie im Fluge und beim Kommiss haben wir sowieso schon das Warten gelernt. Fraglich ist nur, ob ich oder wir dann noch auf dieser Schule sind, noch nicht abgelöst wurden oder etwas anderes dazwischenkommt. Uns lassen die »Tommys« hier oben in Frieden und haben noch nie in unserer Nachtruhe gestört. Vielleicht waren sie auch schon mal da, jedenfalls wurde bei uns kein Alarm gegeben.

Hoffentlich lassen Euch die »Tommys« in Bielefeld auch weiterhin in Ruhe, denn ich glaube, nur der Gedanke das sie wieder da sind, lässt das Herz schneller schlagen.

Gestern erhielt ich Mamas Karte aus Bielefeld und ich sehe sie im Geiste in der Stube auf und ab wandern und stolz Deine kleine Tochter Rita im Arm haltend. Ja, so allmählich wächst die Schar der Enkel immer mehr und ich bin gespannt, auf welche Zahl sie noch steigen wird. Au Backe, die Uhr zeigt auf neun, jetzt aber schnell den Besen noch in die Hand und angefangen mit Stubendienst.

Für heute grüßt Dich, Ewald und Eure kleine Rita recht herzlich

Euer Arnold

PS: Jetzt habe ich die Arbeitsstunde doch durch Briefe schreiben versäumt ...
Liebe Mutter, auch Dir sende ich die herzlichsten Grüße, viel Spaß in Bielefeld und Deiner neuen Enkelin. Dein Kuchen war diesmal noch so schön frisch, dass es noch mal so gut wie sonst geschmeckt hatte, den Gelee möchte ich am liebsten löffelweise essen. Meinen allerherzlichsten Dank für die guten Leckerbissen.

Bug, Samstag, den 24.10.1942

Liebe Eltern!
Wieder mal geht ein Tag zur Neige und wir sitzen wie jeden Abend in unserer gemütlichen warmen Stube. Einer schreibt Briefe, ein anderer liest Zeitung und zum Lernen scheint aber keiner was übrig zu haben. Draußen herrscht ein typisches Oktoberwetter stürmisch, regnerisch und kalt. Obwohl gestern noch die Sonne vom wolkenlosen Himmel schien. So ändert sich eben das Wetter Tag für Tag und unsere ersten Starts verschieben sich dann auch dementsprechend.

Dieses Hundewetter konnte mich aber nicht davon abhalten ins Kino zu gehen. Der Film »Violanta« hat seine Aufgabe, mir mal wieder etwas Abwechslung zu bieten. Das wurde zur Zufriedenheit gelöst, denn die alte Tradition des sonntäglichen Spaziergangs am Strand soll darunter nicht etwa leiden. Den Film »Bal paré« muss ich mir natürlich morgen ansehen. Dienstag und Mittwoch gastiert im Horst auch mal wieder ein Varieté, aber an diesen Tagen muss Arnold natürlich Feuerwache haben und kann sich höchstens das Programm von den Kameraden erzählen lassen.

Liebe Eltern, dass Tante Liesel endlich einen passenden Mann gefunden hat, mag uns allen ein Trost sein. Jetzt ist sie doch endlich nach vielen vergeblichen Versuchen unter eine Haube gekommen und, wie mir Tante Manda schrieb, nicht mal unter die schlechteste. Na, ich habe ja ihre Adresse, vielleicht schreibe ich Ihr mal und auf die Antwort bin ich dann gespannt.

Liebe Eltern, Ihr habt schon so oft angefragt, wie es Weihnachten mit Urlaub sein wird. Dieser doch so wichtige Punkt, bildet schon lange unser tägliches Gesprächsthema. Wenn ich mir die Sache so überlege, besteht fast gar keine Aussicht auf Urlaub. Kameraden von mir waren schon über ein Jahr nicht mehr in der Heimat, infolgedessen haben sie kein Interesse mehr am Kampfbeobachter. Am Liebsten möchten sie sich ablösen lassen, zur Stabskompanie versetzt werden, denn von dort werden sie bestimmt ihren Urlaub erhalten. So groß mein auch jedermann verständlicher Wunsch ist mal wieder auf Urlaub fahren zu können, so wenig habe ich aber auch für eine solche Lösung dieses schwierigen Problems übrig – ich will endlich fliegen. Denn es ist ehrlich gesagt, nicht mehr wie früher mal mein Wunsch oder meine Sehnsucht, zum fliegenden Personal zu kommen, nein, heute möchte ich das schon eher als Ehrgeiz bezeichnen es anderen Kameraden gleich zu tun und nicht als Dummkopf bezeichnet zu werden. Auch habe ich mich einmal dazu freiwillig gemeldet, infolgedessen bleibt es immer das Ziel, dass ich unbedingt erreichen möchte, zu fliegen. Ich hätte früher nicht geglaubt, dass sich meine anfängliche Meinung hierüber mit der Zeit so ändern könnte.

Für heute sendet Euch die herzlichsten Grüße, auch an Bringfriede, Hermann und den Sprösslingen

Euer Arnold

Bug, Mittwoch, den 28.10.1942

Liebe Eltern!

Kurz vor dem Kunstgenuss der heutigen Varieté-Veranstaltung und dem soeben beendeten Abendbrot, noch kurz ein paar Zeilen.

Dass ich heute doch noch das Varieté besuchen kann, hätte ich nicht gedacht. Ich bin nämlich mal wieder glänzend aufgefallen. Und das war so: Gestern hatte ich ja, wie im letzten Brief geschrieben, Feuerwache, und infolgedessen musste ich mich und die zwei anderen zur Feuerwache eingeteilten Kameraden, abends um Viertel nach acht melden. Wie es halt so ist, denkt man zehn Minuten vorher noch daran, doch ist der Zeitpunkt gekommen, hat man es vergessen. Der U. v. D. schrieb eine dementsprechende Bemerkung ins U. v. D.-Buch: »Nicht pünktlich zum Dienst erschienen!«. Als wir heute vom Unterricht nachhause kamen, lag schon eine Einladung vom Spieß auf dem Tisch. Äußerlich ruhig, doch mit klopfendem Herzen, meldeten wir uns beim Spieß. Frage: »Weshalb habt ihr euch gestern nicht pünktlich gemeldet?« Antwort: »Wir hatten Navigationsarbeiten gelöst und in unserem Eifer die Zeit vergessen. Daraufhin verkündete der Spieß sein scheinbar gerechtes Urteil: »Vier Wochen lang jeden Samstag und Sonntag Feuerwache!« Somit hatte ich abends keine Feuerwache. Praktisch bedeutete, dass »Urteil« um halb Neun abends zu Hause zu sein, und kein Sonntagsurlaub, was bei mir sowieso nicht infrage kommt. Mit dieser Strafe bin ich also nicht schwer getroffen worden. Hoffentlich bin ich Samstag nicht auch noch beim Exerzieren dabei, das wäre schon wesentlich schlimmer, denn den Samstagnachmittag verschönere ich mir, ebenso wie den Sonntag, durch Kino. Für 20 Pfennig kann ich mir das schon mal leisten.

Ja, unsere Stube 14 ist schon unfreiwillig in den vier Wochen aufgefallen. Einmal mit dem Parkettboden, einmal mit dem Revier, dann wieder mit dem Boden usw. Dann sind auch schon sechs Kameraden unserer Stube beim Hauptfeldwebel zusätzliche negativ aufgefallen – jedenfalls sieht das der Hauptfeldwebel so. Es ist halt ein Pech sondergleichen. Den Ehrennamen »Rabaukenstube« hat er uns schon oft feierlich verliehen, wenn wir geschlossen vor ihm standen. Wir acht Kameraden sind aber trotzdem optimistisch und trösten uns mit dem Gedanken, dass die schwierigsten Kompanie-Kinder der »Mutter der Kompanie«, dem Hauptfeldwebel, am liebsten sind und unsere gegenseitige Bekanntschaft einen immer größeren Umfang annimmt. So lernt man, sich hier halt zu lieben (Jetzt muss ich unterbrechen, gleich werden wir zum Varieté-Besuch raustreten).

In der heutigen Mittagspause setzte ich meinen Brief von gestern Abend fort. Das Varieté gestern Abend war ja ganz groß! Jupp Flohr als Ansager bescherten uns mal wieder zwei heitere und unbeschwerte Stunden. Nur geht die Zeit bei solch schönen Darbietungen zu schnell dahin. Na, für Samstag und Sonntag stehen mir ja noch mal je zwei frohe Stunden bevor – es laufen wieder zwei fabelhafte Filme.

Das Wetter auf Bug meint es wirklich nicht gut mit uns Fliegern, hatten wir jetzt mal ein paar schöne Tage, so muss darauf natürlich Nebel folgen und die Lehrgänge vor uns können nicht fliegen somit verzögert sich unser Flugdienst dementsprechend.

Zuzeit geben wir uns redliche Mühe, theoretisch den Bombenabwurf am Bombenteppich zu lernen, den wir auch so einigermaßen gefressen haben. Doch auf den Mist, den wir später mal bei Übungen in der Maschine verzapfen werden, bin ich gespannt. Voraussichtlich wird unser Lehrgang Januar 1943 zu Ende sein und kommen dann von hier aus auf eine A/B-Schule, das heißt, auf eine leichte Kampffliegerschule. Dort werden wir weiterhin pauken und fliegen dann hoffentlich die benötigte Stundenzahl.

Liebe Eltern, ich danke Euch jetzt schon für die Birnen, die doch hoffentlich bald eintreffen werden, von ganzem Herzen. Denn Obst bekommen wir beim Kommiss überhaupt nicht zu sehen. Infolgedessen ist unser Appetit darauf besonders groß. Die Frage ist nur, ob die Birnen die Fahrt bis hierher überleben ... Tante Liesel habe ich auch mal geschrieben, auf ihre Antwort – falls überhaupt ein kommt – bin ich gespannt.

Nun möchte ich schließen und sende Euch die herzlichsten Grüße

Euer Arnold

Bug, Sonntag, den 1.11.1942

Liebe Eltern!

Unversehrt erhielt ich heute Morgen Euer Päckchen mit den wirklich wohlschmeckenden Birnen, von denen ich schon allein über die Hälfte aufgegessen habe – so gut schmecken sie mir. Also, meinen allerherzlichsten Dank! Ja, wollen wir mal das so begehrte Obst essen, sind wir ganz auf die von daheim angewiesen. Obst bekommen wir hier an der Küste zur Verpflegung keins, denn wir sind nicht in Finsterwalde, wo es Apfelsinen, Zitronen, Feigen und Äpfel gab.

Gestern hatte ich das leere Paket und ein Geleeglas an Euch abgeschickt, mein Kontostand bei der Post klettert auch langsam immer höher. 120 RM habe ich nun schon beim Kommiss angespart. Das sich schon auf dem Konto befindliche Geld nicht hinzugerechnet. Meine Kameraden können das nicht begreifen, doch wenn ich sehe, was für Geld die verrauchen, dann können die ja nicht auf einen grünen Zweig kommen. Die monatlich zur Verpflegung ausgegebenen Zigarren und Stumpen, schicke ich mal bei Gelegenheit Onkel August. Ich glaube, er freut sich bestimmt beim Erhalt der Sendung.

Liebe Eltern, die Befürchtung am Samstag doch nicht ins Kino gehen zu können, hat sich mal wieder als wahr erwiesen. Ihr glaubt es nicht, wie die gesamte Mannschaft gestern Nachmittag mit Gewehr und Gasmasken exerzieren mussten. Einen Samstagnachmittag auf einer Schule hatte ich mir früher doch etwas anders vorgestellt. Wenn aber verschiedene Disziplinlosigkeiten der Mannschaft den Unteroffizieren gegenüber vorkommen, dann müssen diese durch ein strenges Exerzieren wieder ausgetrieben werden. Es ist auch immer schwer, den gewissen Abstand zwischen den »Kappos« und uns zu halten. Denn erstens haben wir doch stets gemeinsam Unterricht und zweitens besteht unsere Kompanie zur Hälfte aus Unteroffizieren und der Mannschaft. Für uns Landser und Gefreiten irgendwie ein ungesundes Verhältnis. Überall haben die Kappos den Vortritt, wir Landser stehen manchmal stundenlang irgendwo an und kommen die Kappos, werden sie natürlich als Erste abgefertigt. Das da manchen irgendwelche passenden bzw. unpassenden Worte in den Augen der Kappos entschlüpfen, kann ich verstehen. Dass die dann reagieren, wenn sie es hören und Meldung machen, fliegt der Betroffene in den Bau und wir zufällig dabei Gewesenen dürfen dann strammstehen. Dann heißt es eben sich im Griff haben, den Mund halten und zum Glück kann ja noch niemand Gedanken lesen, denn die sind frei.

Jetzt wird auch bald der Zeitpunkt gekommen sein, an dem die ersten Ablösungen erfolgen werden und die Kompanie immer mehr zusammenschrumpft. Es sind auch einige darunter, die sich gerne ablösen lassen wollen, um in eine andere Kompanie zu kommen wie zum Beispiel die Stabskompanie, um dann von dort eventuell in Urlaub fahren zu können.

An das Parkettbodenschrubben haben wir uns mit der Zeit auch so langsam gewöhnt, und ich kann demjenigen, der im Krieg hier oben bei uns eine Masse Geld verdienen will, den Tipp geben, mit Spänen und alten Rasierklingen zu handeln, denn der ginge als Millionär von Bug wieder weg. Ich glaube, für einen Außenstehenden muss das ein imposantes Bild sein, uns Landser schwitzend und keuchend zwischen Glasscherben, Rasierklingen und mit aus der Werft geholten Spänen das Küchenmesser in der Hand, auf den Knien den Boden nach allen Regeln der Kunst bearbeiten zu sehen. Auf unserer Stube wird es ja stets ungefähr 11 Uhr nachts bis wir fertig sind, dagegen sind andere Stuben bereist schon um 9 Uhr fertig. Ob die mehr auf Draht sind oder einen besseren Boden haben wir die Rabaukenstube? Jedenfalls scheinen unsere »Überstunden« dem Spieß zu imponieren. Denn wir vermissen in letzter Zeit die bekannten Einladungen von ihm auf sein Büro nach Rückkehr vom Unterricht, und so ist es in dieser Beziehung wesentlich ruhiger geworden. Nur auf eins wirkt sich das nachteilig aus, wir arbeiten bis ungefähr abends 11 Uhr und morgens um 5 Uhr beginnt wieder der Dienst. Man geht also unausgeschlafen zum Unterricht, der Lehrer wundert sich dann über unseren müden Eindruck. Das ist aber nicht nur jeden Samstag, sondern auch die ganze Woche so. Reichen sechs Stunden Schlaf denn nicht aus? Natürlich nicht! Dafür schlafen wir dann sonntags drei Stunden länger bis morgens 8 Uhr – eine wahre Wohltat.

Heute Mittag geht die ganze Stube geschlossen ins Kino. Der Erste steht schon wieder an, dann wird gewechselt, so geht das weiter bis wir dann endlich die Karten haben.

Und noch eine neue Methode haben wir auf der Stube eingeführt. Samstag bis Sonntag schließt jeder die Verpflegung des anderen ein und gibt sie nur zu den Mahlzeiten raus, denn ohne diese Disziplin würde er einen Tag hungern müssen, weil die Verpflegung nicht ausreicht. Wie Landser sind eben ein gefräßiges Volk. Ein typisches Beispiel habe ich mal wieder geliefert. So viel ich auch in der Holzwolle im Päckchen herum wühle, keine Birne lässt sich mehr blicken, habe ich sie doch alle während des Briefeschreibens aufgegessen.

Liebe Eltern, für heute habe ich aber viel mit Bleistift geschrieben, da die Tinte alle ist, grüße Euch recht herzlich aus dem Norden und die Familie Schaaf

Euer Arnold

Bug, Dienstag, den 3.11.1942

Liebe Eltern!

Kaum habe ich ein Päckchen von aus der Heimat erhalten, schon ist wieder eins unterwegs, Na, da spreche mal einer von schlechten Eltern, äh, Zeiten! Es ist doch schon ein großer Vorteil, im Krieg auf dem Land zu wohnen, was als Beweis für die vielen Pakete die teilweise meine Stubenkameraden und ich erhalten, gilt. Den Großstädtern unter uns bleibt nur übrig, große Augen zu machen.

Tante Liesel hat mir gestern prompt auf meinen Brief mit sehr netten Worten geantwortet. Sie freut sich auf unseren zukünftigen Briefwechsel sehr und möchte auch gleich ein Bild von mir haben. Na, den Wunsch kann ich ja erfüllen. Auch schreibt sie, dass sie ehr glücklich sei und Geld- sowie Nahrungssorgen nicht kenne. Wenn das mal bloß nicht wieder von ihr zu viel übertrieben ist.

Wie mir auch Tante Manda schrieb, ist Onkel Kurt jetzt mitten im Schlamassel drin. Na, hoffentlich verliert der nicht dabei seinen sprühenden Humor, die gute Laune und kommt mit gesunden Knochen wieder zurück. Auf dem Bild könnt Ihr Euch ja den stolzen Afrikaner anschauen.

Lieber Papa, ich glaube, Du hast recht, dass meine Gleichgültigkeit dem fliegenden Personal gegenüber mit meinen Kameraden zusammenhängen kann. Wie oft sprechen sie vom Ablösen lassen, zur Stabskompanie oder zur alten Einheit zurückversetzt zu werden, um dann auf Urlaub zu fahren. Einmal auf solche Gedanken gebracht, grübele ich gerne darüber nach, denke an das ruhige Leben in der Stabskompanie und an all die Vorteile die ich dort hätte und dann ganz besonders als Unteroffiziersanwärter. Doch dann weichen diese Gedanken der Freude, dass doch bald der Flugdienst beginnen wird und wir den letzten Ausbildungsschliff bald hinter uns haben. Doch die Zukunft hängt ja nach wie vor von den kommenden Prüfungen ab, wie wir in den einzelnen Fächern abschneiden werden. Auf das Ergebnis der heutigen Navigationsarbeit bin ich natürlich gespannt.

Liebe Eltern, wir Ihr ja wohl auf der mitgeschickten Rügenkarte gesehen habt, ist Bug überhaupt nicht eingezeichnet. Der Name Bug bezeichnet ja keine Stadt, sondern den schmalen Landstreifen. Wiek, uns gegenüber getrennt durch den Bodden, ist die nächste größere Ortschaft in unserer Nähe.

Wenn man schon mal etwas Abwechslung haben will, muss man schon per Boot nach Stralsund fahren, drei Stunden braucht man für diese Strecke, die zwischen Hiddensee und der Westküste Rügen durchführt. Auf das offene Meer kommt man dabei nicht. Dieses Gebiet scheint ein Paradies für viele Vögel zu sein wie Wildenten, Möwen, Wildgänse, Fischreiher und Strandläufer. Sie trifft man auf dieser Strecke in rauen Mengen. Das alles hatte ich damals bei der Überfahrt hierher gesehen und die Fahrt war für mich ein schönes Erlebnis. Nur hätte der Wellengang etwas stärker sein können. Auf Bug trifft man allerhand verschiedene Landschaften an. Angefangen mit dem Strand auf der einen Seite mit dem offenen Meer und auf der anderen Seite den Bodden umgeben von Land, der im Winter stets zugefroren ist. Kiefernwälder wechseln mit Laubwäldern und einer Heide mit eintönigen Wiesenflächen. Weiden und Pappeln zeugen von Bodenfeuchtigkeit, kein Wunder, denn Bug liegt nur 1,90 m über dem Meeresspiegel. Ja, im Sommer muss es hier oben sehr schön sein, besonders wenn man hier nur zur Erholung ist. Die frische Seeluft ist viel wert. Das KdF-Bad ist ungefähr 40 km von uns entfernt.

Tag für Tag gehen wir morgens und mittags zum Unterricht. Nach der neuen Einteilung nun erst morgens ab halb acht bis abends 6 Uhr. Mittags zweieinhalb Stunden frei, natürlich nur theoretisch, denn über eine halbe Stunde brauchen wir schon zum Hin- und Rückmarsch zur Kantine, eine halbe Stunde Essen und in der übrigen Zeit jeden zweiten Tag Stuben- und Revierdienst noch dazu. Abends dann eine Stunde Arbeitsdienst und hat man nichts mehr zu tun ... liegt man schon ab 9 Uhr im Bett. Ein Glück, dass nun morgens erst wieder um Viertel vor sieben Wecken ist. Eine dreiviertel Stunde mehr Schlaf, macht sich im Unterricht bemerkbar – mehr Aufmerksamkeit.

Mittwochnachmittag haben wir nur Kompaniedienst, das heißt, exerzieren, dann Unterricht usw. Das ist der einzige Tag, an dem wir uns Regen wünschen, damit das Exerzieren ausfällt. Doch exerzieren muss ja auch mal sein, sonst wären wir bald ein lahmer Verein – oh reimt sich. Dass es aber soweit erst gar nicht kommt, dafür sorgt schon laufend unser Spieß Heinig. Man braucht nur an das Stubenreinigen zu denken, das saubere Revier sich anzuschauen, unseren Haarschnitt, das Raustreten zur Parole und zum Essen. Fehlen beim Antreten zum Mittagessen welche, lässt und der Spieß solange rein- und rauslaufen, bis schließlich alle da sind. Manchmal lässt er sich das Käppi zeigen, kontrolliert Fingernägel und Haarschnitt, der Winkel am Arm muss fest angenäht sein und die Erkennungsmarke stets um den Hals hängen. Diejenigen, die aufgefallen sind, werden notiert und am Samstagnachmittag beim Extraexerzieren sind sie dabei. Der Stubengang abends ist stets auch sehr genau. Man muss schon tüchtig Staub wischen und gewissenhaft ausfegen, einen sauberen Spind haben, wenn man nicht auffallen will. Wer auffällt, ist Samstagnachmittag dabei. Das war nun in ganz großen Zügen der Dienst innerhalb und außerhalb der Kompanie.

Liebe Eltern, jetzt ist es bei Euch soweit gekommen mit der Ausgangssperre, dass man nicht mal nach alter Gewohnheit und Sitte in einem Weinlokal sein Gläschen Wein trinken kann – für unsere Weingegend und das Nahetal undenkbar. Hoffen wir, dass dieser üble Zustand bald wieder behoben sein wird, ich denke ein oder zwei Jahre werden wir uns bis dahin wohl noch gedulden müssen – na, dann Prost!

Liebe Eltern, nun möchte ich schließen und grüße Euch recht herzlich

Euer Arnold

PS: Viele Grüße an Bringfriede, Hermann und die Kinder, ebenso an Tante Betty. Hoffentlich bekommen wir für morgen Abend eine Varieté-Karte, denn ein sehr schönes Programm steht uns bevor.

Bug, Sonntag, den 8.11.1942

Liebe Eltern!

Sonntagabend ist es inzwischen geworden. Soeben bin ich vom Kino zurückgekehrt und stille nun während des Schreibens meinen Hunger mit dem letzten Brot, allerdings nur belegt mit Daumen und Zeigefinger. Aber das macht nichts – schmeckt auch so.

War das mal wieder ein wüstes Gedränge am Kino heute Mittag, jeder baut auf seine Stärke und hofft, durch drücken und schieben den Eingang zu erreichen. Und so haben wir jedes Mal dasselbe Theater. Denn der Kamerad, der die Karten hat, steht drin, und wir draußen und kommen nicht rein. Doch auch diese kleine Schwierigkeit lässt sich überwinden.

Letzte Woche war ich auch wieder mal im Varieté. Durch Zufall bekam ich eine Karte und wurde unterhalten mit Artistik, dann Tanz, Gesang und Humor. Ich glaube bestimmt, dass ich diese beiden schönen und heiteren Stunden so schnell nicht vergessen werde.

Unsere Ausbildung ist nun bald am Höhepunkt angelangt, das heißt, diese oder nächste Woche wird die Zwischenprüfung sein. Das Ergebnis wird über unsere spätere militärische Laufbahn entscheiden und ich hoffe, den gestellten Anforderungen gerecht zu werden. Ich beabsichtige, in allen Arbeiten eine so gute Note zu erhalten, wie in der letzten Navigationsarbeit. Das Ablösen beginnt nun so langsam aus unserem Lehrgang, doch brauchen sich die Abgelösten keine Hoffnung zu machen, auf Urlaub fahren zu können. Ich glaube nicht, dass die unsere Kompanie weiterhin belasten werden, woanders wird Verstärkung in diesen Zeiten dringend gebraucht. So war es vor Kurzem noch sehr fraglich, ob wir weiterhin als fliegendes Personal ausgebildet werden, unser Lehrgang sollte geschlossen eine Fronteinheit werden. Doch ist alles wieder im Sande verlaufen und unsere Ausbildung wird planmäßig fortgeführt. In dieser fraglichen Zeit, als der Lehrgang zur Diskussion stand, hatte keiner mehr Lust für auf Navigation, funken usw., denn das hätte ja auch nichts mehr genützt an der Front.

Inzwischen ist die Stimmung wieder oben und als neuer Lehrgang sind unsere Kameraden aus Senftenberg nachgekommen. Das gab ein Hallo und eine Begrüßung beim ersten Zusammentreffen, man freut sich eben, immer wieder alte Kameraden zu treffen, und das Erzählen fand kein Ende. Damals hatten Kameraden das Pech zurückbleiben zu müssen und hatten nach wie eisern exerziert. Nun haben sie aber mit ihrer neuen Kompanie eine glücklichere Wahl getroffen als wir.

Man soll ja nicht meinen, was man beim Kommiss noch alles für Berufe erlernt. Zurzeit bilden wir uns, das heißt unsere Stubengesellschaft, gegenseitig im Friseurhandwerk aus. Es ist eben auch ein Steckenpferd vom Spieß, uns nur mit kurzem Haarschnitt antreten zu lassen. Beim Friseur kommt man ja doch nie dran und so schneiden wir uns die Haare selbst. Wie der Fassonschnitt aussieht, spielt keine Rolle, den für Bug ist er so, wie er geschnitten wurde gut genug. Nur kann man manchmal schwer unterscheiden, ob die Haare nun auch wirklich mit der Schere oder mit einer vorsintflutlichen Handmaschine geschnitten wurden, oder ob sie im Schlaf von Mäusen abgefressen wurden. Schrecklicher Gedanke! Unser Friseursalon ist den Umständen entsprechend noch nicht modern genug. Zur Verfügung stehen eine Nagelschere, ein halber verlauster Kamm und eine uralte Maschine, um die Haare auf einen halben Zentimeter ab zu schneiden. Diese Werkzeuge sind doch wohl noch etwas zu primitiv. Der Ausspruch vom Spieß, dass man seine Kompanie von hinten erkennt, ist demnach voll gerechtfertigt.

Liebe Eltern, haben wir daheim nicht auch eine Haarschneidemaschine? Eine die wenigsten die Haare im Ganzen etwas kürzer schneidet und nicht alle acht Tage die Tortur durch einen ungelernten Friseur ertragen zu müssen. Das Beste wäre ja, wir könnten auf eine elektrische umstellen und dann würde unser Kundenkreis weit über die Stube hinaus keine Grenzen mehr finden.

Und dann bräuchte ich unbedingt eine größere Schere und einen ganzen Kamm. Ist es möglich, mir das vielleicht zu besorgen? Mein jetziger Kamm besteht aus drei Zinken und meinen zehn Fingern. Auch besteht starke Nachfrage nach Haaröl, um den paar Haaren auf dem Kopf eine etwas geordnete Lage zu geben. Das Haarnetz allein ist dieser Aufgabe nicht mehr gewachsen. Nun muss ich aber schließen und die Lehrbücher hervorholen, so schwer es mir auch fällt.

Für heute sendet Euch und Familie Schaaf die herzlichsten Grüße

Euer Arnold

Bug, Sonntag, den 15.11.1942

Liebe Eltern!

Entschuldigt bitte mein verspätetes Schreiben, ich habe leider schon die ganze Woche auf das von Euch längst abgesandte Paket vergebens gewartet. Auch bei der heutigen

Post war es nicht dabei. Tante Ella hat mir heute wieder zwei Päckchen Bonbons geschickt. Wollen wir die Hoffnung noch nicht aufgeben, das Paket wird schon noch eintrudeln. Wenn es nicht doch jemand unterwegs einkassiert hat, was wir leider schon so oft erleben mussten.

Auf die heutige Kinovorstellung werde ich mal verzichten und mich auf die kommende Zwischenprüfung in Navigation und Bomben vorbereiten. Hoffentlich bestehe ich diese beiden Prüfungen mit derselben guten Note wie die Zwischenprüfungsarbeit im Nachrichten-Verbindungswesen. Überhaupt sind die N. V. W.-Stunden der schönste Unterricht, wenn wir das Peilgerät selbst bedienen dürfen. Sofort den Empfänger auf A2 geschaltet, dann geht es auf Wellenjagd nach der schönsten Radiomusik, die eigentliche Aufgabe hat man dann ganz vergessen ... Es ist ja auch viel schöner, einen Rundfunksender mit schöner Musik zu peilen, als ein Funkfeuer oder eine sonstige Funkstelle zu orten.

Täglich müssen wir immer wieder feststellen, dass wir zur beschissensten Jahreszeit nach Bug gekommen sind. Nur selten mal ein schöner Tag und in der letzten Woche ist es auch schon recht kühl geworden, einmal hat es sogar schon gefroren.

Letzte Woche gab es in der Kantine mal pro Mann eine halbe Flasche französischen Rotwein, aber fragt nicht, was das für ein Mist war. Wenn ich da den Nahewein dagegenhalte, ein Unterschied wie Tag und Nacht. Nur schade, dass es nur noch so wenig Wein daheim gibt, aber für alte Stammkunden wir Ihr wird wohl doch noch was da sein! Frau Bamberger in ihrem Lokal lässt Euch sicher nicht im Stich, oder? Liebe Eltern, ich muss nun schließen, es ist Zeit zum Mittagessen.

Viele Grüße sendet Euch

Euer Arnold

PS: Viele Grüße an Tante Betty und Familie Schaaf

Bug, Samstag, den 21.11.1942

Liebe Eltern!

Leider kann ich heute, wie ich gehofft hatte, noch nicht die Eindrücke meines ersten Flugs schildern, denn das Wetter treibt eben seine unwillkommenen Späße mit uns. Dienstagabend empfingen wir unsere Kombination, die Kopfhaube, Schuhe usw. und Mittwochmittag zogen stolz ab zum Flugplatz. Die schwere Kombination mit ihren ca. 50 Pfund Gewicht auf dem Rücken. Tags zuvor hatten wir sofort nach Empfang der Klamotten eifrig das An- und Ausziehen geübt. Denn so eine mit dickem Fell gefütterte Lederkombi anzuziehen, ohne ins Schwitzen zu kommen, erfordert schon etwas Geschicklichkeit. Und nun auch noch sich darin vorwärtsbewegen!

Nun zurück zum Mittwochnachmittag. So gegen halb vier trollte ich zum Start, den ich dann auch glücklich, aber furchtbar schwitzend erreichte. Eben stieg gerade ein Kamerad aus der Arado AR 66, ein zweisitziger Doppeldecker, und ich wollte mich schon gut gelaunt, soweit es die Kombi erlaubte, hineinschwingen, da winkte der Flugzeugführer ab, der Motor macht nicht mehr richtig mit und ich schaute betrübt der davon rollenden Maschine nach. Als erste segensreiche Tätigkeit beim Flugdienst durfte ich dann gerne mithelfen, die Markierungen vom Rollfeld abzubauen.

Die Arado AR 66, ein zweisitziger Doppeldecker, sollte Arnolds erster Flieger werden.

Na, Montag ist unser Zug ja wieder mit Flugdienst dran, und wenn das Wetter einigermaßen günstig ist, wird mein erster Flug bestimmt fällig sein. Hoffentlich brauche ich nicht nach der Landung 5,- RM »Reinigungskosten« zu zahlen, was einigen Herren peinlicher Weise passierte. Übelkeit beim Fliegen ist halt schlecht.

Liebe Eltern, nun möchte ich Euch auch mal etwas über die Aussichtslosigkeit von Weihnachtsurlaub schreiben. Unser geliebter Spieß, lässt höchstens nur Verheiratete in Urlaub fahren und zwei Ledige, die schon über ein Jahr nicht in Urlaub waren. Auf eine Kompanie von zweihundertvierzig Mann entfallen also höchstens fünfzehn Urlauber, wohlgemerkt, nur bei der sechsten Kompanie. Wochenendurlaub gibt's diesmal vier Tage, aber die reiche ja auch nicht aus, um zu Euch zu fahren. Auch da hat der Spieß natürlich eine gewisse Grenze gesetzt, jeder, der irgendwie mal aufgefallen ist, braucht mit Urlaub überhaupt nicht zu rechnen. Diese Woche ist auch ein Stubenkamerad in den Bau gegangen. Der Spieß machte mittags nach der Parole mal wieder einer seiner berühmten Appelle, diesmal kontrollierte er nach, ob die Falten hinten im Mantel alle offen sind. Diejenigen, die ihre Falten im Mantel unter dem Gürtel wieder mit ein paar Stichen zusammengenäht hatten, wurde für Samstag notiert. Um dem zu umgehen wollten einige nun beschwindeln und trennten sich schnell die paar Stiche auf, andere rissen sich dabei ein kleines Loch in den Mantel. Ergebnis: drei Tage verschärften Arrest. Mein Stubenkamerad, ein sonst sehr gewissenhafter Kerl, hätte nie geglaubt, mal so in den Bau zu wandern. Doch Spieß Heinig hat schon so oft vor der Kompanie verkündet, dass ihm kein Weg zu weit und zu viel sei, um einen »Menschen« anzuscheißen ... Verzeihung, in den Bau zu bringen.

Auch hat er uns Landsern mal den vermeintlich guten Rat gegeben, dass diejenigen, die sich nicht richtig sputen, mal ruhig für die Gesamtheit bluten sollen. Man soll ihnen nachts eine Decke über den Kopf ziehen und sie so vermöbeln, dass sie am anderen Tag im Unterricht nicht mehr sitzen können. Also ehrlich! Ich könnte ja noch mehr schreiben, denn dieses Kapitel und unser Spieß Heinig erschöpfen sich nie.

Das Paket vom 30.10. liebe Eltern, scheint wirklich verloren gegangen zu sein. Erhalten habe ich bis jetzt nur das Päckchen mit den Äpfeln, die allerdings wunderbar geschmeckt haben und eine dementsprechend kurze Lebensdauer hatten. Zu meiner Zufriedenheit las ich dann auch, dass wieder ein Päckchen mit Äpfeln und Lebkuchen unterwegs ist. Tante Manda schickte mir heute die ersten Plätzchen, die während des Briefeschreibens zu meinem Bedauern auch schon alle geworden sind.

Inzwischen haben sich unsere Reihen schon etwas gelichtet und die Ersten sind abgelöst worden. Zwei meiner Stubenkameraden haben auch »umsatteln« müssen, Weitere werden sicher noch folgen. Liebe Eltern, nun möchte ich schließen und hoffe, Euch bald meinen ersten Flug schildern zu können.

Bis dahin grüßt Euch recht herzlich

Euer Arnold

PS: Viele Grüße an Bringfriede und Kinder und an Tante Betty.
Habt Ihr vielleicht noch etwas Briefpapier und Umschläge für mich?

Bug, Dienstag, den 24.11.1942

Liebe Eltern!

Wie lange freute ich mich schon auf meinen ersten Flug und wie furchtbar schnell geht er leider dahin. Gestern Morgen durfte ich zum ersten Mal in die Maschine klettern, und in diesem Augenblick schlug das Herz doch etwas schneller wie gewöhnlich. Das so oft geübte Anschnallen wollte einfach nicht funktionieren, denn ich musste mich erst einmal an die sehr begrenzten Bewegungsmöglichkeiten in der engen Kiste gewöhnen. Auch hatte ich in der dicken Kombination ja fast den doppelten Körperumfang. Als dann endlich nach vieler Mühe das Anschnallen gelungen war, konnte ja von mir aus der Start beginnen. Aber zu meinem Erstaunen musste ich plötzlich feststellen, dass wir schon hoch über dem Bug dahinflogen, rechts die wild schäumende Ostsee und links der weit ins Land hineinragende Bodden. Bald hatten wir Südkurs eingenommen und mit starkem Rückenwind, der unseren Doppeldecker arg hin und her schaukeln ließ, ging es auf Stralsund zu. Was hat der Fahrtwind doch für eine Stärke, fast wären mir meine Handschuhe weggeflogen, auch nahm er mir manchmal die Luft weg. Ich sollte doch besser ruhig sitzen bleiben und nicht so viel rumfummeln. Aber schön ist es doch, sich den Fahrtwind mal mit solcher Stärke, um die Ohren wehen zu lassen. Ich konnte mich an der Landschaft, die unter mir vorbeizog, gar nicht genug sattsehen. Die Wälder, die Wiesen mit dem weidenden Vieh, die einzelnen bunten Gehöfte schienen sich in Spielzeug verwandelt zu haben.

An Hand meiner Karte konnte ich auch zu jeder Zeit den Standpunkt meiner Maschine bestimmen, was ja auch Sinn und Zweck des gesamten Fluges war.

Doch plötzlich nahm der »ruhige« Flug in unserem zweisitzigen Doppeldecker ein Ende und der Flugzeugführer vorne begann wüst zu kurbeln. Aha, dachte ich, jetzt will er mich mal ein bisschen durchschaukeln und meinen Mut auf die Probe stellen! Dafür beobachtete ich ihn, wie er mich in seinem Spiegel nach hinten anschaute, um festzustellen, wie es mir geht. Gut ging es mir und machte natürlich dazu ein gleichgültiges Gesicht. Doch etwas schien mir sonderbar, denn plötzlich war die Erde nicht mehr unter mir, sondern über mir – auch schön. Auf dem Heimflug wollte er mich noch etwas mit Bodenakrobatik beeindrucken und mürbe machen. Mit einer Affenfahrt drückte der Flugzeugführer die Maschine aufs Wasser runter, sodass die Enten erschreckt davonstoben – „arme Enten", dachte ich. In diesem Moment verspürte ich ein leichtes Kitzeln in der Magengegend, mehr nicht. Mit nur ein paar Metern an Höhe rasten wir über das Wasser und der Wald am Ufer, der wesentlich höher lag als wir, kam mit einer unheimlichen Schnelligkeit auf uns zu. Doch da zog der Flugzeugführer den Knüppel an den Bauch, dann mit einem Satz über die Halbinsel und drüben wieder hinunter aufs Wasser – von mir wurde nur ein Gähnen unterdrückt. Auf der anderen Seite wiederholte sich das Spiel von Neuem. Hoppla, eine Hochspannungsleitung wurde auch noch im Sprung genommen und die Kühe, die gerade friedlich auf der Weide grasten, rannten mit hochstehenden Schwänzen um ihr Leben.

Zusammenfassend gesagt, der Flug hatte das gehalten, was ich mir von ihm versprochen hatte. Ich bin begeistert, restlos zufrieden und hoffe, dass der Flugdienst jetzt nicht mehr abreißen wird.

Liebe Eltern, heute erhielt ich das Päckchen mit Lebkuchen als Anzeichen dafür, dass Weihnachten kurz vor der Tür steht, und ich möchte Euch für die Leckerbissen meinen herzlichsten Dank aussprechen. Das Paket vom 30.10. ist immer noch nicht eingetroffen und es scheint als doch, dass jemand das Paket unterwegs einkassiert hat, hoffentlich bleiben ihm die Bissen im Halse stecken. Was haben wir uns schon zusammen darüber geärgert, dass den Soldaten einfach Pakete und Päckchen geklaut werden, da die sich doch auf jedes Paket oder Päckchen so riesig freuen und ihren Dienst damit etwas verschönern. Hoffen wir, dass es ein einmaliger Fall diesmal bleiben wird.

Ich möchte meinen Brief nun schließen und grüße Euch recht herzlich

Euer Arnold

PS: Viele liebe Grüße an Bringfriede und Tante Betty.

Bug, Samstag, den 28.11.1942

Liebe Eltern!

Tinte alle, schreibe mit Bleistift. Der heutige Samstagnachmittag verlief leider einmal nicht planmäßig, auf die Kinovorstellung am Nachmittag musste ich verzichten, denn heute stand ich auf dem Bug meine erste Wache. Und gerade heute heult ein Sturm über die Halbinsel hinweg, den ich so noch nicht erlebt habe. Der stärkste Herbststurm in der Pfalz ist ein Kinderspiel dagegen und die Radfahrer kommen eher ans Ziel, wenn sie zu Fuß gehen. In den zwei Stunden auf dem Posten kann man sich nicht Bewegung genug verschaffen, um sich einigermaßen warm zu halten, denn draußen auf der Landungsbrücke ist man dem Wind von allen Seiten preisgegeben. Doch das macht uns weiter nichts aus, eine gründliche Durchlüftung hat auch seine Vorteile.

Nun fehlen nur noch zwei Tage und dann habe ich ein Jahr meiner Kommisszeit voll. Ebenso zwei Monate Ausbildung auf Bug.

Lieber Papa, Du weißt ja auch, welche große Rolle die Militärzeitlänge bei den Soldaten spielt. Jeder, der ein paar Tage länger als der andere dient, fühlt sich über ihn erhaben und bei jeder Gelegenheit bekommt man das zu hören. Mich interessiert nur, wie viele Jahre ich noch beim Kommiss bleiben werde. Ich kenne schon so viele Soldaten, die nie ans Verpflichten dachten, und doch jetzt schon sechs bis acht Jahre auf dem Buckel haben.

Nächste Woche werden wir, wenn das Wetter wieder mitspielt, unseren Flugdienst fortsetzen und unsere Navigationsflüge durchführen. Diese Flüge bringen uns schon in die Nähe Berlins und dauern zwei Stunden. Na, auf den Mist den wir da oben verzapfen werden, bin ich gespannt und glaube auch, wenn nicht die erfahrenen Leute in der Maschine wären, würden wir nie mehr nachhause finden. Aber warum sich selbst jetzt schon schlecht machen?! Oben in der Maschine wird es praktisch genauso hinhauen wie unten theoretisch im Schulungsraum. Diesmal fliegen wir nicht in einem Doppeldecker, sondern in einer zweimotorigen Maschine, unserem Leukoplastbomber Focke-Wulf Fw 58, der Weihe.

Das zweite Trainigsflugzeug eine Focke-Wulf Fw 58, bekannt auch als »Weihe«.

Hoffentlich bekommen wir auch nach diesen Flügen unsere Startverpflegung und die Flugzeugzulage als eine finanzielle Unterstützung. Auch beginnen wir bald mit dem Luftschießen – auch eine interessante Angelegenheit. Und wenn ich bis Ende Dezember noch nicht abgelöst wurde, komme ich auf eine A/B-Schule. Dort lerne ich mit den jungen Flugzeugführern weiter das Franzen und ich hoffe, endlich mal das Glück zu haben ganz in Eure Nähe versetzt zu werden. Vielleich nach Koblenz, Gießen oder Kassel, wo der vorherige Lehrgang war. Es gehen natürlich wieder die Parolen um, dass wir nach Mitteldeutschland kommen. Aber, wollen wir doch erstmal abwarten.

Lieber Papa, wie Du schreibst, dass Ludwig noch ein kleines Kind ist mit seiner Behinderung, oder sich einfach nur so benimmt, glaube ich Dir aufs Wort. Obwohl seine Briefe ja sehr altklug und erfahren klingen, glaube ich doch, dass ihm die Briefe diktieren werden, von wem auch immer – alles Vorspiegelung falscher Tatsachen.

Eure schönen Samstagabend- und Sonntagsspaziergänge haben jetzt plötzlich auch ein Ende gefunden. Aber was stehen Dir denn jetzt noch für Abwechslungen zur Verfügung lieber Papa? Gerade solch ein Spaziergang, verbunden mit einem kleinen Weinumtrunk, verscheuchen doch so oft für ein paar Stunden mal alle Sorgen und unnötige Gedanken mit der Vorfreude auf das Wochenende, wirkt sich schon die ganze Woche auf die Stimmung aus. Hoffen wir, dass diese Zeiten bald wieder kommen werden und wir die früheren alten Familienwanderungen wieder durchführen können. Nun möchte ich schließen, der Posten draußen wartet auf seine Ablösung durch mich.

Viel Grüße sendet Euch

Euer Arnold

Bug, Mittwoch, den 2.12.1942

Liebe Eltern!

Der Winter hat unerfreulicherweise auch bei uns schon mit Schnee und Kälte Einzug gehalten, dadurch hat man dauernd nasse Füße. Doch das wäre ja weiter nicht schlimm, wenn nicht durch dieses wechselhafte Wetter sich natürlich auch der Flugdienst verzögern würde, und machen wir dann endlich unsere Navigationsflüge, ist die Landschaft unter uns zugeschneit. Wir Anfänger finden uns in der Luft dann überhaupt nicht mehr zurecht. Doch wollen wir erstmal abwarten, denn wir blutigen Anfänger können uns ja davon noch keine Vorstellung machen. Erstmal oben sein, das ist viel wichtiger, und eiserne Ruhe behalten, dann kann nichts schief gehen. Interessant wird auch das Luftschießen von der Maschine auf Erdziele aus. Unsere Bombenflüge werden wir erst machen, wenn wir von der A/B-Schule zurückkommen. Hoffentlich habe ich Glück und komme auf eine Schule, die im Westen liegt. Zum Beispiel nach Gießen oder Metz. Die Ergebnisse unserer Zwischenprüfung sind uns auch endlich alle bekannt, und vorläufig brauche ich noch keine Ablösung vom Lehrgang zu befürchten. Auf unserer Stube mussten bis jetzt vier Mann kapitulieren oder haben selbst kapituliert. Meistens liegt es nicht an der Intelligenz der Kameraden, sondern an Interesselosigkeit. Für uns Mannschaften, die noch im Zug übrig geblieben sind, wird es auf Deutsch gesagt, immer beschissener. Denn alle innerhalb des Zuges anstehenden Arbeiten müssen wir nun alleine ausführen. Unser Zug besteht nämlich aus fünfzehn Unteroffizieren und neun Mannschaften.

Weihnachten nähert sich mit Riesenschritten. Die zweite Weihnacht wird es wohl sein, die ich bei den Soldaten verleben muss – hoffentlich ist dies die Letzte. Die Vorbereitungen für unsere Weihnachtsfeier haben nun auch begonnen, und ich bin gespannt, was die Kameraden uns bieten werden.

Unser Spieß ist zu unserer Freude plötzlich ein ganz anderer, ja sogar friedlicher Mensch geworden. Jedenfalls lässt er uns jetzt mehr in Ruhe als früher, besonders am Samstag fällt in letzter Zeit das blöde Exerzieren für die aufgefallenen Leute weg. Ich hatte ja das Glück, bisher erst einmal dabei gewesen zu sein, denn ich gehöre Gott sei Dank nicht zu den »Päckchen« die er besonders in sein Herz geschlossen hat und die Feiertage über G. v. D. oder sonst was machen dürfen. Dass der Spieß plötzlich so anders geworden ist, wird wohl seine Gründe haben.

Tante Liesel hat mir mal wieder einen rührenden Brief geschrieben, dass sie sich so einsam und verlassen von ihren Geschwistern fühlt, obwohl sie stets das Beste von ihnen gewollt hätte. Auch von Euch, liebe Eltern, hätte sie stets das Beste gedacht, doch leider wäre sie auch von Euch enttäuscht worden. Zum Schluss schreibt sie etwas prosaisch, dass dies keineswegs ihr neues Glück stören würde, im Gegenteil, ihr Mann und sie würden sich nun umso mehr »zusammenschließen« ... direkt rührend. Na, vielleicht ist sie nun doch tatsächlich vernünftiger geworden, sollte man doch annehmen. Aber gerade mir solche Worte zu schreiben? Zu Weihnachten will sie, so schreibt sie weiter, mir auch was schicken. Sie wollte sogar zwei Zulassungsmarken von mir, aber die brauchen wir ja nicht mehr.

Lieber Papa, warst Du inzwischen wegen Deines Patentes beim Anwalt in Koblenz? Ist es immer wieder dasselbe Lied: »Auf fremde Leute ist kein Verlass?!« Der Anwalt verdient ja auch so sein Geld ohne sich groß anzustrengen und braucht sich nicht mehr Arbeit zu machen wie notwendig! Und dann will auch noch so ein Nationalsozialist dafür Geld verlangen, bevor er überhaupt was Produktives geleistet hat? Eine persönliche Rücksprache, so wie Du es machst, ist da eben das Beste.

Liebe Eltern, es freut mich, dass Ihr eine Verlustmeldung wegen dem Paket abgeben wollt, doch helfen wird es nicht sehr viel, denn zwei Stubenkameraden warten ebenso wie ich auf ihr Paket. Man sieht, dass die härtesten Strafen noch nicht abschreckend genug sind.

Nun muss ich Schluss machen und grüße Euch recht herzlich und Bringfriede

Euer Arnold

Bug, Samstag, den 5.12.1942

Liebe Eltern!

Wie oft habe ich in diesen Tagen an das vergangene Jahr gedacht, an die zurückliegenden ereignisreichen Tage, die wohl die schwerste, aber möchte ich auch sagen, die schönste Zeit meiner bisherigen militärischen Laufbahn war. Woran das wohl liegen mag, stellte ich mir oft die scheinbar leichte Frage. Damals bestand die Kompanie nur aus jungen Anfängern und einer war so viel wert wie der andere. Die Kameradschaft war auch dementsprechend, denn einer wie der andere bekam ohne persönliche Rücksichtnahme denselben »Dunst« und Schliff. Nach dem Dienst war aber bei keinem von uns etwas davon zu sehen, denn so junge Kerle sind nicht leicht kleinzukriegen. Einer machte plötzlich einen tollen Witz und ab dann war der »Normalzustand« wieder hergestellt. Doch auch diese Zeit ging vorüber und wir wurden versetzt. Kamen dann zum ersten Mal mit Kameraden zusammen, die entweder einen oder mehrere Monate länger dienten als wir, und sich dementsprechend aufspielten. Meistens waren es ja die Saudummen, die uns jungen »Spunde« und wie wir sonst noch genannt wurden, mit ihrer »langen« Dienstzeit imponieren wollten. Es ist ja selbstverständlich, dass zu jedem Dienst die Flieger verpflichtet sind und auch oft genug die Freizeit dafür aufbrachten. So ging es natürlich bis jetzt auf allen Dienststellen und so ist es auch hier wieder auf dem Bug, jedoch noch um einige Grad schlimmer als sonst wo. Es liegt mir fern, zu behaupten, dass diese gewissen »Vorzüge« älteren Kameraden gegenüber falsch am Platze wären, im Gegenteil, aber was zu viel ist, ist zu viel. Diese Tatsache müsste eigentlich jedem einleuchten, denn es gibt verschiedene die sich unseren niederen Dienstgrad (Gefreiter ist der niedrigste Dienstgrad in einer Kompanie) sehr zunutze machen. Jeder wiederum auf seine eigene Art, sei es der Spieß, der Zugführer oder der Gruppenleiter und alle anderen. Diese Zeit wird aber auch bald die Längste gewesen sein, sobald wir den Bug verlassen haben. Es wird keinen Monat mehr dauern. Wichtig aber ist vorerst, dass wir mitten im Flugdienst sind und bleiben, damit wir bald unsere vorgeschriebenen Flüge hinter uns haben. Bei normalem Wetter wäre wir in acht Tagen damit durch, doch hier ändert sich das Wetter fast von Stunde zu Stunde und der Flugdienst muss jedes Mal unterbrochen werden. Heute hoffte ich, zu einem erneuten Flug starten zu können, aber wie immer flogen die Unteroffiziere zuerst. Als wir dann dran waren, wurde natürlich nicht mehr geflogen. Da verstehe mal einer dieses Ausbildungskonzept. Doch auch hier mahne ich mich zur Ruhe, denn die Flüge laufen uns ja nicht davon.

Liebe Eltern, nun aber endlich ein paar lobende Worte über das gestern erhaltene große Paket. Ich muss schon sagen, solch ein Paket bekommt nicht mal mancher Bauernsohn hier, denn es enthielt mal wieder alles, was sich ein genügsamer Landser ab und zu mal wünscht. Der Kuchen, etwas zierlich, aber umso besser im Geschmack, die Äpfel, die butterweichen Birnen, der honigsüße Gelee und endlich das Brot! Ja, damit habt Ihr mir aus einer großen Verlegenheit geholfen, denn ich wollte mir von meinen täglichen Brotrationen für Weihnachten etwas zusammen zu sparen. Denn die Feiertage werden lang sein und fördern ganz besonders den Appetit durch die Langeweile. Na, diese Sorge bin ich ja nun los! Ich glaube auch kaum, dass meine Sparaktion erfolgreich gewesen wäre, denn es liegen ja noch ein paar Sonntage dazwischen. Montag in acht Tagen steigt schon unserer Weihnachtsfeier, zwar etwas früh, doch das fördert nur unsere vorweihnachtliche Stimmung.

Erna hat mir ihr Weihnachtspäckchen sehr früh geschickt, sie dachte wohl, wenn ich es drei Wochen vor Weihnachten erhalte, ist es auch willkommen. Ja, das ist es bestimmt, und außerdem ist es besser, wenn die Päckchen so nach und nach eintrudeln und nicht alle an Weihnachten auf einmal.

Liebe Eltern, wenn Ihr mein Weihnachtspäckchen noch nicht abgeschickt habt, so legt doch bitte ein paar Hausschuhe und Seife mit hinein. Das sind vorerst Dinge, die mir am nötigsten fehlen, besonders aber auch Schreibhefte. Habe gerade mal eine Schreibpause eingelegt, und genießerisch eine Schnitte echtes Sobernheimer Brot mit feinstem Apfelgelee darauf gegessen. Was gibt es Besseres!?

Ich glaube, Euer schönstes Weihnachtsgeschenk ist, die Rationierung der Wolle. Jetzt brauchst Du Dich, liebe Mutter, nicht mehr so abzurackern, und kannst mir auch mal einen Brief schreiben. Hoffentlich könnt Ihr Eure »Ferien« recht bald antreten. Doch nun langsam zum Schluss, es ist bald 10 Uhr abends und ich muss meinen Stubendienst noch gewissenhaft ausführen.

Viel Grüße, auch an Bringfriede Hermann und Kinder, sendet Euch

Euer Arnold

Bug, Samstag, den 12.12.1942

Liebe Eltern!

Noch etwas benommen, aber gesund und munter bin ich heute Mittag vom Flugdienst zurückgekommen. An das stundenlange Gebrumme der Motoren muss ich mich auch erstmal gewöhnen. Petrus hatte diese Woche mal ein Einsehen mit uns gehabt und das herrlichste Flugwetter am Firmament gezaubert mit ganz wenig Wind aber viel Sonnenschein.

Die Waffenflüge vorgestern hatte riesigen Spaß gemacht. Anflug aus etwa 600 m Entfernung auf Scheiben unten am Boden. In ungefähr 50 m Höhe an die Scheiben heranpirschen, das Ziel kurz anvisieren und dann hinein mit den fünfundsiebzig Schuss Leuchtspur, sodass die Querschläger einen tollen Regen vollführten. So macht man seine drei Anflüge, und dann kommt der nächste dran. Hat der auch seine Trommel leer, geht es auf Heimatkurs. Hat man aber am Tage seine drei Starts gemacht, brummt nicht nur der Motor, sondern auch der Kopf – noch habe ich ja erst mit dem Fliegen begonnen.

Heute Morgen starteten wir zu einem zweistündigen Navigationsflug, ich sage Euch, erst bei einem längeren Flug lernt man die Schönheiten des Fliegens kennen. Zu zweit lagen wir vorn vor dem Flugzeugführer und dem Lehrer in der Glaskanzel, die uns nach allen Seiten ungehinderte Sicht bot. So franzten wir denn an Hand der Karte auf unserem Kurs dahin, schauten aus ungefähr 700 m auf das Land hinab in die Städte und Dörfer, in denen sich Menschen und Fahrzeuge wie winzige Lebewesen dahinbewegten.

An das Fliegen an und für sich, gewöhnt man sich sehr schnell. Es wird bald zur Gewohnheit werden, genauso wie das Benutzen der Eisenbahn, nur dass man im Flugzeug nicht so geschüttelt wird wie im Eisenbahnwagen. Der Lärm der Motoren und der des Windes, der durch sämtliche Ritzen pfeift, könnte doch etwas geringer sein.

Diese zwei Stunden nehmen aber auch sehr rasch ihr Ende und man landet wohlbehalten auf dem einsamen Eiland Bug auf Rügen, nachdem man noch kurz vorher in belebte und schöne Städte schauen durfte. Na, allzu lange werden wir sowieso nicht mehr hier oben bleiben. Am Montag dar ich nun aber nicht vergessen, meine Startverpflegung abzuholen, bestehend aus Keksen, Butter, Eier, Milch usw. Ebenso bekommen wir auch jedem Monat 30.- RM mehr als Fliegerzulage. Das sind nun pro Monat mit Löhnung zusammen 66,- RM und somit eine ganz schöne Summe.

Nun zu einer aktuellen Frage, dem Weihnachtsurlaub. An Weihnachten gibt es fünf Tage Urlaub, gestaffelt in drei Gruppen. Die erste Gruppe fährt vom 22. bis 27.12.1942, die zweite vom 25. bis 30.12.1942 und die dritte Gruppe vom 28.12.1942 bis 2.1.1943. Mein Urlaubsantrag ist schon unter meinen Augen vom Spieß zerrissen worden und in den Papierkorb gewandert. Wieso fragt Ihr wohl? Fünf Tage Urlaub für so eine weite Strecke ist doch etwas zu wenig und so wollte ich nur noch ein paar zusätzliche Tage verdienen mithilfe meiner musikalischen Nase. Diejenigen, die nämlich an der Weihnachtsfeier mitwirken, bekommen mehr Urlaub, das hatte der Spieß schon lange verkündet. Als es dann auch noch Schwarz auf Weiß am Schwarzen Brett hing, da wurde es langsam Zeit, sich als Künstler beim Spieß vorzustellen.

Also hinein in die Höhle des Löwen und heraus mit dem Hoffnungsschimmer, als Künstler auftreten zu dürfen. Zuerst aber noch eine Überprüfung und Übungen, die aber nicht mehr durchgeführt werden konnte, an ihrer Stelle kam eine Einladung des Spießes nicht nur an mich, sondern auch an viele andere. Ich also wieder hin, kurz gemeldet, er kramt meinen Urlaubsgesuch aus einem Stapel hervor mit dem Resultat, was ich erwartet hatte. Erste Frage: »Haben sie sich zur Varieté-Gruppe gemeldet?« »Jawoll!« Zweite Frage: »Warum so spät?« Von mir darauf irgend eine belanglose Entschuldigung. Doch der Spieß hatte mich wohl durchschaut und sagte mir den wahren Grund: »Der Urlaub steckt dahinter, stimmt's«? Mit blieb nichts anderes übrig, als seine Frage zu bejahen. Endergebnis, ein in Atome zerrissenes Gesuch flog geräuschlos in den Papierkorb. Viele andere folgten noch nach. Nach dieser Demonstration gab er mir schließlich den noch gut gemeinten Rat eines Vorgesetzten, mich nur nicht auf der Bühne an der Weihnachtsfeier blicken zu lassen. Dies war um halb sieben abends. Um 9 Uhr kommt plötzlich ein Kamerad angeflitzt, reißt mich mitten aus meiner »Boden schrubbenden Arbeit« und meint: »Befehl vom Spieß, sofort bei der Probe mit deinen Sachen erscheinen!« Ich ging also mehr schlendernd wie laufend mit meinen »Sachen«, bestehend aus einem Taschentuch, einer sauber geputzten Nase und meinem kleinen Instrument in Richtung Aula. Dort eingetroffen stand ich dann auf der Bühne, entlockte mit meinem Instrument an der Nase die wunderbarsten Sphärenklänge und ich wurde prompt vom Spieß engagiert. Vom Urlaub hatte er aber nichts wieder gesagt. Na, am Montag werde ich noch einmal kurz beim ihm vorsprechen. Hoffen wir dann, dass alles noch ein gutes Ende nimmt und mein Urlaub doch noch genehmigt wird. Ich werde jedenfalls alles Mögliche dafür tun.

Auch darf ich mir gar nicht ausdenken, wie schön es daheim wäre, wenn ich mal wieder ein paar Tage bei Euch sein dürfte. Doch schiebe ich diese Gedanken schnell wieder weg, so schwer es auch manchmal fällt, man würde ja sonst überhaupt nicht mehr froh werden. Also, liebe Eltern, hoffen wir alle auf ein gutes Ende. Sobald die Entscheidung gefallen ist, schreibe ich Euch.

Für heute möchte ich mal schließen, grüße Euch und Familie Schaaf recht herzlich

Euer Arnold

Bug, Montag, den 14.12.1942

Liebe Schwester Bringfriede!

Fünf Minuten sind kaum nach dem Empfang Deines Päckchens vergangen und schon sitzt einer auf dem Stuhl, schwer japsend, weil er mal wieder kein Maß und Ziel kannte. Und da sprichst Du noch von Kleinigkeiten – also so bescheiden solltest Du jetzt auch nicht sein. Mit Deiner Kerze, liebe Schwester, haben wir heute den Grundstein zu unserem Christbaumschmuck gelegt. Glaube aber kaum, dass sich zu dieser Kerze noch etwas als Schmuck hinzugesellen wird geschweige denn ein Christbaum.

An unserer übermorgen stattfindenden Weihnachtsfeier habe ich wieder die Ehre mit meinem musikalischen »Riecher« teilnehmen zu dürfen. Ich werde mit ganz besonderer Liebe diesmal dabei sein, denn mit Weihnachtsurlaub steht es zwischen dem Spieß und mir 1 : 2 für mich.

Heute Mittag fiel das erlösende Wort, denn heute musste irgendetwas Positives in meiner Urlaubsangelegenheit geschehen. Also faste ich mir kurz entschlossen ein Herz (meins war sowieso ein paar Stufen Richtung Hose gerutscht) und rannte im Eiltempo zur Schreibstube, um ja nicht noch einmal wankelmütig zu werden. Dort angekommen baute ich vor der »Mutter der Kompanie« mein Männchen und bat anständig, wie es von unseren Eltern in der Kindheit gelehrt wurde, einen Urlaubsgesuch abgeben zu dürfen. Und wahrhaftig, anstatt des befürchteten Donnerwetters, bekam ich zu meiner unbeschreiblichen Freude, ein bejahendes Nicken. So schnell wie diesmal verließ ich noch nie die Schreibstube. Ich glaube, ich hatte sogar das Grüßen beim Wegtreten vergessen. Wenn jetzt nur nicht immer noch die quälende Ungewissheit wäre, dass es nun auch tatsächlich Urlaub gibt, wäre eine schnell vorbei gehende Woche. Denn heute in acht Tagen, am 22.12., beginnt ja schon die Reise nachhause und am 30.12. geht es dann leider wieder zurück in die Einsamkeit um nach ungefähr einem halben Monat von Bug versetzt zu werden.

Liebe Schwester, eine rechte Freude über meinen Urlaub hat bei mir noch nicht Fuß gefasst, denn noch steht nicht endgültig fest, ob ich Weihachten daheim verbringen werde und diese Ungewissheit, wie schon erwähnt, lässt mich immer zwischen Hoffen und Bangen schwanken. Nun möchte ich schließen und hoffe uns Weihnachten wieder zusehen.

Herzliche Grüße bis dahin an Dich Bringfriede, Hermann, Gisela und Jürgen

Arnold

Bug, Dienstag, den 15.12.1942

Liebe Eltern!

Noch sind es zehn Tage bis Weihnachten, und es trudeln die ersten Pakete und Päckchen ein. Das erste kam von Tante Manda, das zweite von Erna, das dritte und schon etwas größere Paket von Bringfriede und das größte Paket von Euch liebe Eltern. Meine Freude über den plötzlichen »Reichtum« und den Inhalt zu schildern, ist wohl überflüssig. Ihr wisst ja, dass Ihr einem sehr dankbaren Empfänger diese Freude bereitet habt. Es ist auch durchaus nicht verkehrt, mir die Päckchen und Pakete so früh zu schicken, denn wer weiß, ob ich Weihnachten überhaupt auf dem Bug verbringen werde und nicht etwa – daheim!? Vom Spieß aus durfte ich gestern, nachdem ich noch mal mit ihm gesprochen hatte, acht Tage Urlaub einreichen. Es fragt sich nur, ob er jetzt auch genehmigt wird oder nicht sonst was Unvorhergesehenes dazwischen kommt. Noch sind es sechs ungewisse Tage bis zum Reisetag. Eigentlich dürfte ich ja am Urlaub nicht im Geringsten zweifeln, denn ich versäume ja hier nichts. Daran könnte es also nicht liegen das er nicht genehmigt wurde, nachdem auch heute der Unterricht eingestellt wurde und der wahrscheinlich bis zur Versetzung nicht mehr aufgenommen wird.

Mein morgiger Erfolg der Weihnachtsfeier wird wohl auch noch mitzureden haben. Aber warum denn so pessimistisch, nächsten Dienstag um diese Zeit bin ich schon weit über Berlin hinaus und keine zwölf Stunden später werde ich bei Euch sein, daheim. Wir werden dann das Weihnachtsfest so froh miteinander feiern wie noch nie! Was haben wir uns doch allerhand zu erzählen und ich glaube, die Urlaubstage reichen gar nicht dafür aus. Bis dahin werde ich garantiert noch so manche schlaflose Nacht verbringen, bis mich endlich der Urlaubsschein überzeugt hat, dass am Urlaub nicht mehr zu zweifeln ist. So lebe ich nun den ganzen Tag in der Vorfreude, aber auch in Ungewissheit und das kann so langsam einen Menschen richtig nervös machen. Irgendeine Beschäftigung und Ablenkung hilft darüber am besten hinweg.

Liebe Eltern, Euer Päckchen mit dem Waschpulver kam gerade rechtzeitig, denn ich muss doch noch meine Klamotten für den Heimaturlaub auf Vordermann bringen. Vor ein paar Tagen hatte ich mal wieder einen Betrag an die Volksbank Sobernheim für mein Konto geschickt und dachte dabei, meine ehemaligen Kollegen würden mir auf dem Auszug mal ein paar nette Grüße schreiben – aber weit gefehlt. Na, die ehemaligen Kollegen bekommen mich auf meinem Urlaub nicht zu sehen. Eigentlich habe ich auch gar kein Verlangen danach, mich mit diesen »lächerlichen Hanseln« wie unser Spieß immer zu sagen pflegt, in längere Gespräche einzulassen. Ich kann mir ja die ungeheuere Neugierde von Herrn Kunz, meinem ehemaligen Chef, über so allerhand Wissenswertes aus der Fliegerei vorstellen, aber da wird er von mir bestimmt nichts zu hören bekommen, falls er mich doch mal zufällig treffen sollte.

Dieser unsympathische Drückeberger Wetzig, soll mir bloß nicht mal über den Weg laufen mit seiner geheuchelten Freundlichkeit, denn mit dem habe ich noch ein Wörtchen zu reden. Glaubt mir, er war damals mit der Hauptgrund, dass ich von der Volksbank wegwollte. Na ja, eigentlich ist das schon längst vorbei und vergessen und schon über ein Jahr habe ich nichts mehr mit denen zu tun.

Zum Schluss noch mal zum Thema Urlaub. Sobald ich weiß, dass ich komme, schreibe ich Euch sofort, damit Ihr alles für die Feiertage so gemütlich wie nur möglich einrichten könnt. Diese Tage sollen dann nur uns allein gehören und jeder Kunde, der eventuell stören könnte, wir kurz und zackig mit einem militärischen Gruß rausgeschmissen. Ihr wisst wie ich das meine ... Diese Weihnachtstage die wir zusammen verbringen werden, sollen lange als die schönste Zeit unseres Lebens in Erinnerung bleiben.

In der Hoffnung also, Euch bald eine endgültige Nachricht geben zu können, grüß Euch liebe Eltern, Bringfriede und Kinder recht herzlich

Euer Arnold

PS: Nochmals vielen Dank für das Paket

Bug, Sonntag, den 20.12.1942

Liebe Eltern!

Inzwischen ist es mal wieder Sonntag geworden und die Aussichten auf Urlaub sind weiterhin sehr gut. Der Spieß hat schon gesagt, dass wir fahren können. Also nimmt alles seinen gewünschten Verlauf und wenn ich fahre, bin ich Mittwochabend bei Euch. Wird das ein schönes Weihnachtsfest werden – gell? Ich kann tatsächlich mit dieser Vorfreude auf ein baldiges Wiedersehen nachts nicht mehr ruhig schlafen. Immer wieder mache ich mir Gedanken über die Zugverbindung, ob auch das Boot nach Stralsund fährt, weil das manchmal wegen zu dichtem Nebel ausfällt, die weiteren Anschlüsse und, und, und. Doch nachhause komme ich, egal was passiert, und wenn ich bis Stralsund zum Bahnhof zu Fuß laufen muss.

Leider ist es ja ein sehr kurzer Urlaub, und heute in acht Tagen muss ich ja schon wieder zurück, aber ich hoffe doch, dass ich im Laufe des kommenden Frühjahrs mal einen längeren Urlaub bekommen werde. Zum Thema Versetzung weiß ich, dass wir Anfang Januar nach Süddeutschland in die Nähe von Linz versetzt werden. So lerne ich also auch noch die Ostmark und die Alpen kennen und auch die ungefähr 140 km entfernte schöne Stadt Wien. Ich habe auch schon festgestellt, dass ich vom Süden aus Euch 200 km näher bin als vom Bug, die Zugverbindung wird auch wesentlich günstiger sein.

Nun, alles Weitere können wir uns ja, wenn alles gut geht, bereits am Mittwoch mündlich erzählen.

Bis dahin grüßt Euch recht herzlich

Euer Arnold

PS: Viele Grüße auch von Fritz, er hat mir vor ein paar Tagen einen wunderschönen Brief geschrieben.

Bug, Mittwoch, den 30.12.1942

Liebe Eltern!

Nach einer unendlich langen und mühseligen Reise bin ich heute Morgen um – man höre und staune – kurz vor 9 Uhr in der Kompanie glücklich, aber furchtbar schwitzend angekommen. Ein Marsch von 15 km in eindreiviertel Stunden, treibt den Schweiß aus allen Poren und die Füße fangen bald an zu streiken. Doch kaum in der Kompanie angekommen, wir hatten uns gerade gewaschen, begann das Exerzieren, aber auch das musste noch durchgehalten werden. Andere Kameraden sind ja sogar 25 km in der Nacht marschiert!

Doch fangen wir von vorne an, wie meine Reise von Euch zurück zur Kompanie verlief. Kaum saß ich im Zug, hatte gerade von Euch und Sobernheim Abschied genommen, da fiel mir plötzlich ein, dass ich etwas ganz Wichtiges vergessen haben muss. Meine durch den Abschied gesunkene Stimmung war natürlich nun gänzlich dahin. Mich durchfuhr ein Schreck und fing an unzählige Male meine Taschen zu durchwühlen mit dem Gedanken »Wo ist meine Erkennungsmarke?« Doch ohne Erfolg! Was also kann ich tun, um die Erkennungsmarke möglichst schnell und überhaupt wieder zu bekommen? Als einzigen Ausweg fiel mir ein, Euch beim nächsten Umsteigen vom Bahnhof aus über Eure Nachbarin Frau Kloos, anzurufen. Im Geiste stellte ich mir dann vor, wie Frau Kloos Euch mit dieser Nachricht in Unruhe versetzen wird und Ihr alle auf der Suche nach der Marke seid. Dann hatte ich auch die Hoffnung, dass ein Brief mit dem kostbaren Inhalt schon am selben Tag auf dem Weg sei. Doch auf einmal war jegliche Hoffnung dahin, denn ich kam von dem Gedanken nicht mehr los, dass die Marke damals mit dem Füllfederhalter aus meinem Mantel fiel. Ob sie letztendlich im Mantel war, weiß ich nicht, aber mit dieser Möglichkeit muss ich rechnen. Jedenfalls hatte ich den Füllfederhalter ja wieder gefunden. Na, wenn sie also tatsächlich unauffindbar ist und ich Meldung darüber machen werde, dann kann ich mich auf meine ersten drei Tage Bau gefasst machen. Diese immer wieder kehrenden Gedanken ließen die schönen Erinnerungen mit Euch und Weihnachten verblassen ich konnte nur noch an das eine denken. Hoffentlich bekomme ich recht bald eine positive Nachricht von Euch. Doch zurück zur Reise. In Kaiserslautern saß ich also fast fünf Stunden fest, bis dann endlich der Zug kam. Ich hatte ja somit Zeit, Frau Kloos anzurufen, um Euch die Nachricht vom Verlust der Erkennungsmarke mitteilen zu lassen. Als dann endlich der

Zug kam, bekam ich gerade noch einen Stehplatz bis Frankfurt. In Frankfurt stieg ich in den Zug nach Berlin um, wo ich einen Sitzplatz hatte.

In Berlin angekommen, war der erst mögliche Zug nach Stralsund schon weg. Der zweite, in dem ich gerade noch einen Stehplatz bekam, hatte Verspätung, und so war nachmittags um 4 Uhr in Stralsund ankommend der Zug zur Insel Rügen schon weg. Gab das ein Geschimpfe mit den Reichsbahn-Mitarbeitern. Unsere Verspätung kam ja nur dadurch zustande, dass wir mehrere Male Anschlusszüge abwarten mussten, nur der Anschlusszug nach Rügen in Stralsund, der war natürlich weg. Die eigentliche Fahrt nach Stralsund verlief eng zusammen gepfercht mit dreiundzwanzig Personen in einem Abteil und das fast acht Stunden lang – das hält der stärkste Hafenarbeiter nicht aus.

In Stralsund traf ich noch zwei Kameraden, die auch den Zug nach Bergen auf Rügen verpasst hatten. Zu dritt entwickelten wir dann folgenden Schlachtplan, um pünktlich heute Abend um 9 Uhr in der Kaserne zu sein. Punkt 1: »Erstmal etwas essen gehen«. Dieser Punkt war bald durch eine kräftige Mahlzeit in einem Gasthaus abgehakt. Nur schade, dass ich keine Marken mehr hatte. Liebe Mutter, wenn Du meine Marken doch nicht mehr brauchst, schicke sie mir bitte zu, vielen Dank. Nun zu Punkt 2: »Mit der Bahn um 7 Uhr abends erstmal nach Bergen auf Rügen fahren«. Dort angekommen wollten wir in einem Hotel übernachten, um dann am nächsten Morgen mit der ersten Kleinbahn weiter Richtung Wiek Hafen zu fahren. »Diese Bahn fällt aus«, teilte man uns am Bahnhofsschalter mit. Nun war uns alles egal, außerdem machte sich wieder Hunger und auch Müdigkeit bemerkbar. Punkt 3: »Das Hotel aufsuchen, uns wie viele andere ein Zimmer mieten, dann endlich stärken mit einer großen Portion Kartoffelsalat und Bratfisch – das hat herrlich geschmeckt«! Als letzten Punkt riefen wir die Kompanie an und der U. v. D am Ende der Leitung war der Meinung, wir sollten am nächsten Morgen einfach pünktlich da sein, fertig. Diese Auskunft behagte uns natürlich nicht. So riefen wir noch mal an und wünschten, den Spieß zu sprechen, der natürlich nicht da war. Nun war ich an der Reihe, rief in der Kantine an und siehe da, der Spieß persönlich war gleich am Telefon. Ich erklärte ihm ausführlich unsere Misere mit den Verspätungen und nicht fahrenden Zügen, aber das interessierte ihn nicht. »Morgen um 9 Uhr morgens, seid Ihr zurück und damit basta – Ende«! Das war ja eine deutliche Ansage. Aber 30 km wird nicht marschiert, das war unser fester Entschluss. So versuchten wir es zum letzten Mal mit der Bahn, riefen deshalb die Kleinbahn direkt an und siehe da, zu unserer Freude fuhr nun der Zug auf einmal doch nach Wiek. Jetzt aber erstmal hinein in die erstklassigen Federbetten, den Wecker aufziehen und bald schliefen wir fest und tief wie selten.

Morgens, in aller Frühe, fuhren wir nach Wiek, zum Hafen, doch was mussten wir natürlich erleben, das Boot war weg und wir sahen nur noch die Lichter in der Dunkelheit. Jetzt war das Drama perfekt und wir mussten doch endgültig den Gewaltmarsch zur Kaserne antreten. Den Urlaub hatten wir zwar bis auf die letzte Minute »ausgekostet« aber der Abschluss war für alle eine große Mühe und Not. Viele kamen zu spät.

Diejenigen, die nur fünf Tage Urlaub hatten, wurde dieser damit restlos versaut. Pünktlich um 9 Uhr morgens erreichte unsere marschierende Gruppe total verschwitzt den Fliegerhorst auf Bug.

Heute in acht Tagen verlassen wir endlich diesen unglückseligen Bug für immer. Wir werden auf die A. B.-Schulen verteilt und dürfen uns sogar aussuchen, auf welche Schule wir möchten. Ist das nicht wunderbar? Hoffentlich ist in der Auswahl eine Schule im Westen dabei, wer weiß, vielleicht können wir uns dann bald mal wiedersehen!

Wisst Ihr, jetzt muss ich mich wieder langsam umstellen, der Tisch ist nicht mehr so reich gedeckt, lange für meine Portion anstehen und jeden Tag mit Pellkartoffeln vorliebnehmen – halt langsam wieder umstellen.

Ab morgen Mittag haben wir für diese Woche wieder Ruhe und Freizeit. Am liebsten würde ich ja nach Bergen fahren und mich mal erneut für eine Nacht in dem Hotel einquartieren – es war einfach zu schön. Nun möchte ich meinen langen Bericht schließen und hoffe, dass die in meinem Brief geäußerten Wünsche in Erfüllung gehen.

Viele Grüße sendet Euch, Bringfriede und den Kindern

Euer Arnold

Bug, Donnerstag, den 31.12.1942

Liebe Eltern!

Eure heute erhaltene Nachricht, hat meine letzte Hoffnung an ein Auffinden der Erkennungsmarke zunichtegemacht. Es bleibt mir nun nichts anderes übrig, als eine Meldung zu schreiben und die Konsequenzen daraus zu ziehen. An einer Strafe komme ich nicht mehr vorbei.

Allmählich habe ich auch ein ungefähres Bild gewonnen, wie und wann ich die Marke während meiner letzten Urlaubsreise von Bug auf Rügen nach Sobernheim verloren haben könnte. Am Morgen meiner Abreise von Bug, ging ich mich zunächst waschen, vergaß, nach dem Abtrocknen sofort die Erkennungsmarke umzuhängen, zog mich stattdessen in aller Eile an, auch Schlips und Kragen, und konnte sie so erst recht nicht mehr umhängen. Also musste ich sie in die innere Manteltasche gesteckt haben. Dann muss sie mir in dem furchtbaren Gedränge auf den Bahnhöfen und Zügen, oder aber daheim, als ich auf dem Weg von Familie Wilhelm die Breitlerstraße entlang ging und den Mantel auf dem Arm trug, herausgefallen sein. Ich erinnere mich daran, dass ich auch etwas fallen gehört hatte und auch nachher, als ich den Füllfederhalter suchte, etwas blinken sah. Dabei dachte ich aber nicht daran, dass es die Erkennungsmarke sein könnte, und das im Nachhinein auch während des ganzen Aufenthalts bei Euch. Nun werde ich also für meinen Leichtsinn und meine Sorglosigkeit büßen müssen. Auch mache ich mir Selbstvorwürfe und meine Stimmung für den heutigen Silvesterabend ist endgültig dahin. Am besten ist es, ich lege mich so früh wie möglich ins Bett, denn im Schlaf werde ich wenigstens nicht von unnötigen Sorgen geplagt.

Inzwischen wurde auch entschieden, zu welcher A/B-Schule wir kommen werden. Ich werde Crailsheim in Württemberg kennenlernen, wo ich eigentlich zuerst meine Rekrutenzeit verbringen sollte. Nächsten Donnerstag rollen wir wieder auf der Bahn. Liebe Eltern, das wird für heute mal so alles sein, was für Euch für Interesse wäre.

Seid nun recht herzlich gegrüßt und ein glückliches Neues Jahr wünscht Euch nachträglich, wenn Ihr den Brief erhalten werdet

Euer Arnold

Bug, Montag, den 4.1.1943

Liebe Eltern!

Heute schreibe ich Euch die letzten Zeilen vom einsamen, eingeschneiten Bug auf Rügen. Übermorgen treten wir die Fahrt nach Crailsheim an. Hoffentlich erleben wir dort unten bei den Schwaben keine unangenehmen Überraschungen so wie hier. Das jetzige Tauwetter dürfte bis übermorgen anhalten, damit der Bodden nicht noch mehr gefriert und keine Schiffe fahren, sonst können wir, wie uns der Spieß schon spöttisch lächelnd erklärte, 35 km über das Eis bis zur nächsten Eisenbahnhaltestelle marschieren. Na, das wäre eine wüste Schlepperei in dem Schnee!

Inzwischen hat sich auch zu meiner großen Erleichterung diese dumme Geschichte mit der Erkennungsmarke geregelt. Ein abgelöster Kamerad, der in der Werft arbeitete, hatte mir aus meiner großen Not geholfen. Wie, das möchte jetzt hier nicht beschreiben. Diese Sorge bin ich nun Gott sei Dank los. Es wäre natürlich aber ein großes Pech gewesen, wenn jemand anderes das Ding gefunden und in der Kompanie abgegeben hätte. Dann wäre es bekannt geworden und für mich schlecht ausgegangen.

Unsere diesjährige Silvesterfeier, an der ich doch teilgenommen und mich nicht ins Bett gelegt hatte, stand unter dem traurigen Zeichen des »Anti-Alkoholikers, denn für drei Mann gab es eine Pulle Sekt, dazu noch etwas »Pissolin« (auf Deutsch: Bier). In dieser recht nüchternen Situation und körperlichen Verfassung, sollten wir nun würdig das neue Jahr begrüßen. Ich hatte mich doch etwas geärgert, dass ich mir von daheim nicht eine oder mehrere Flaschen Nahewein und sonst noch allerhand Essbares mitgenommen habe. Wenn ich dann so die anderen Kameraden ihre mitgebrachten Leckerbissen vertilgen sah, dann wässerte mir das Maul. Auch ertränken, wie gesagt, konnte ich diese Situation nicht. Also saß ich daneben und versuchte geduldig das Stückchen Wurst und Käse meiner Ration gleichmäßig, damit auch überall was drauf ist, auf die abgeschnittenen Stullen zu verteilen. Wenn man genug Fantasie hat und langsam kaut, schmeckt man eventuell was davon. Au, ich glaube, ich habe da doch etwas übertrieben, denn ich vergleiche die hiesigen Portionen noch zu oft mit denen von daheim. Der Unterschied zwischen beiden ist ja auch zu groß.

Crailsheim! Dieser Name, der mir schon einmal eine vorübergehend kurze Freude bereitete, spukt mir nun wieder im Kopf herum. Wird dort etwas mehr Abwechslung geboten als auf dem Bug? Wie wird die Verpflegung sein, die Unterkunft usw.? Es ist ja schon eine große Beruhigung, dass Zivilisten in der Nähe wohnen, wir also auch mal wieder andere Menschen als nur uns Soldaten sehen. Und dann liegt auch Stuttgart und Nürnberg in greifbarer Nähe. Diese Städte möchte ich mir unbedingt mal näher ansehen.

Seitdem ich vom Weihnachtsurlaub zurück bin, habe ich hier nichts Positives mehr geleistet. Man langweilt sich herum, packt so langsam seine Klamotten und das einzig Anstrengende sind die Gedanken, die sich wegen dem Verpacken sämtlicher Klamotten so machen muss. Die Langeweile führt schon so weit, dass sich Kameraden darüber streiten, wie groß eigentlich ein Zementsack und wie schwer er ist und ob es überhaupt weiße Mäuse gibt. Dass sie sich noch nicht in den Haaren liegen, ist ein Wunder.

Vorigen Donnerstag, Freitag, Samstag und Sonntag, war ich stets mittags oder abends im Kino zu finden. Den Film »Weiberwirtschaft« sah ich mir sogar zwei Mal hintereinander an. Es ist doch zu schön, wenn man so nach Herzenslust lachen kann, denn das ist immer noch die beste Medizin gegen Langeweile.

Doch jetzt wird diese einsame Zeit hier endlich ein Ende finden, denn ich glaube, dass in Crailsheim mehr Betrieb ist wie hier. Ich sollte ja den Tag nicht vor dem Abend loben von wegen Nichtstun und Langeweile, denn ich musste doch tatsächlich noch mal ran und zum Schluss Schnee schaufeln. Ein wenig Bewegung und frische Luft hat noch nie geschadet, doch die nassen Füße sind leider eine sehr unangenehme Begleiterscheinung. Liebe Eltern, das sind also die letzten Zeilen von hier oben im Norden, die nächsten haben einen wesentlich kürzeren Weg zu Euch.

Bis dahin grüßt Euch recht herzlich

Euer Arnold

PS: Viele Grüße an Bringfriede und die Kinder

Kapitel 6: 1943 – Crailsheim

Crailsheim, Freitag, den 8.1.1943

Liebe Eltern!

Wieder einmal haben wir unsere Dienststelle gewechselt. Nun heißt es, sich hier bei der neuen wieder eingewöhnen und sich auch in erster Linie mit den Eigenarten des Spießes vertraut machen. Dies wird uns bestimmt leichtfallen, denn einen zweiten wie den Hauptfeldwebel (Spieß) »Heinig« vom Fliegerhorst auf Rügen wird es wohl kaum noch einmal geben. Nach einer eineinhalb tägigen Reise, sind wir also gestern Nachmittag, mit Gepäck schwer beladen, hier in dem kleinen Städtchen angekommen. Ein Glück, dass das Boot vom Bug doch nach Stralsund fuhr, denn einen 35 km langen Marsch hätte keiner mit diesem Gepäck geschafft. Schon allein der Weg von der Kompanie zum Landungssteg, dauerte fast eine Stunde. Zum Glück lag ja Schnee, und so konnte wenigstens jeder seinen Koffer hinter sich herziehen.

Zwar ohne Schnee, aber so sah eine typische Versetzung aus mit Warten auf die Weiterfahrt.

Inzwischen wurden uns auch die jeweiligen Unterkünfte zugeteilt, 6-Mann-Stuben in Steinbauten, fast genau so schön wie auf dem Bug. Der Boden scheint ja noch nie geschrubbt worden zu sein, ein wesentlicher Vorteil gegenüber der alten sechsten Kompanie – ich werde mich jedenfalls dazu nicht äußern. Schnee liegt auch hier in rauen Mengen und hoffentlich beeinträchtigt er nicht den Flugdienst. Denn wir sollen hier ja etliche tausend Flugkilometer zurücklegen. Am 1. März werden wir aber schon wieder Crailsheim verlassen und kehren zur alten Kompanie und zum Spieß Heinig, diesmal in Hörsching, zurück. Auf einen »herzlichen Empfang« seiner inzwischen auf der A/B-Schule etwas vernachlässigten »Briezels«, so nennt er uns immer, können wir mit aller Bestimmtheit rechnen.

Liebe Eltern, wie schon im letzten Brief geschrieben, braucht Ihr Euch also wegen der anderen Geschichte keine Sorgen mehr zu machen. Sie ist ja nun endgültig erledigt und soll nun auch für immer ruhen. Ich möchte aber fast mit Bestimmtheit sagen, dass mir das Ding in der Breitlerstraße beim Haus der Familie Schwarz aus der Manteltasche gefallen ist. Na ja, Ersatz ist ja wieder da.

Für heute möchte ich schließen und sende Euch die herzlichsten Grüße

Euer Arnold

PS: Liebe Eltern, schickt mir doch bitte recht bald eine Gabel, wir bekommen hier kein Essbesteck.

Crailsheim, Sonntag, den 10.1.1943

Liebe Eltern!

Nach sehr langer Zeit konnten wir gestern endlich mal wieder bis 12 Uhr nachts ausgehen. Seit Senftenberg wurde uns ja nie eine Möglichkeit dazu gegeben. Unsere Freude über den ersten Ausgang in dem kleinen Städtchen Crailsheim, war auch dementsprechend. Der erste Weg führte natürlich zunächst mal in Richtung Kino, Karten für die Abendvorstellung gekauft und dann begann ein eifriges Suchen nach dem schönsten Lokal. Das Ergebnis war ernüchternd, denn zwei Cafés bildeten nur die engere Auswahl. In dem einen gibt es sogar Weinausschank und in dem anderen Café (von den hier stationierten Soldaten »Pressluftkeller« genannt) eine Weinkarte auf dem stand tatsächlich »Nahewein« – natürlich gab es keinen. Wir kamen gestern recht spät aus dem Horst heraus in die Stadt, darum war es uns auch nicht möglich die Stadt weiter zu erkunden. Heute wird aber so früh wie möglich abgewetzt, denn je eher man weg ist umso besser. Wir neuen Kampfbeobachter »dürfen« so allerhand aufgetragene unerwünschte Arbeiten in unserer Freizeit verrichten, das ist beim Kommiss nun mal nicht anders. Man muss sich nur zu verdrücken wissen und sich nicht erwischen lassen. Denn wir sind ja alle schon länger Soldat, und wissen längst, wie man dem aus dem Wege geht.

Das klare, sonnige aber auch sehr kalte Winterwetter, wird uns wohl sehr bald den erwünschten Flugdienst bringen. Doch wird bei dieser von Schnee bedeckten Landschaft das Franzen etwas schwierig werden. Eigentlich aber um so besser, denn man lernt dabei, sich auch mit weniger markanten Punkten zurechtzufinden.

Hier erlebe ich auch zum ersten Mal, dass es so viel Brot gibt, wie wir es uns wünschen. Ebenso kann man auch in der Küche so oft Nachschlag holen, bis man satt ist. Alte Weisheit »da, wo es mit der Verpflegung so gut bestellt ist, gefällt es dem Landser immer. Doch nun ist es wieder Zeit zum Mittagessen und ich beende den Brief.

Viele Grüße sendet Euch, Bringfriede und den Kindern

Euer Arnold

Crailsheim, Samstag, den 16.1.1943

Liebe Eltern!

Soeben bin ich vom Flugdienst zurückgekommen und möchte nicht versäumen, Euch nun endlich mal wieder zu schreiben. Wir fühlen uns jetzt nach acht Tagen Aufenthalt auf dem hiesigen Fliegerhorst wie zu Hause. Das heißt, natürlich und ist so gemeint, dass es uns hier gut gefällt. Es fehlt uns an nichts und Flugdienst haben wir jeden Tag, wenn gutes Wetter ist. Dann starten wir je nachdem morgens oder mittags und kommen abends zurück. Ob Pech oder Glück, wie man es eben sehen will, reicht es zum Heimflug nicht mehr aus und man muss, wenn auch noch schlechtes Wetter hinzukommt, auf dem anderen gelandeten Flughafen bleiben. Das Fliegen ist uns jetzt schon zur Gewohnheit geworden wie das Spazierengehen. Nur hat das Fliegen eben doch mehr Reize, denn man sieht und überfliegt an einem Tag so unendlich viel. Zum Beispiel in Richtung Süden die Städte Ulm und Augsburg, in der Ferne München und ganz im Hintergrund erheben sich als lange steile Kette unvermittelt die Alpen. Dann wird der Kurs geändert und es geht in den Norden nach Stuttgart und weiter nach Schweinfurt, Würzburg um dann schließlich, wenn der Sprit noch reicht, wieder im Heimathorst zu landen. Da Ihr ja noch nie geflogen seid, könnt Ihr Euch von den Schönheiten eines solchen Fluges keine Vorstellung machen. Ich kann sie Euch nur beschreiben. Es ist eben das Wunderbare, in ein paar Stunden zwei bis vier oder noch mehr Großstädte so gesehen zu haben, manch bekanntes Mittelgebirge überflogen und manchen doch unbekannten Flusslauf gefolgt zu sein.

Das Schönste ist aber, eine Begegnung mit alten Kameraden auf Flugplätzen, wo wir zwischenlanden, und plötzlich trifft man einen, den man schon lange nicht mehr gesehen hat. Leider bleibt uns nie viel Zeit zum Plaudern, was uns dann sehr leidtut. So war es auch auf dem Bug, als plötzlich am Tag vor unserer Versetzung Berthold Gilbert in meiner Stube stand. Er wird da oben als Seeflieger ausgebildet.

Und so war es auch gestern, als wir zum Start rollten, da begegnete uns eine Maschine, die zu den Hallen rollte und wer saß drin? Karl Maurer! Ich habe ihn erkannt und eifrig zugewunken, aber erkannt hat er mich wohl, nicht obwohl ich fest davon überzeugt bin, dass er es war. Na, bei nächster Gelegenheit werde ich ihn mal in Metz besuchen, denn dort ist er stationiert. Mein Kamerad, mit dem ich bisher Überland geflogen bin, ist ja auch noch im Fliegen ein Anfänger und Gefreiter wie ich, aber wir beide verstehen uns prima, zumal er auch noch aus Wiesbaden stammt und unsere Gegend, das Nahetal, gut kennt. Es ist immer das Beste sich gleich einen bestimmten Flugzeugführer zu sichern, dann braucht man sich bei der Einteilung nicht lange einen zu suchen.

Letzten Sonntag waren wir zum ersten Mal seit längerer Zeit wieder in der Stadt. Dass uns dieser erste ausgiebige Ausgang in Crailsheim gefallen hat, beweist die Zeche von 12 RM. Heute und morgen dürfen wir aus dienstlichen Gründen mal nicht den Horst verlassen. Na, dann können wir ja das nächste Mal mit prallem Geldbeutel wieder losziehen. Das heißt, wenn wir dann nicht auf irgendeinem anderen Horst herumhängen müssen.

Inzwischen wird wohl auch das Paket von Bug aus bei Euch angekommen sein, denn ich musste alles irgendwie Mögliche nachhause schicken um unnötigen Ballast auf der Reise zu vermeiden.

Na, die »Firma« Volksbank scheint mich ja gar nicht mehr zu kennen, sie haben mir nur zwei Prozent Zinsen gegeben anstatt drei oder mehr wie es sonst bei ehemaligen Angestellten üblich ist. Ich habe Ihnen natürlich die Bestätigung ohne jedes weitere Wort oder Zusatz zugeschickt, so wie jeder andere Kunde es auch tun würde.

Liebe Eltern, diese Zeilen mögen für heute mal genügen und es grüßt Euch, Bringfriede und die Kinder recht herzlich

Euer Arnold

PS: Auf dem Bild eine der Maschinen vom Typ Klemm Kl 35, mit denen wir Überland fliegen, etwas luftig zwar, aber trotzdem prima. Der vordere Sitz ist meiner.

Der Beobachter sitzt vorne in der Klemm Kl 35 und der Flugzeugführer hinten.

Crailsheim, Dienstag, den 19.1.1943

Liebe Eltern!

Schon wieder ist es inzwischen abends halb neun geworden und nun möchte ich endlich den heutigen Brief beginnen. Wir sind jetzt den ganzen Tag in der Luft unterwegs und kommen wir dann abends nachhause, hat man noch die Beobachtungen vom Flug auszuwerten und aufzuzeichnen. Da bleibt keine Freizeit. Ja, auch samstags und sonntags hängen wir in der Luft. Doch alle diese kleinen Unannehmlichkeiten können meine Flugbegeisterung nicht mindern. Das wiederum beweist ja auch, dass ich seit Freitag wie auch meinen Kameraden jeden Tag mehrere Stunden geflogen bin und nun bald schon dreitausend Flugkilometer zurückgelegt habe. Gestern bin ich sogar in der Gegend von Burgstädt-Mühlau in Sachsen herumgesegelt und habe Leipzig in der Ferne gesehen. Auf dem Rückflug stand plötzlich eine geschlossene Wolkendecke tief unter uns, also kehrt um 180 Grad und zurück nach Ansbach. Dort gelandet haben wir erstmal tüchtig gegessen, nachdem wir erst am Mittag in Altenburg unheimliche Portionen vertilgt hatten. Anschließend ging es ins Kino. Die Müdigkeit trieb uns aber bald in die Kojen und so pennten wir dann auch bis morgens um 8 Uhr. Um halb zwölf war endlich günstigeres Flugwetter und dreißig Minuten später rechneten wir, in Crailsheim gelandet, schon wieder einen neuen Kurs Würzburg-Nürnberg-Crailsheim aus. Um halb eins nachmittags flogen wir wieder in tausend Meter Höhe über Land. In Nürnberg gelandet, wurde natürlich mal wieder ordentlich gefuttert und die Abendverpflegung ließen wir uns auch gleichzeitig mitgeben. Zurück in Crailsheim nach der Landung war der erste Gang zur Küche, um das versäumte Mittagessen nachzuholen. Ich glaube, wenn diese zwei Monate um sind, kann ich meine Klamotten umändern lassen oder eine Entfettungskur einreichen. Jeden Morgen gibt es auch die gute Startverpflegung – wir leben hier wie die Fürsten.

Durch die täglichen Überlandflüge lernen wir so allmählich die Speisezettel sämtlicher Fliegerhorste kennen. Man macht dann natürlich nur da Halt und Mittag, wo es das beste Essen gibt, zum Beispiel in Bayreuth. Na, da war es vielleicht deshalb so gut, weil es gerade Sonntag war.

Aufnahme während eines Fluges. Vorne sitzt Arnold.

Nun bin ich mal gespannt, welche Gegend Deutschlands ich morgen kennenlerne. Den Thüringer Wald kenne ich nun, den Frankenwald ebenso, den Jura, den Böhmerwald und habe den Schwarzwald und die Alpen in der Ferne gesehen. Kurz, ganz Süddeutschland bis nördlich zum Main, habe ich überflogen. Jetzt möchte ich mal zum Rhein hinfliegen mit Straßburg, Karlsruhe und Metz. Doch im Rheintal liegt meistens Nebel den wir nicht überfliegen dürfen. Wer weiß, wo wir dann auf einmal hinfliegen würden, denn gute Bodensicht ist die Voraussetzung für das gute Gelingen eines Fluges.

Liebe Eltern, wieder mal habe ich eine Bitte. Meine Pappdeckel-Aktentasche löst sich in Wohlgefallen auf und ich bräuchte unbedingt eine neue. Ich glaube, mein alter Lederranzen wäre da das Richtige für mich, denn da geht viel rein – zum Beispiel Schuhe, Waschzeug, meine Karte und sonstiges Material. Schuhe und Waschzeug muss man schon mitnehmen während eines Fluges, denn man weiß, nie, ob woanders gelandet werden muss und dann dort übernachtet. Schließlich können wir nicht mit den Pelzstiefeln dort herumrennen, ganz zu schweigen in den Esslokalen. Für heute möchte ich schließen, meine Müdigkeit nimmt zu – es ist ja auch kein Wunder.

Also, viele Grüße sendet Euch, Bringfriede und den Kindern

Euer Arnold

Crailsheim, Sonntag, den 24.1.1943

Liebe Eltern!

Zur mitternächtlichen Stunde, es ist ruhig im Fliegerhorst, finde ich mal wieder Gelegenheit, Euch ein paar Zeilen während meines Amtes als »Gefreiter vom Dienst«, zu schreiben.

Schon vorgestern erhielt ich Euer Päckchen mit dem leckeren Inhalt, von dem fast nichts mehr da ist. Ein Zeichen dafür, dass es mir mal wieder gut geschmeckt hat, und ich Euch hierfür recht herzlich danke. Wenn da noch in dem Kuchen die Eier drin gewesen wären, die in meinem Spind liegen, nun als Rühreier schmecken sie aber auch prima. Unser Flugdienst wurde diese Woche nicht einen Tag unterbrochen. Das beweist ja auch die Zahl von über viertausend Flugkilometern, die ich nun schon zurückgelegt habe. Am heutigen Tag bin ich leider mal gezwungen, eine kleine Pause einzulegen, als »Gefreiter vom Dienst« habe ich diese Aufgabe bei der Kompanie zu machen. Dieser eine Ruhetag ist bestimmt auch angebracht, denn dieses tägliche Fliegen wirft uns gänzlich aus den geregelten Bahnen. Startet man morgens, dann isst man, je nachdem wo man landet und Zeit dafür hat, erst mittags ein oder zwei Mal. Oder man isst erst abends um 6 Uhr zu Mittag – natürlich ist das Essen dann kalt. Doch, wie schon oft erwähnt, an Verpflegung mangelt es uns nie. Ja, wir haben sogar so viel, dass wir auf einmal vier Brote anderen Rekruten hier im Horst schenken konnten, weil uns das Brot sonst vertrocknet wäre. Morgens brauchen wir ja auch keins, denn da haben wir ja die gute Startverpflegung und abends machen wir uns Rührei …

Ja, jetzt ist uns das Fliegen durchaus nichts Neues mehr, zumal wir es auch noch in den kleinsten Schulmaschinen kennengelernt haben, die bei etwas böigem Wetter kräftig durchgeschüttelt werden und auch manchmal »gewollt« vom Flugzeugführer durchgeschaukelt werden, aber das nur nebenbei.

Ja, die Fliegerei macht mir und auch den anderen täglich immer mehr Spaß. Dazu gehört natürlich eine Portion Idealismus wie bei mir, denn zu den Fliegern wollte ich ja von Anfang an. Denn nicht jedem wird es Spaß machen und den Mut aufbringen, sich in den engen Sitz der »Stieglitz« oder der »Klemm« hineinzuzwängen, den kalten Wind um die Ohren brausen zu lassen, und schließlich, wenn ein starker Wind die Maschine schüttelt oder auch der Flugzeugführer dafür mal etwas »nachhilft«.

Diese Woche am Dienstag, hatte ich meinen bisher schönsten Flug gemacht. Wir flogen in einer »Bü 181«, eine Maschine mit Glaskabine, in der Flugzeugführer und Beobachter nebeneinander sitzen genauso, wie in einem zweisitzigen Auto – sogar noch etwas bequemer. Die Sonne schien dazu noch in die Kabine und heizte wunderbar.

Keine Kombination hinderte die Bewegungsfreiheit, sie lag deshalb hinten im Gepäckraum. Wir flogen also los nach Böblingen bei Stuttgart, dann nach Kaufbeuren nahe den Alpen und dann immer den Alpen entlang über München nach Pocking bei Passau und von dort nachhause. Schade ist nur, dass ich keinen Fotoapparat mithatte. Ich hätte herrliche Bilder von den Alpen machen können. Mein Flugzeugführer und ich waren von dem Anblick so hingerissen, dass wir uns beinahe noch verfranzt hätten. Übrigens können die Flugzeugführer froh sein Beobachter an Bord zu haben, denn meiner wusste plötzlich nicht mehr, wo er ist, und der Beobachter (ich) half ihm aus der kritischen Lage. Eigentlich ist es ja fast unmöglich, sich zu verfranzen, denn irgendwann muss man ja mal wieder auf eine Eisenbahnlinie, auf eine Autobahn oder auf eine größere Stadt stoßen. Wenn der Sprit nicht mehr reicht, fliegt man halt den nächsten Flugplatz an oder macht eine zackige Notlandung möglichst in der Nähe eines Bauernhofes, lernt dann dort nette Menschen kennen und bekommt auch noch was zu essen. Diese eben geschilderten Möglichkeiten einer Notlandung sind eher selten, dass Kameraden höchstens von ein oder zwei solcher Fälle zu erzählen wissen. Auch ist es nicht empfehlenswert, die Maschine außerhalb des Fliegerhorstes irgendwo hinzusetzen, denn das bringt gewöhnlich ein paar Tage Bau ein.

Nun ist auch bei uns wieder der Schnee gänzlich weggeschmolzen. Dafür hatte der warme Wind schnellstens gesorgt. Es sieht fast so aus, als ob sich der Frühling schon ankündigen möchte, doch dafür ist es noch etwas zu früh. Zwei Monate werden bis dahin wohl doch noch vergehen, ehe diese schöne Jahreszeit anbricht. Diesem jetzigen warmen Wetter haben wir ja auch die vielen Flugstunden zu verdanken, denn kein Schnee und kein Frost macht die Start- und Landebahn unbenutzbar. Liebe Eltern, zum Schluss noch einen kleinen Wunsch nach Seife, ich habe auch nicht ein Gramm mehr.

Für heute grüßt Euch, Bringfriede und die Kinder recht herzlich

Euer Arnold

Eine Bücker Bü 181 mit Glaskabine. Flugzeugführer und Beobachter sitzen nebeneinander.

Crailsheim, Mittwoch, den 27.1.1943

Liebe Eltern!

Nachdem unser Flugdienst durch schlechtes Wetter etwas nachgelassen hat, ist die kostbare Freizeit und somit die Zeit zum Briefeschreiben, um ein Wesentliches gestiegen. Doch wie gerne würde ich die freien Stunden dem Flugdienst opfern, denn das Fliegen geht mir so in Fleisch und Blut über, dass ich ihn nicht mehr vermissen möchte. Auch fällt nun die gute Startverpflegung weg und das ist nun fast das Unangenehmste an der ganzen Sache – wenn es ums Essen geht.

Mein letzter Flug führte mich über den Thüringer Wald nach Langensalza bei Gotha, und von dort aus sollte es weitergehen nach Plauen und wieder zurück. Doch die Zwischenlandung in Langensalza nahm mal wieder für das Tanken und die Abfertigung so viel Zeit in Anspruch, dass an einen Weiterflug zuerst nicht zu denken war. Wir beschlossen dann doch zu fliegen aber Mühe hatten, von Langensalza aus noch vor Sonnenuntergang nachhause zu kommen. Die ganze Strecke zurück mit Vollgas zu fliegen, hat an unser braver »Stieglitz« große Anforderungen gestellt. Doch kann man auch schon mal was von dem Motor abverlangen, ohne eine Störung befürchten zu müssen. Auf dem Bild könnt Ihr Euch den Stieglitz ansehen, in dem ich viele meiner viertausendfünfhundert Flugkilometer zurückgelegt habe. Die Karte sollte Euch ja von Langensalza aus zugesendet werden, doch war leider keine Gelegenheit die Karte einzuwerfen.

Vorderseite der Fotokarte: Focke-Wulf FW 44 »Stieglitz«.
Über 4500 Flugkilometer ist Arnold als Beoabachter damit geflogen.

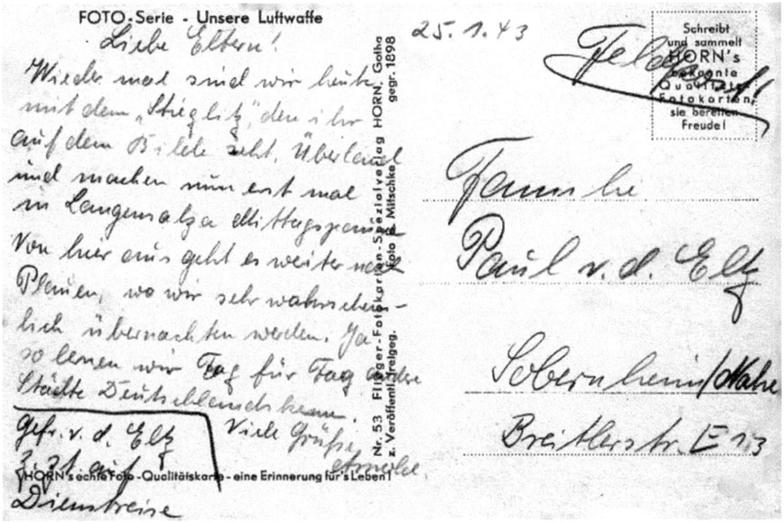
FOTO-Serie - Unsere Luftwaffe

25.1.43

Liebe Eltern!
Wieder mal sind wir heute mit dem „Stieglitz", den ihr auf dem Bilde seht, überland und machen nun erst mal in Langensalza Mittagessen. Von hier aus geht es weiter nach Plauen, wo wir sehr wahrscheinlich übernachten werden. Ja so lernen wir Tag für Tag die Städte Deutschlands kennen.
Viele Grüße, Arnold

Gefr. v. d. Elf
z. Zt. auf Dienstreise

Nr. 53 Flieger-Fotokarten-Spezialverlag HORN, Gotha gegr. 1898
z. Veröffentl. freigeg. Foto R. Mitschke

Schreibt und sammelt HORN's bekannte Qualitäts-Fotokarten, sie bereiten Freude!

Feldpost

Familie
Paul v. d. Elf
Sobernheim/Nahe
Breitestr. E 13

HORN's echte Foto-Qualitätskarte - eine Erinnerung für's Leben!

Rückseite der Fotokarte: Nachricht von einem Flug über Plauen mit Übernachtung.

Nun beginnt auch während der Zeit des schlechten Wetters wieder der Unterricht und wir mussten feststellen, dass unser theoretisches Wissen erheblich nachgelassen hat. Eine Auffrischung der Theorie ist dringend notwendig. Natürlich hat keiner von uns Interesse daran, wieder theoretischen Mist zu pauken. Aber ich denke, dass Günther jetzt gerne an meiner Stelle sein würde. Auch Walter Schmitz meint, dass er direkt neidisch auf mich sei, denn er hat noch nicht das Glück die Schönheiten eines Überlandfluges zu genießen. Übrigens hat sich Kurt Dhonau schon das E. K. II als Kampfbeobachter verdient.

Lieber Papa, Du wirst wohl auch jeden Tag mit großem Interesse den Berichten von der Ostfront folgen und schmerzlich empfinden, welch unglaubliche Härte der Krieg im Osten angenommen hat und was von unseren tapferen Infanteristen dort verlangt wird. Besonders verfolge ich natürlich den aussichtslosen Kampf der in Stalingrad Eingeschlossenen. Das auch manche Rückschläge im Krieg hinzunehmen sind, wird wohl nicht ausbleiben und hoffentlich nehmen sie keinen noch größeren Umfang an. Wer hätte je gedacht, dass der Krieg eines Tages eine solch unvorstellbare Härte annehmen würde. Auch hoffe ich, wenn der Winter überstanden ist, dass die Zeit wieder für die Eingeschlossenen arbeitet und die Verluste auf beiden Seiten gering bleiben. Nun werde ich also bald meine neue Aktentasche erhalten und es wird höchste Zeit dafür, denn meine alte zeigt starke Zerfallserscheinungen.

Liebe Eltern, für heute grüßt Euch, Bringfriede und die Kinder recht herzlich

Euer Arnold

Crailsheim, Montag, den 1.2.1943

Liebe Eltern!

Der Monat Januar, indem ich zum ersten Mal die Fliegerei so richtig kennenlernen durfte, ging zu Ende und nun werden unsere Tage in Crailsheim bald gezählt sein. Denn jeder von uns hat jetzt seine bestimmte Anzahl Kilometer geflogen und der Zweck unseres Hierseins ist somit erfüllt. Uns Landser ist es natürlich viel lieber und angenehmer, wenn wir noch bis ersten März hierbleiben könnten.

Übrigens, die Herren Feldwebel und Unteroffiziere, die vom Spieß Heinig immer in Ruhe gelassen werden, haben natürlich ihre eigenen Wünsche und können diese auch schnell umsetzen. Dass wir Rekruten und Gefreiten wieder dessen Launen und Schlechtigkeiten ausbaden müssen, das ist denen ja gleichgültig.

So plötzlich die Fliegerei hier in Crailsheim anfing, so schnell kam auch das Ende. Nachdem die Flugzeugführer alle ihre vorgeschriebenen Kilometer geflogen sind, bietet sich für uns keine Gelegenheit mehr zum Fliegen. Wir müssen halt eben warten bis höhere Dienstgrade als neue Flugzeugführer-Schüler kommen. Am meisten ärgert uns natürlich die ausfallende Startverpflegung, die wir jeden Morgen mit dem größten Vergnügen als Frühstück verzehrt haben. Sich wieder morgens auf trockenes Brot umzustellen, war nicht so einfach.

Der Lederranzen traf inzwischen pünktlich bei mir ein und meine Sorgen um die Unterbringung meiner Lehrhefte und Bücher sind endlich behoben. Der Apfel und die Schokolade als süße Beilage von Euch, hat mich noch besonders gefreut.

Der diesjährige Winter scheint ja ein ganz besonders milder Geselle zu sein, denn die etwas stürmisch warme Frühlingsluft, wischte den letzten Schnee von den Feldern und blies die Straßen wieder sauber und trocken. Dazu scheint die Sonne warm vom Himmel herab, sodass es eine Sünde gewesen wäre, gestern keine ausgedehnten Spaziergänge unternommen zu haben. Was müsste das jetzt Freude machen, in dieser klaren, warmen Luft zu fliegen, denn bei unseren bisherigen Flügen war es ja stets saukalt gewesen.

Liebe Eltern, zurzeit muss ich so oft an die Tage vor einem Jahr zurückdenken. Damals waren wir noch Rekruten und die damalige Zuversicht auf ein Erreichen des gesteckten Zieles einmal zum fliegenden Personal zu gehören, war also durchaus berechtigt. Das dann in Finsterwalde die ersten starken Zweifel aufkamen, das lag an der ganzen Umgebung und an den schon länger dienenden Kameraden. Die mussten uns ja immer beweisen, dass ein Angehöriger der »Stawiko« kaum noch als fliegendes Personal infrage käme. Dass es doch so kam, wie es jetzt ist, war nichts anderes als unverschämtes Glück und ich hoffe, dass mich dieses Glück auch weiterhin in meiner ganzen militärischen Zeit begleiten wird.

Und zum Schluss liebe Eltern, möchte ich Euch noch einmal an meine Bitte nach Seife erinnern. Die ganze Woche muss ich mich schon mit Waschpulver waschen und beim nächsten Paket könntet Ihr doch mir Seife mitschicken. Tatsache ist, dass wir seit dem ersten Dezember keine Seife mehr empfangen haben.

Für heute grüßt Euch und Bringfriede nebst Kindern recht herzlich

Euer Arnold

Crailsheim, Mittwoch, den 3.2.1943

Liebe Eltern!

Allen negativen Gedanken zum Trotz, fliege ich wieder. Wenn meine Schrift heute saumäßig sein mag, so entschuldigt bitte, denn in einer zweimotorigen »Weihe«, die von den Böen kräftig hin und her geschüttelt wird, lässt sich nun mal nicht besser schreiben. Eben sind wir gerade an Stuttgart vorbei geflogen, dass ich sehr schlecht durch die Wolkenfetzen erkennen konnte. Gerade kurven wir auf unser erstes Ziel Böblingen zu, schweben über dem Platz und weiter geht es jetzt in Richtung Straubing. Dort machen wir auch nur einen Platzanflug und um drei oder halb vier nachmittags werden wir wieder zu Hause sein. Den 6000sten Flugkilometer habe ich dann weit überschritten. Ganz nach hinten haben sie mich heute in der »Weihe« verfrachtet und zum Franzen stehen mir links und rechts je ein kleines Guckloch zur Verfügung. Für meine Geschwindigkeitskontrollen langen sie, aber immerhin fliegen wir soeben dicht über die schneebedeckten Berge der Jura. Der Wind ist hier über den Bergen besonders böig, sodass mir schon ein ganz mulmiges ungewohntes Gefühl den Magen hochkommt. So doll wie heute war es noch nie. Das Bonbon, dass mir der zweite Flugzeugführer zuwirft, kommt mir gerade recht! Schade, dass das Funkgerät nicht klar ist, denn meine bisherigen Bemühungen mir den Flug mit etwas Musik zu verschönern, ist kläglich gescheitert. Verdammt noch mal, beinahe wäre mir doch die Suppe hochgekommen. So einen Flug habe ich ja noch nie gemacht. Aha, jetzt nähern wir uns der Donau, die sich rechts von uns als silbernes Band dahin schlängelt. Na, dann ist ja Straubing nicht mehr allzu weit. Heute bin ich tatsächlich zum ersten Mal froh, wenn der Flug zu Ende ist. Aber wer fliegt schon gerne nur durch zwei Gucklöcher schauend und seine Arbeit machend.

Liebe Eltern, Ihr werdet mich heute sicher auf der Bahn vermutet haben laut meinem letzten Brief, aber unsere Versetzung verzögert sich noch etwas, vielleicht sogar bis zum 1. März. Nun, uns ist es gleichgültig, wo wir die Zeit verbringen, denn so schön, wie es hier ist, könnte es nirgendwo anders sein – mal abgesehen vom Spieß Heinig und seinen Schikanen. So jetzt muss ich meinen Brief beenden und mich um die »Franzerei« kümmern, sonst landen wir noch in Afrika.

Viele liebe Grüße sendet Euch

Euer Arnold

Focke-Wulff FW 58 »Weihe«. Darin hatte Arnold nur rechts und links ein Guckloch als Beobachter.

Crailsheim, Samstag, den 6.2.1943

Liebe Eltern!

Zu später Stunde habe ich mich noch mal hingesetzt, um Euch ein paar Zeilen zu schreiben. Tagsüber fehlt ja doch meistens die Zeit, denn vor einem U. v. D. muss man sich generell in Acht nehmen. Sobald wir ihn durch das Fenster auf unser Quartier zukommen sehen, verschwinden alle auf den Lokus oder sonst einen sicheren Ort. Wenn die Luft wieder rein ist, wagen wir uns schüchtern auf die Stube zurück. Doch einmal hatte er uns doch erwischt, und wir mussten gezwungener Maßen spät nachmittags eine auferlegte Arbeit ausführen. Am besten schützt man sich davor, indem man so früh wie möglich ausgeht, so wie ich es heute auch gemacht hatte. Endlich kam ich auch wieder in einem Lokal zu einem Schachspiel, doch als es am spannendsten wurde, mussten wir leider abbrechen und im Eiltempo nachhause flitzen – es gab Alarm. Nun, morgen spielt ja das Kino wieder, da können wir uns den interessanten Film »Diesel« anschauen. Anschließend aber jedoch gleich wieder nachhause gehen, denn morgen Abend haben wir Dienst. So ging das fast jeden Samstag und Sonntag die letzten Wochen, sodass ich zum ersten Mal Nachturlaub bis jetzt hatte. Na, die letzten acht Tage werden bis zur Versetzung am 15. Februar wohl auch noch vergehen. Wir haben nun alle den einen Wunsch, nicht noch mal in »Heinigs Klauen« zu geraten. Denn hier auf der A/B-Schule haben wir alles wieder abgelegt, was uns »Heinig« drei Monate lang durch täglichen Druck auf seine Art und Weise beigebracht hatte.

Die Hoffnung auf ein paar Tage Urlaub von hier aus haben sich nicht erfüllt. Wir müssen abwarten, was Hörsching uns in dieser Beziehung bietet, denn der Jahresurlaub ist ja sowieso fällig.

Erna und Tante Ella baten mich schon oft ihnen sofort zu schreiben, wenn ich mal wieder auf Urlaub komme, damit wir ein paar Tage gemeinsam verleben können. Diesen

Wunsch habe ich schon lange die ganze Familie beisammen zu sehen. Ich glaube, Erna würde Bielefeld gern für eine Zeit lang verlassen. Die tägliche Angst um die englischen Luftangriffe wird auf die Dauer dem Gesundheitszustand auch nicht förderlich sein.

Das Tante Trautel ihre Gesinnung so grundlegend geändert hat, ist ja ein sehr erfreuliches Zeichen. Jetzt ist sie mir gleich sympathischer – wer mag sie wohl belehrt haben?

Liebe Eltern, ob nun unser Betrieb daheim auch geschlossen wird und Bringfriede auswärts in der Kriegsproduktion arbeiten muss? Ich glaube ja kaum daran, denn es liegt ja keine Veranlassung vor, das Geschäft zu schließen. Wer sollte denn die gewünschten Reparaturen an den Stricksachen ausführen? Doch danach wird jetzt wohl kaum gefragt werden. Die Kriegsproduktion geht nun einmal in diesem harten unerbittlichen Kampf vor und es gilt die Verluste von Stalingrad wieder auszugleichen. Mein wie auch wohl Euer Interesse hängt nun täglich an der Ostfront und mit gemischten Gefühlen lese ich jeden Tag die Wehrmachtsberichte und Schilderungen der harten Kämpfe dort.

Doch nun muss ich schließen und grüße Euch in der Hoffnung, bald bessere Nachrichten zu hören und zu lesen

Euer Arnold

Crailsheim, Donnerstag, den 11.2.1943

Liebe Eltern!

Ganz einsam und allein sitze ich heute auf der Stube, da die anderen Kameraden irgendwo in einem Fliegerhorst festsitzen und wegen Schlechtwetter nicht zurückfliegen können. Na, was habe ich jetzt zum Futtern! Eine ganze Verpflegung für fünf Mann! Da wird wohl der Nabel glänzen. Doch so wie es meinen Kameraden heute ergeht, so ist es gestern mir ergangen. Auf dem Flug nach Bad Aiblingen, die Alpen lagen diesmal greifbar nahe und noch fünf Minuten Flugzeit hätten uns bis zu ihnen gebracht, war München besonders gut zu sehen. Der Flug ging dann weiter nach Straubing, doch da bekamen wir schlechtes Flugwetter zurück nach Crailsheim und wir mussten dann eine Nacht auswärts verbringen. Es war ja auch eigentlich vorhersehbar, denn unterwegs begegneten uns laufend Schneeschauer, die wir umfliegen mussten, und manchmal auch mittendurch. Fast ohne Sicht flogen wir dann und mussten immer tiefer gehen. In so einem Moment heißt es besonders gut zu franzen, sonst findet man sein Ziel nie. Heute Morgen hatten wir aber wieder das schönste Wetter, starteten und bald flogen wir vorbei an Regensburg Nürnberg entgegen. Die letzte Strecke Nürnberg Richtung Crailsheim werden wir wohl auch noch schaffen dachte ich, man braucht ja bloß der Bahnlinie nach zu fliegen. Die dicke Nebelwand die plötzlich vor uns stand, ließ nichts Gutes ahnen und kurz vor Crailsheim saßen wir auch schon ein einem dicken Schneeschauer drin. Also um 180 Grad kehrt und fünf Minuten später landeten wir in Ansbach. Schade das die Zeit nicht reichte, um den dort stationierten alten Schulfreund Jakob Schautz aufzusuchen, denn bald nach der Landung starteten wir wieder den Versuch zurückzufliegen. Ganz tief stets der Bahnlinie entlang mogelten wir uns nachhause.

Jede Kurve der Bahnlinie flogen wir nach und schafften es dann auch. Eine andere Maschine kehrte wieder um und flog zurück zum nächstmöglichen Landeplatz.

Diese Woche sollte ich auch schon einmal nach Metz fliegen und freute mich schon auf ein Wiedersehen mit meinem alten Schulkameraden Karl Maurer. Im Rheintal lag aber, wie sollte es auch anders sein, wieder dicker Nebel und so mussten wir unseren Flug über Karlsruhe abbrechen und zurückfliegen.

Heute Morgen flogen wir wieder in der »Bü 181«, unserem Idealvogel mit Glaskuppel und zwei Sitzen nebeneinander ganz wie in einem Auto, nach Straßburg über den herrlichen Schwarzwald. Jedes überflogene Tal war mit seinen bunten, sauberen Dörfern die eng in diese Täler hinein gezwängt sind ein Schmuckstück, und schließlich der unübersehbare Wald, der bis zu den höchsten Gipfeln reicht, ist ein Erlebnis. Diese eben geschilderten Flugerlebnisse habe ich alle mit einem Feldwebel gemacht, er Flugzeugführer und ich Beobachter. Schade ist nur, dass er jetzt seine Kilometer voll hat und versetzt wird.

Lieber Papa, soeben entdeckte ich Deinen Brief, den meine Kameraden in einen leeren Spind gelegt hatten ... Es tut mir sehr leid lesen zu müssen, dass Du solch einen negativen Bescheid über das eingereichte Patent von der Blindenschreibmaschine bekommen hast. Diese Antwort ist Dir auch garantiert nicht gleichgültig! Wo bitte bleiben die Anerkennung und die gerechte Antwort auf Deine mühevolle Arbeit und Bastelei? Gerechtigkeit findet man ja in unseren Zeiten mittlerweile sehr selten, sodass es nicht überraschend ist, solch eine Antwort zu bekommen.

Mit Seife bin ich zurzeit gut versorgt, denn wir haben jetzt endlich für zwei Monate eine Seifenration bekommen. Ich brauch mir also nicht mehr auszuhelfen, zumal Ihr ja auch so knapp mit Waschmittel seid.

Aus Hörsching, meinem nächsten Fliegerhorst, hört man auch täglich bessere Nachrichten. Spieß »Heinig« ist zu einer anderen Kompanie versetzt worden und soll, so sagt man in Fachkreisen, zwei Tatberichte am A... haben. Nun, wie uns das freut! Schadenfreude ist immer noch die allerschönste Freude. Den sind wir auf alle Fälle los. Ich bin mal gespannt, ob wir tatsächlich am 15. Februar von hier wegkommen. Jetzt, wo der Flugdienst doch wieder begonnen hat. Eigentlich bin ich aber auch nicht böse darüber das wir versetzt werden, denn erstens haben es die Kampfbeobachter hier restlos versch... und zweitens sind wir mal genug mit den kleinen langsamen Mühlen Überland geflogen. Jetzt freue ich mich auf die größeren Flugzeuge mit mehr Besatzung.

Liebe Eltern, ich möchte nun schließen und grüße Euch, Bringfriede und die Kinder recht herzlich

Euer Arnold

Crailsheim, Samstag, den 13.2.1943

Liebe Eltern!

Eigentlich dachte ich ja diesen Abend im Kino oder im »Pressluftkeller«, unserem Stammlokal in Crailsheim, mit Kameraden zu verbringen. Doch nachdem ich und zwei andere Kameraden das Pech hatten, unschuldigerweise aufzufallen, wie es beim Kommiss leider oft vorkommt, was auch noch eine Streichung des Nachturlaubs zur Folge hatte, war meine Laune auf dem Nullpunkt. Auch ist es leider beim Kommiss so, dass ein Uffz immer recht hat. Auch wenn er mal nicht recht hat, dann tritt »hat immer recht« automatisch in Kraft. Infolgedessen ist jeder Versuch, seine Unschuld zu beweisen, von vorneherein völlig zwecklos. Natürlich versucht man es trotzdem, was die Situation aus der Sicht des Uffz nicht besser macht. Dazu möchte ich mal Folgendes sagen: »Ich als Unteroffizier, könnte doch nicht so unkameradschaftlich sein, zumal er auch Schüler ist wie wir, meine Kameraden bei höheren Vorgesetzten auf so eine falsche Art und Weise anzuschwärzen wie er es gemacht hat. Natürlich regt man sich begreiflicherweise im ersten Moment darüber auf, doch wenn man sich überlegt, welch Geistes Kind der Betreffende ist, fühlt man sich schon wieder besser nicht in so einer faulen Haut zu stecken. Jedenfalls hat er es bei der Kompanie jetzt schon verschissen.

So hatte ich denn heute Abend genügend Zeit, mir vier Eier in die Pfanne zu hauen. Ein Kamerad gab noch etwas Speck dazu, man hält ja in solchen Situationen zusammen, und das beste Abendessen war fertig. Ihr seht, auch im 4. Kriegsjahr kann man trotz der ganzen Widrigkeiten noch ganz gut leben. Allerdings gehört zu dieser Art Leben natürlich das Fliegen dazu. Ihr solltet eben mal Euren wohlgenährten Sohn sehen! Ich glaube, dass ich täglich gefühlt ein paar Pfund Fett ansetze. Dazu trägt das Sitzen im Flieger und pro Woche der Verzehr von einem Pfund Butter und Margarine bei. Das sind eben die Vorteile der Überlandflüge hinsichtlich der Verpflegung. Man bekommt ja immer alles doppelt. Auf den anderen Fliegerhorsten, wo wir übernachten müssen, bekommen wir ja auch eine vollständige Mahlzeit einschließlich der Startverpflegung. Kommen wir dann wieder nachhause, hat sich auch hier inzwischen die Verpflegung angehäuft, die natürlich dann auch mit Behagen verzehrt wird. Und dann bei dieser Verpflegung keine körperliche Arbeit leisten zu müssen und sich nur durch die Lüfte tragen zu lassen, trägt zur Ausdehnung der Körperfülle bei. Na, da bleibt das »Zu eng werden« der Klamotten nicht aus. Ich bin sogar schon zu der »Gewichtsmaßnahme« übergangen, an dem Tag an dem ich ausgehen will, eine Mahlzeit mal auszulassen mit der Hoffnung, dass die Klamotten nicht ganz so eng werden. Also Arnold, wo ist der Leichtathlet in dir geblieben? Es fehlt hier eben der Sport, der daheim bei mir stets für eine normale Statur sorgte. Wie gerne würde ich mich mal wieder an ein Gerät hängen oder eine Kugel weit stoßen. Leider fehlt hier jegliche Gelegenheit zur sportlichen Betätigung, was ich gerade jetzt so sehr vermisse. Die Fliegerei macht ja auch nicht gelenkiger, sondern im Gegenteil, man hockt still in seinem Sitz, bestimmt von oben die Natur und beschäftigt sich intensiv mit Lösung des Problems, wie man wohl am besten den Druck der vollen Blase in der Maschine loswerden kann – leider bisher ein ungelöstes Problem. So ist es auch weiter nicht verwunderlich, dass man nach der Landung einer jeden Maschine dasselbe sich daran ergötzende Bild sehen kann. Kaum steht der Motor, stemmen sich zwei aus der engen Luke und stellen sich minutenlang breitbeinig hinter das Leitwerk wie ein Denkmal, bis man ein laut vernehmbares, befreiendes Aufatmen hören kann. Das beweist, dass beiden endlich eine zentnerschwere Last vom Herzen »gerieselt« ist.

Sonst ist ja das Fliegen an und für sich wunderschön, doch kommen auch manchmal Momente, wo man glücklicher wäre, einer von den harmlosen Spaziergängern zu sein, die unter uns einherwandern. Dieser merkwürdige Wunsch findet meistens seinen Ursprung im Wetter oder in allzu toll gedrehten Kurven, seitens des Flugzeugführers. Da fliegt man des Öfteren so dahin, guckt naiv aus seinem Sitz heraus wie ein junger Spatz aus dem Nest in die Welt, denkt an nichts Böses, doch plötzlich ist da ein wüstes Durcheinander! Mit der einen Hand sucht man instinktiv unnötig einen Halt, denn man ist ja sowieso angeschnallt, mit der anderen versucht man den Zeichenblock und die Landkarte festzuhalten, die sich gerade aus dem Staub machen wollen. Der »Kutscher« hinten hat dann seine helle Freude an dem tollen Durcheinander vor ihm. Übrigens ist das eben Geschilderte ein wunderbares wirksames Mittel, um einen beinahe einschlafenden Beobachter im Nu wieder vollends wach zu bekommen.

Anders ist es ja, wenn plötzlich Wolken und »dicker Dreck« kommt, dann ist es beiden im Flieger nicht ganz geheuer, dann baut der Kutscher plötzlich ganz auf seinen Beobachter. Der wiederum denkt das Gleiche und beiden geht dann die Tube 1 : 100000 oder anders ausgedrückt, beide haben gewaltigen »Kimmengang«, der sich meistens im verlängerten Rücken bemerkbar macht und haben dann einfach Schiss.

Ja, solche Fälle gab es schon des Öfteren, dass Kameraden wegen schlechten Wetters sich verfranzten und eine Notlandung machen mussten. Das ist natürlich nicht einfach durchzuführen, denn wer garantiert die zum Landen ausgesuchte Wiese als geeignet? So mancher landete dann, zum Ärgernis des Bauern, auf einem Acker mit einer Bruchlandung. Sind die Flieger aber heil herunter gekommen, was bist jetzt stets der Fall war, dann spielen sie die Helden und binden den in Scharen aus ca. 20 km Umkreis herbei gepilgerten Dorfbewohnern nebst Bauern einen Bären auf. Die Herbeigepilgerten wiederum bestaunen selbst von allen Seiten die alten Schulflugzeuge als den neuen »Jäger« oder »Stuka« mit all seinen Schikanen auf dem an allen Ecken und Enden »Nicht berühren« steht, weil es zu gefährlich ist – selbstverständlich!

Dass diese »Himmelsboten« dann auch noch, und trotzdem, von den anscheinend leichtgläubigen Bauern oder Dorfbewohnern bewirtet werden, ist ja klar. Denn so ein mutiger Flieger, der gerade vom Fronteinsatz zurückkommt und dem Dorf die Ehre erweist, ihn ein paar Stunden zu bewirten, darf dann auch den haarsträubenden Erzählungen, dem Fliegerlatein, lauschen – was dem »Seemannsgarn« oder »Jägerlatein« gleich zu stellen ist. Über den Ausspruch »Seine Eltern waren ehrbare Leute, doch ihr

Sohn ging zu den Fliegern« müssen wir heftig protestieren, denn das geht dann doch zu weit. Diese Art von Humor hilft in solchen Situationen nach der Notlandung eines Übungsfluges. Das Fliegen ist aber garantiert kein Vergnügen mehr, wenn die ersten Fronteinsätze kommen, denn dann ist es mit dem Humor vorbei.

Leider nimmt unser Gastspiel hier in Crailsheim bald ein Ende, hätte aber gerne noch meine 6000 km vollgemacht. Ein Flug noch, und die Zahl wäre erreicht. Na, in Hörsching werden wir auch noch genug fliegen, nur werden wir bei diesen Flügen mehr zu arbeiten und zu rechnen haben, als bisher. Bis jetzt hat man alles so über den Daumen gemacht. Am meisten freut uns alle, dass Spieß Heinig seinen Laden schon voll hat, und wir in eine andere Kompanie kommen. Schlimmer als es bei ihm war, kann es nicht mehr werden, so einen Menschenhasser gibt's nur einmal. Liebe Eltern, ich glaube, für heute habe ich genug geschrieben und möchte nun schlafen gehen.

Viele Grüße sendet Euch, Bringfriede und den Kindern

Euer Arnold

Crailsheim, Mittwoch, den 17.2.220

Liebe Eltern!

Heute schreibe ich Euch einmal etwas über diese wunderbare Stadt Crailsheim, wie wir die Zeit verbringen und etwas über den Dienst. Gestern gingen einige Kameraden und ich nach Dienstschluss in den Ort. Im Gegensatz zu anderen Horsten und Städten dich ich erlebt habe, ist Crailsheim eine wahre Erholung. Unser Ziel waren die vielen Geschäfte und Einkaufsmöglichkeiten, wo wir Schinkenspeck, Eier, seidene Strümpfe, Lederhandschuhe und vieles mehr für uns und unsere Liebsten daheim kauften. Dies alles gibt es hier in rauen Mengen. Vorgestern ließen wir uns mal in einer Wirtschaft je drei Eier mit Speck in die Pfanne schlagen, dazu noch prima Bratkartoffeln – einfach ungeahnte Genüsse sind das für uns. Mit meinem nächsten Wehrsold werde ich auch ein Paar Strümpfe und ein Paar Handschuhe für Euch liebe Eltern, kaufen! Wärt Ihr damit zufrieden? Mehr kann ich leider nicht kaufen, denn es fehlt eben an »Kronen«.

Der Dienst hier gleicht fast einem Ferienaufenthalt. Bis jetzt schien jeden Tag die Sonne und zum Sonnen haben wir Zeit in Massen. Das Beste hier ist aber die Verpflegung. Ich glaube, wenn wir nach Hörsching kommen, essen wir dort keinen Bissen mehr. Zu jeder Mahlzeit hier gibt eine Unmenge Fleisch und vorher eine Fettsuppe, in der ebenfalls das Fleisch in Brocken umher schwimmt. Und zur Abend- und Morgenverpflegung gibt es ein halbes Weißbrot, manchmal noch ein Brötchen dazu oder sonstiges Gebäck. Der Aufstrich ist ebenfalls bestens. Ja, dieser Horst ist der gegebene Erholungsort für uns und ich beneide die Kameraden, die zum Stamm gehören. Weite Strecken etwa zum Schießstand, brauchen wir nicht zu laufen, sondern dafür steht ein Omnibus zur Verfügung. Also, ein herrliches Leben sage ich Euch, wenn wir nur mehr Geld und keinen Krieg hätten. Liebe Eltern, ich muss nun schließen, denn jetzt geht es wieder zum Schießen oder zum Sonnen, je nachdem wie man es betrachten will.

Schreibt bitte nicht mehr nach hier, denn bis die Post da ist, sind wir bestimmt schon in Hörsching.

Herzliche Grüße sendet Euch an Bringfriede und die Kinder

Euer Arnold

Crailsheim, Sonntag, den 21.2.1943

Liebe Eltern!

Es freut mich ja so sehr, dass meine Berichte über unseren täglichen Flugdienst und den Schilderungen über mein eigenes Empfinden von Euch mit solch einer Spannung gelesen werden – dann haben sie somit ja auch ihren Zweck erfüllt.

Der Bericht über meinen letzten Flug war ja sehr kurz, doch was es gibt über diesen Flug noch so manch Interessantes zu erzählen. Das Wetter war bei diesem Flug unter aller Kritik. Selbst ein alter erfahrener Flieger hätte dabei mürbe werden können. Die Sicht auf dem Heimflug war so schlecht, dass wir Mühe hatten den Weg nachhause zu finden. Diesmal half uns wieder einmal eine Bahnstrecke aus unserer großen Verlegenheit. An ihr fanden wir endlich den richtigen Weg. Das Tollste aber war, dass wir eine Waldwiese für den Flugplatz hielten und die Baumgruppen für die Flugzeughallen. Nein, wir hatten nichts getrunken! Schon setzte der Flugzeugführer zur Landung an, da bemerkten wir plötzlich den gewaltigen Irrtum. Mein Flugzeugführer riss die Maschine nach oben um und wir flogen mit leichter Berührung über die Baumgruppe hinweg. Kaum eine halbe Minute später fanden wir endlich den richtigen Platz und sind glatt gelandet. Die Arbeit allerdings, unsere Maschine vom Platz weg in die Halle zu schieben, blieb uns nicht erspart. Denn kurz nach der Landung blieb die Maschine in dem aufgeweichten Boden stecken. Etliche starke Männerkräfte gehörten dazu, die Maschine wieder flott zu machen. So fielen auch die Baumwipfelreste im Fahrwerk nicht auf. Und so ging ich dann auch an diesem Tag wieder aller Gewohnheit nach, am Abend die Startverpflegung einzutragen. Plötzlich sehe ich vor mir, etliche Meter entfernt, ein bekanntes Cowboygesicht, das stutzte auch, also doch denke ich und hatte endlich gefressen, wer vor mir stand. Es war der alte Draufgänger Hermann Schnell, der sich nach Crailsheim mit seiner Maschine verirrt hatte. Na, das war wieder mal eine Wiedersehensfreude! Schade war nur, dass mir, oder uns, für den Abend nur zwei Stunden zur Verfügung standen; die waren viel zu kurz, um sich gemütlich ausplaudern zu können. Das war jetzt der zweite Sobernheimer, den ich bisher beim Kommiss traf. Diese Begegnungen, die leider stets zu kurz sind, werde ich garantiert nie vergessen. Hermann Schnell war übrigens der Anstifter, der die tolle Idee zur Kanufahrt auf der Nahe bei Hochwasser hatte, bei der wir ja den originellen und einmaligen Schiffbruch erlitten hatten. Gerne hätten wir noch länger über alte Zeiten gelacht und er wollte ja gerne noch einen Tag länger bleiben, aber er musste mit seiner Maschine zurück, denn seine Prüfung stand kurz bevor.

Nun ist doch Onkel August tatsächlich auch mal was passiert. Jetzt wird er wohl ein Einsehen haben, dass es keinen Wert hat Tag und Nacht zu arbeiten, denn nur durch Übermüdung wird wohl der Unfall passiert sein, so denke ich. Trotzdem hoffe ich bald gute Nachrichten aus Völklingen zu erhalten, dass eine schlimme Verletzung nicht zu befürchten ist.

Tante Lotte hatte mir vorige Wochen wieder den pünktlich eintreffenden Kuchen geschickt, den sie ja regelmäßig zu einer bestimmten Zeit versendet und immer wieder wunderbar schmeckt.

Heute haben sie uns Kampfbeobachter wieder mal eine interessante Beschäftigung zugewiesen. Wir sollen die neu angekommenen Rekruten, die für eine Woche hierbleiben, beaufsichtigen. Deshalb muss ich mal eben meinen Brief unterbrechen und Stubendurchgang machen, ob auch alle Schäfchen in der Koje liegen. Ja, wer hätte das gedacht, dass ich so bald auch dazu kommen würde, den befürchteten Stubendurchgang zu machen. Aber wenn ich durch die Stuben gehe, ist es für die Rekruten halb so wild, ich lasse die Kerle schlafen. Das Tollste aber ist, dass man nichts mehr selbst zu machen braucht, denn für jede Arbeit steht einer von denen tagsüber zu Verfügung. Da bekommt man die Stube ausgefegt, einer kümmert sich um den Ofen und wenn es was zu holen gibt, zum Beispiel einen Besen, dann geht natürlich ein Rekrut mit um die schwere Last zu tragen. Jetzt merkt man erst, dass man schon über ein Jahr lang dient und beim Kommiss schon »etwas geworden ist«. Man wird ja von den jungen Fliegern als Vorgesetzter angesehen, und dementsprechend sind auch Ihr Gruß und die strammen Haltungen zu betrachten, wenn man mit ihnen spricht. Durch diese Beaufsichtigung fällt diese Woche natürlich auch der Flugdienst aus, doch dafür haben wir unsere Ruhe und brauchen uns von niemandem rumkommandieren zu lassen. Vor allen Dingen hat sich das Wecken nun von »5« auf »7« Uhr verschoben.

Fritz, der Schreibfaule, ist also mal wieder auf Urlaub! Ich glaube wir beide gehen mit dem Urlaub stets aneinander vorbei, denn auf ein Wiedersehen mit ihm würde ich mich sehr freuen, obwohl er meine beiden letzten Brief nicht beantwortet hat – vielleicht konnte er ja auch nicht. Aber hoffentlich schreibt er mir doch mal.

Nun möchte ich schließen und grüße Euch, Bringfriede, Kinder und den Urlauber Fritz recht herzlich

Euer Arnold

Crailsheim, Freitag, den 26.2.1943

Liebe Eltern!

Endlich kann ich Euch mit Gewissheit sagen, dass wir am Samstagabend Crailsheim für immer verlassen werden. Die hier verlebte Zeit zählt mit zu der Schönsten meiner bisherigen Soldatenzeit. Wir sind viel geflogen, haben dadurch einen großen Teil unseres Heimatlandes kennengelernt, konnten oft »flitzen« gehen und uns in den netten Crailsheimer Lokalen, in denen es noch Wein und sehr gutes Essen gibt, amüsieren.

Jetzt kam noch das äußerst ruhige und behagliche Leben durch die neuen Rekruten dazu, wo wir selbst mal Vorgesetzte sein durften, also dementsprechend auch behandelt wurden. Und gerad in dieser Zeit hatten wir das herrlichste Frühlingswetter! Fast den ganzen Tag saßen wir in der Sonne und ließen uns bräunen. Abends, wenn die Rekruten im tiefen Schlummer lagen, wurden wir erst munter. Kein Wunder, hatten wir doch den ganzen Tag gedöst. Jedenfalls vergingen keine fünf Minuten nach dem Stubendurchgang, wir waren draußen – in Crailsheim. So um Mitternacht, also vor 12 Uhr, kehrten wir stets mit der besten Stimmung wieder zurück. Diese Zeit war so, wie wir sie uns nicht besser hätten wünschen können. Den Rekruten tut es aufrichtig leid, dass ich nun versetzt werde, und bringen das immer wieder zum Ausdruck. Ich verstehe es halt eben sie richtig anzufassen und zu behandeln. Bei mir wurde während des Dienstes gespurtet und in der Freizeit unterhielt ich mich mit ihnen und beantwortete ihre vielen Fragen, die von allen Seiten an mich gerichtet wurden, sehr gern. Ja, mit unseren Rekruten, die ja meistens aus Thüringen oder aus dem Kohlenpott kommen, ließ es sich ja noch gut verständigen, was den Dialekt betrifft. Hingegen hatten wir mit den aus Oberschlesien Kommenden, die zum Teil nur ein gebrochenes Deutsch beherrschen, unsere liebe Not sie an ein Soldatenleben mit geregeltem Tagesablauf zu gewöhnen. Doch eins muss man ihnen lassen, die Arbeiten die sie verrichten haben, erledigten sie prompt und gewissenhaft, da sie ja das Arbeiten anscheinend gewöhnt sind.

In Hörsching wird uns wohl ein anderes Leben erwarten. Dann wird wieder gelernt und das, was fehlt, wird unser Wissen ergänzen. Viel wird es wohl nicht mehr sein, denke ich, was uns jetzt noch eingetrichtert werden muss. Deshalb wird die Ausbildung auch nicht mehr lange dauern und in zwei Monaten so schätze ich, werden wir dann fertig sein.

Liebe Eltern, wie wirkt sich bei uns daheim nun der totale Krieg aus? Sind schon viele Läden und Lokale geschlossen worden? Man spürt leider diese Art der Kriegsführung und die Entscheidung dazu, auch an den neuen Rekruten die teilweise zwischen dreißig und zweiundvierzig Jahre sind – keine Seltenheit. Diesen »alten« Leuten ist man dann ein Vorgesetzter und sie stehen vor uns jungen Burschen stramm – typisch Kommiss. Aber uns ist grundsätzlich klar, dass das Alter dieser Leute berücksichtigt wird. Ob das andere auch so sehen?

Ach du lieber Schreck, jetzt wollen die Burschen auch noch Abschied mit uns feiern ... Doch daraus wird nichts und es tut mir auch sehr leid, weil es so nicht vorgesehen war. Jetzt muss erstmal gepackt werden und dann zum letzten Mal hinein nach Crailsheim, um noch einmal den netten Lokalen einen Besuch abzustatten und »Ade« zu sagen.

Liebe Eltern, meinen letzten Brief von hier will ich nun schließen und grüße Euch, Bringfriede und auch den Fritz recht herzlich

Euer Arnold

Kapitel 7: 1943 – Hörsching

Hörsching, 10.4.43.

Liebe Eltern!

Nun hat auch das Wochenende für mich begonnen, nachdem ich vom Flugdienst zurückgekommen bin. Die ganze Woche über herrschte schlechtes Wetter, ausgerechnet am Samstag-nachmittag mußte sich der Himmel aufhellen und es blieb uns nichts weiter übrig als eben heute auf unseren freien Nachmittag fliegen, zur Startverpflegung hat es zu meiner Freude mal wieder gelangt, ja, ein materieller Vorteil muß ja irgendwie rausspringen, sonst ist die Begeisterung hin.

Was hatten wir doch die ganze Zeit für ein schönes Wetter und plötzlich bekommen wir ein Wetter, wie man es sich im April eben nicht schlechter vorstellen kann. Schnee, Regen, Schnee, dazu ein Sturm, wie ich ihn selbst vom Berg nicht kannte heute hat sich die Natur endlich etwas beruhigt, hoffentlich haben wir bald wieder das schöne Märzwetter, Ostern ist ja auch nicht mehr fern. Wie werde ich wohl dieses Jahr die Festtage verleben? Vielleicht auf Wache, vielleicht aber auch mal in Linz, die Stadt, die doch bloß 14 km von uns entfernt ist.

Meinen Geburtstag werde ich wahrscheinlich dieses Jahr auf einem Übungsplatz in der Slowakei verleben, wo wir nochmal aus der Luft schiessen. Ein Leben führt man dort, wie man es sich besser nicht wünschen kann. Ein erstklassiges Essen mit Schnitzel tellergroß und Kotteletts stillen unseren Mordshunger, dazu gibt

Hörsching, Mittwoch, den 3.3.1943

Liebe Eltern!

Ihr werdet wohl erstaunt sein, schon wieder Post von mir zu erhalten, aber da der heutige Abend uns mal wieder zur Verfügung steht, ist es die erste Pflicht, nachhause zu schreiben.

Der Lehrgangsdienst, der uns jetzt täglich, auch Samstag und Sonntag in Anspruch nehmen wird, hat heute begonnen. Wir wissen jetzt schon, dass wir in den kommenden Monaten noch sehr viel zu lernen haben, um vollwertig einsatzfähige Beobachter zu werden. Es dürfte dies uns eigentlich nicht schwerfallen, denn Gelegenheit zum Ausgang oder Urlaub nach Linz gibt es äußerst selten. Also ganz im Gegenteil gegenüber dem unvergesslichen Crailsheim. Dieser Gegensatz zwischen diesen beiden Horsten macht sich täglich immer mehr bemerkbar, auch in der Verpflegung.

Hier in Hörsching sind wir nun also mit zwanzig Mann bei unserem alten Spieß Heinig gelandet und die Hoffnung, ihn nie mehr wieder zu sehen, war also vergebens. Und doch war es bis jetzt eigentlich nur zu unserem Vorteil. Während alle anderen Kameraden unseres alten Lehrgangs in den anderen Kompanien auf dem Dachboden einquartiert wurden, bekamen wir schöne große Stuben zugewiesen und die frühere Stubenbelegschaft musste dafür auch auf den Dachboden steigen. Wer hätte das von Heinig gedacht, dass er uns alten Kompanieangehörigen so entgegenkommen würde – aber das gehört sich doch auch so. Also von uns hatte keiner einen Tatbericht über ihn eingereicht – von uns nicht!

Mit unserer Ausbildung werden wir einen Monat früher fertig sein und bekommen dann anschließend sehr wahrscheinlich Urlaub. Der wird aber ungefähr einen Monat später beginnen wie letztes Jahr. Dass uns die Kompanieleitung diese Hoffnung gemacht hat, war nicht schlecht, denn jetzt lernt man umso mehr. Unsere Maschine mit der wir später den Einsatz fliegen werden, wird wohl die »Ju 88« sein, ein sehr wendiger und schneller Vogel. Dafür ist sie aber leider sehr eng und uns aus diesem Grund sehr unsympathisch. Doch ist jeder, der mit ihr schon geflogen ist, von ihr restlos begeistert. Na, lange wird es wohl nicht mehr dauern, bis wir die Bekanntschaft mit der Maschine machen werden.

Ja, das ist mal wieder typisch Kommiss! Jetzt, nachdem wir hier unten gelandet sind, wovon wir uns so viel versprochen hatten, möchten alle wieder zurück zum ruhigen einsamen Bug auf Rügen. Wie schön muss es doch jetzt da oben sein, wenn erstmal der Frühling gekommen ist und die Badesaison beginnt. Alle erinnern sich plötzlich dieser Tatsache, um nicht von Bergen eingeschlossen zu sein, doch keiner wird mehr nach Bug zurückkehren. Das bleibt uns wohl nur für eine KdF-Reise im Frieden vorbehalten. Aber davon sind wir momentan noch weit entfernt.

Lieber Papa, bei dieser milden Witterung wird Deine Arbeit im Garten bald wieder beginnen können und dann große Fortschritte machen. Nur fragt es sich, ob es genug Samen geben wird! Ob ich dieses Jahr Dir auch mal im Garten mithelfen werde? Aussicht hierauf besteht ja. Man muss eben bis dahin noch etwas Geduld haben, und diese Geduld haben wir ja voriges Jahr auch bewiesen. Liebe Eltern, habt Ihr noch zu Hause Patent-Schlösser? Wenn ja, dann schickt sie mir doch bitte und vielleicht auch noch etwas schwarz Schuhcreme.

Und nun möchte ich meinen Brief schließen und grüße Euch recht herzlich

Euer Arnold

PS: Viele Grüße an Bringfriede und Kinder

Die Ju 88 – ein Standard-Kampfflugzeug der deutschen Luftwaffe im Krieg.

Hörsching, Sonntag, den 7.3.1943

Liebe Eltern!

Kaum eine Woche ist seit unserem Hiersein vergangen und schon läuft unsere Ausbildung auf vollen Touren. Uns fällt jedoch der ganze Mist nicht mehr so schwer, denn diesen Lehrstoff haben wir ja schon mindestens zwei oder drei Mal durchgenommen. Ob wir auch das Erlernte in der Maschine nützlich verwenden können, das müssen wir nächste Woche beim Flugdienst noch beweisen. Ich glaube, wir werden noch ein blaues Wunder erleben, noch viel aus unseren Fehlern lernen und müssen so manchen Anschnauzer über uns ergehen lassen. Doch aller Anfang ist eben schwer und ich glaube kaum, dass einer seiner Sache gleich auf Anhieb richtig macht.

Wir alle haben nur den einen Wunsch, bald mit der Ausbildung fertig zu sein und endlich die Schule für immer zu verlassen. Denn so als Schüler hat man kein schönes Leben! Von morgens 5 Uhr bis abends 9 Uhr Dienst, zwei bis drei Abende höchstens frei und samstags und sonntags auch noch Dienst. Hier ist uns das aber gleichgültig, denn Gelegenheit zum Ausgehen wie in Crailsheim hat man hier nicht. Man geht höchstens mal eine Stunde ins Dorf, um was zu essen. Schließlich würde ja auch jeder dienstfreie Tag unsere Ausbildung verlängern und dazu verspüren wir absolut keine Lust.

Mich freut es besonders, dass es nach Beendigung der Ausbildung nochmals Urlaub geben soll, denn anschließend kommt ja der Einsatz an der Front. Wisst Ihr noch liebe Eltern, wie ich und auch meine anderen Kameraden von zu Hause die Hoffnung aufgegeben hatten, jemals an die Front zu kommen? Heute muss ich Dir recht geben lieber Papa, es wird auch für uns noch Gelegenheit genug geben, unsere Pflicht an der Front zu erfüllen. Und wenn ich dann eines Tages meinen ersten Einsatz fliegen werde, so bin ich besonders stolz darauf, dass ich das einst gesteckte Ziel erreicht habe. Ja, wenn ich diesen Ehrgeiz nicht gehabt hätte, dann wäre ich heute schon längst als Infanterist an der Ostfront wie so viel andere denen die Ausbildung zu lange dauerte und somit die Lust am Kampfbeobachter vergangen ist. Das ich durchgehalten habe und als Kampfbeobachter in Zukunft mitfliegen werde, macht mich stolz, wo doch meine Handverletzung in der Jugend den Flugzeugführer ausgeschlossen hatte. Ich stelle mir jetzt vor, dass das Fliegen in der schnellen Ju 88, wenn man die Maschine und die Kampfbeobachtung vollkommen beherrscht, wirklich viel Spaß und Freude machen muss, und bin fest davon überzeugt. Schade, dass Ihr nicht mal so eine Maschine bewundern und bestaunen könnt, denn ich glaube, dass Euch so ein Flugzeug, mal ganz aus der Nähe betrachtet, bestimmt interessieren würde.

Liebe Eltern, wie sieht es denn eigentlich bei Euch aus und hat sich daheim oder in Sobernheim seit meinem letzten Urlaub was geändert? Was ist denn aus dem Antrag auf einen neuen Radioapparat geworden? Seit gestern erhalte ich wieder regelmäßig das Nationalblatt, damit man überhaupt etwas in und über Deutschland sowie den Krieg in Erfahrung bringen kann. Weitere Zeitungen gibt es ja nicht. Nun möchte ich schließen, heute Abend gehen wir noch mal ins Dorf unser Stammgericht essen, denn von der Abendverpflegung ist sowieso nichts mehr da.

Viele Grüße sendet Euch und Bringfriede nebst Kindern

Euer Arnold

Hörsching, Mittwoch, den 10.3.1943

Liebe Eltern!

Wie ich gelesen habe, scheint bei Euch daheim ja auch jetzt die Arbeit etwas weniger geworden zu sein, da sich die Mutter mal eine Reise nach Völklingen und Saarbrücken leisten kann, Bringfriede ihrem Hermann einen Besuch im Lazarett abstattet und Du lieber Papa, musst daheimbleiben. Doch im Krieg wäre das Reisen für Dich bestimmt kein Vergnügen. Dann muss auch noch diese dumme Geschichte mit Deinem kranken Bein wieder kommen und Deine Freude bald wieder im Garten arbeiten zu können ist dahin. Na vielleicht heilt die Wunde bei dieser warmen Vorfrühlingssonne bald wieder zu und Du kannst in alter Frische wieder an die Arbeit gehen.

Auch bei uns herrscht das schönste Frühlingswetter und ist für den Flugdienst ideal. Heute war ich mal wieder einige Stunden in der Luft und flog meine ersten Fremdpeilungsflüge. Für den Anfang waren sie noch etwas dürftig, doch man lernt ja nur durch seine Fehler und bald werde ich auch dieses Kapitel »gefressen« haben. Wenn man mal die Sache richtig beherrscht, muss doch das Fliegen richtig Freude machen. Jetzt, während der Lehrzeit, ist es alles andere als angenehm, ja, man beginnt fast zu schwitzen bei dieser Rechnerei und Kurbelei am Peilgerät. Wenn dann der Flugzeugführer, in der Ju 88 nennt man ihn Pilot, auch noch tobt, ist es ganz aus. Aber interessant ist die Sache trotzdem. Ich versuche das mal zu erklären:

»Man fliegt also genau über der Peilstelle des Flugplatzes ab, verlangt nach ein paar Minuten eine Peilung per Funk vom Flugplatz, stimmt sie mit der erwarteten überein, ist alles in Ordnung. Weicht sie aber ab um einige Grad, verbessert man sie nach einer bestimmten Formel und erhält die errechnete Peilung – man befindet sich also wieder auf Kurs. Beim Platzanflug holt man sich wieder Peilungen vom Platz, solange bis die Peilung steht. Das heißt, man muss mehrmals die gleiche Zahl bekommen. Dann fliegt man vier Minuten nach rechts oder links vom Kurs raus um den Abstand vom Platz in Minuten ausrechnen zu können, um damit ein Überfliegen des Platzes zu verhindern – ohne was davon zu merken. Sagen mir also die Peilungen, dass ich fast querab vom Platz in der Luft stehe, kurve ich diesen nach dem vom Peiler gegebenen Platz ein und nach zwei Minuten muss ich den Platz überfliegen, was mir vom Boden aus bestätigt wird. So kommt man zu seinem Ziel auch ohne Bodensicht. Alles verstanden?«

Hoffentlich habe ich Euch mit meiner langen Erklärung nicht gelangweilt. Ich glaube aber, dass Papa sich dafür bestimmt interessiert und auch gerne mal mitfliegen möchte. Denn es ist wirklich einzigartig, wie die Maschine vom Boden aus zum Ziel gelenkt wird, vorausgesetzt natürlich, dass der Peiler die richtigen Werte anzeigt oder nicht durch mehrere Maschinen in der Luft überlastet ist, was leider oft vorkommt. Dann ist natürlich keine genaue Arbeit zu leisten, es wird eben über den Daumen gepeilt und man kommt auch zum Ziel.

Hier in Hörsching werde ich mich mal wieder sportlich betätigen, trotz der geringen Freizeit. Es muss einfach sein, sonst werde ich zu steif und zu faul. Schickt mir deshalb bitte bald meine Rennschuhe, damit ich mal wieder in alter Frische über die Aschenbahn wetzen kann. Oh, beinahe hätte ich ja vergessen, den Kuchen zu erwähnen, den ich gestern erhielt. Es zeigt ja von einer starken Gefräßigkeit, meinerseits wenn ich Euch sage, dass der Kuchen gestern Abend restlos vertilgt war. Doch nehmt mir dies bitte nicht übel denn erstens beweist es ja, dass er mir mal wieder ausgezeichnet geschmeckt hatte, und zweitens wird wohl auch mein Hunger dementsprechend gewesen sein. Also, vielen Dank für die leckere Zusatzkost.

Für heute möchte ich schließen und grüße Euch alle daheim recht herzlich

Euer Arnold

Hörsching, Sonntag, den 14.3.1943

Liebe Eltern!
Was hätte man in Crailsheim doch alles mit einem dienstfreien Wochenende machen können. Hier bleibt uns nichts anderes übrig, als zu Hause zu bleiben, zu pennen oder sich in den Unterhaltungsraum zu setzen, zu schreiben und an der »tollen Radiomusik« zu ergötzen. Dass es uns aber gestern am Samstagnachmittag nicht langweilig werden sollte, dafür sorgte schon unser Lieblingsspieß Heinig mit einem zweistündigen Revierreinigen. Es wurden die weißen Kacheln mit unheimlich viel Wasser und Scheuermusik, jetzt hat mich die Jazzmusik aus dem Radio doch tatsächlich schon verrückt gemacht, ich meine natürlich Scheuersand, geschrubbt, bis auch kein schwarzer Fleck mehr zu sehen war. So wird das jetzt wieder jeden Samstag für die in der Woche aufgefallenen Leute sein, das hat uns Spieß Heinig ironisch wieder zu verstehen gegeben. Wo bleibt da die scheinbare anfänglich vermutete Besserung? Doch auf uns alte Kompanieangehörige macht das weiter keinen Eindruck mehr. Mir scheint es auch fast so, als ob er doch auf uns etwas Rücksicht nimmt. Aber ich falle nicht auf ihn rein. Jedenfalls beurteile ich ihn heute und bleibe auch dabei, noch genau so wie früher und wünsche mir, dass er bald irgendwie verschwindet. Wir kommen bei ihm einfach nicht zur Ruhe. An und für sich ist ja seine Art, aus uns leistungsfähige Soldaten zu machen, nicht falsch, sportlich gesehen, doch es müsste auch für ihn doch begreiflich sein, dass wir nach dem Dienst, Unterricht und Flugdienst die verdiente Ruhe und Freizeit haben wollen. Das am Tag Gelernte möchte man sich abends noch mal in Ruhe durch den Kopf gehen lassen, aber dazu bleibt uns abends fast nie Zeit. Doch das scheint dieses A... nicht zu interessieren.

Den Flugdienst müssen wir nun auch unter einem anderen Gesichtspunkt als den des vergnügten Fliegens auffassen. Jetzt bleibt zur anschaulichen Betrachtung der unter uns vorbeiziehenden Landschaft keine Zeit mehr, nein, jetzt heißt es überlegen, rechnen, beobachten und nochmals rechnen bis der Kopf glüht. Jeder »Äbbelkahn« auf den Flüssen, jedes Auto, jeder Zug, jedes Flugzeug muss mit genauem Standort und Fahrtrichtung bestimmt und notiert werden. Dazu kommen alle drei bis vier Minuten den genauen Standort zu ermitteln sowie einen tadellosen Peiler-Ab- und -Anflug. Ich stelle mir immer vor, dass die Fliegerei eine tadellose Sache sein muss, wenn wir erstmal mit unseren Aufgaben voll vertraut sind und die an uns gestellten Anforderungen erfüllen und spielend erledigen. Wir werden sicher noch oft Gelegenheit haben, uns im Flugdienst an nützlichen Erfahrungen zu bereichern und aus den nicht ausbleibenden Fehlern, zu lernen. Bis wir an die Front fliegen werden, haben wir bestimmt alles kapiert. Ich hätte nur den einen Wunsch, später mal mit der Ju 88 über Sobernheim brausen zu können, was mir bisher mit den kleinen langsamen Mühlen der A/B-Schule nicht vergönnt war. Und doch würde ich die kleinen Maschinen den anderen stets vorziehen; was hat man denn schon im »Stieglitz« oder »Klemm« zu beachten? Gar nichts! Man setzt sich hinein, die Pulle verstauen und schon segelt man dahin. Weiter gibt es nichts zu tun, als aufzupassen, dass man auf Kurs bleibt. Sollte plötzlich mal der Motor nicht mehr mitmachen, dann genügt das kleinste Fleckchen Wiese, um eine vernünftige Notlandung ohne Bruch zu machen.

Stellt man da die hundertacht Überwachungsinstrumente und Hebel der Ju 88 gegenüber, sträuben sich einem die Haare und die Geduld des Techniklehrers wird auf eine harte Probe gestellt, bis wir alles einigermaßen gefressen haben.

Als Vergleich könnte man einen Schuljungen nehmen den nichts mehr erfreut, als dass er bald die Schulbank zu drücken beenden und die Schule verlassen kann. Doch wie schnell sehnt er sich später wieder dahin zurück, wenn er mal auf seinen eigenen Füßen stehend, die Gefahren und Sorgen des täglichen Lebens kennengelernt hat. Diese Beispiele dürften aber auch zurzeit auf uns zutreffen, wenn wir eine Bilanz der schönsten Tage unserer wunderbaren Jugendzeit aufstellen. Dann gab es eine Zeit, da drängte man mit aller Macht freiwillig zum Kommiss und jetzt ... Na, lassen wir das! Vielleicht können wir ja diese Zeit noch mal nachholen, noch sind wir jung und haben das Leben vor uns. Wir brauchen uns auch nicht den Vorwurf machen zu lassen, für das Vaterland nicht unsere Pflicht getan zu haben. Dass wir bis jetzt das Glück hatten, fast vier Kriegsjahre in der Heimat verleben zu dürfen, ist halt so gewesen und, dass wir dann auch mal unsere Pflicht in genügendem Maße an der Front tun können, sollen, müssen.

Bis jetzt bleibt mir nichts anderes übrig, als täglich unsere Berichte über den gnadenlosen Kampf im Osten zu verfolgen, von der gegnerischen Seite erfahren wir ja nichts, und mir so meine eigenen Gedanken über dieses Ringen und die Verluste zu machen. Es sieht jedenfalls so aus, dass wir durch unsere Rückzüge keine Schlappe erlitten haben, denn das beweisen auch jetzt wieder die Angriffe im Donezgebiet. Auch sind die Nachschublinien nicht mehr so weit von der Front entfernt und ich glaube, eines Tages wird eine große umfassende Schlacht beginnen, die den Krieg die entsprechende Wendung bringen wird. Welche, wird man sehen. Anhand der vielen toten Soldaten ist mein Wunsch für eine Beendigung des Krieges doch wohl gerechtfertigt, und man wird sich mal auch als Laie seine eigenen Gedanken und Vorstellungen machen dürfen!

Liebe Eltern, von zwei Seiten wurden mir wieder mal Päckchen angekündigt, von Euch und Tante Lotte. Ja, hier ist man wieder für jedes Päckchen umso dankbarer, wenn auch etwas Essbares darin ist. Ich bin auch froh, dass Ihr meine Wünsche alle erfüllen konntet. Ein Paar Socken genügen vollauf und ich hatte schon Angst, Ihr würdet mir die große Schachtel Schuhcreme schicken, denn das wäre doch etwas zu viel gewesen. Hoffentlich sind auch die Schlösser dabei, damit ich meinen Spind endlich verschließen kann.

Sobernheim spürt den totalen Krieg also auch ganz gewaltig, wenn so viele Geschäfte und Gaststätten geschlossen werden müssen. Die können ja im Krieg nicht geöffnet bleiben, denn nachts müssen ja wegen eventueller Luftangriffe Dunkelheit herrschen und die Leute zu Hause bleiben. Und was macht die Volksbank, meine alte Ausbildungsstätte? Muss Herr Kunz als Direktor jetzt doch in der Woche arbeiten außer samstags und sonntags und nicht wie sonst in seinem Garten? Dem Herrn Wetzig dürfte ein anderer Arbeitsplatz mit etwas mehr Arbeit auch ganz guttun. Zu meiner Ausbildungszeit hatten ja beide als Führungskräfte mehr mit Abwesenheit geglänzt als mit Arbeit. Wie ich mal in einer Zeitung las, sollen ja gerade die angestellten Arbeitskräfte in den Banken eingeschränkt werden …

Liebe Eltern, das dürfte für heute mal wieder genug sein und ich grüße Euch, Bringfriede und die Kinder recht herzlich

Euer Arnold

PS: Übrigens, ich habe von Gisela und Jürgen schon lange nichts mehr gehört. Es wird mal Zeit, dass Bringfriede über den aktuellen Stand der ehrwürdigen Familie Schaaf nebst Papa Hermann mich mal wieder auf den neusten Stand bringt. Ich poche an Dein weiches Herz holde Schwester! Nimm Dir mal ein Beispiel an Deiner Schwester Erna die mir öfters schreibt.

Hörsching, Samstag, den 20.3.1943

Liebe Eltern!

Kurz vor dem Schlafen gehen, noch ein paar Zeilen, denn heute bin ich nach dem Geländedienst in der frischen Luft besonders müde. Ist ja auch kein Wunder, wann waren wir auch zuletzt mal im Gelände? So war also der Samstag wieder mal bis 7 Uhr abends ausgefüllt mit Dienst. Der morgige Sonntag wird dafür wahrscheinlich für uns frei sein, wenn kein Wachdienst dazwischenkommt.

Ich könnt Euch daher denken, dass wir alle nur den einen Wunsch haben, die Schule so schnell wie möglich verlassen zu können, denn das Leben als Schüler ist hier alles andere als angenehm.

Und so ist meine Stimmung manchmal dermaßen getrübt, dass ich am liebsten die Kampfbeobachter-Laufbahn aufgeben möchte. Ja, ich weiß, in Crailsheim war alles noch in Ordnung und die Freude hier auf die Ju 88 groß. Aber täglich kommt zum Lernen Neues hinzu, was alles auseinandergehalten werden muss, um es nicht ständig zu verwechseln, und bereitet mir die meisten Schwierigkeiten. Wendet man das Erlernte dann beim Flugdienst in der Maschine an, kann es beim ersten Mal doch nicht gleich auf Anhieb hinhauen, beim zweiten oder dritten Mal klappt's dann schon etwas besser. Doch dann sind aber auch diese Übungsflüge schon zu Ende, ohne das Erlernte richtig angewendet zu haben, und man fürchtet später mal in seiner eigenen Maschine großen Mist zu machen. Jetzt hat aber die Verzweiflung langsam wieder mal ein Ende, und ich glaube, dass diese Sorgen eigentlich vollkommen fehl am Platze sind. Wir werden noch sehr oft Gelegenheit haben, vor dem ersten Einsatz den Kram noch oft genug zu üben.

So ein Mist, jetzt muss ich also doch noch am Sonntag als Ersatzmann Wache stehen. Na ja, dann kann ich wenigstens behaupten, die ganze Woche Dienst gehabt zu haben.

Liebe Eltern, merkt Ihr, Hörsching ist mit Crailsheim nicht zu vergleichen. Die angekündigten drei Päckchen sind also von daheim nach hier unterwegs. Einen Kuchen bekam ich diese Woche schon von Tante Lotte, da soll mal einer behaupten, es ginge mir nicht gut. Leider hatte ich nur einen Tag Freude an dem Kuchen, da war er auch schon weggeputzt, solch einen Appetit hatte ich! Liebe Eltern, eine Bitte habe ich noch, bitte schickt mir, wenn möglich noch ein paar Brotmarken.

Nun muss ich schließen und grüße Euch recht herzlich

Euer Arnold

Hörsching, Sonntag, den 28.3.1943

Liebe Eltern!

Zunächst möchte ich Euch zur Beruhigung mitteilen, dass ich die drei Päckchen alle pünktlich vorige Woche erhalten habe. Ebenso erhielt ich gestern die beiden Briefe mit den Brotmarken, die ich gleich zum Teil in Brot umgesetzt habe. Vielen herzlichen Dank, liebe Eltern, für die Päckchen und die Brotmarken. Ja, als ich gestern Nachmittag vom Flugdienst nachhause kam, da könnt Ihr Euch bestimmt denken, dass ich einen Mordshunger mitbrachte und meine Verpflegung im Nu den Weg zum Verdauungstrakt genommen hatte. Die Marken kamen wieder im richtigen Moment und am Abend wetzte ich dann ins Dörfchen Hörsching Brot kaufen. Außerdem aß ich in einer billigen Dorfkneipe ein billiges Abendessen mit 15 g Fettmarken. Das ist alles, was man sich hier leisten kann. Allerdings gibt es hier auch einen Most, und wenn in größeren Mengen genossen, dann kann man sogar Lieder vom schönen Rheinland singen – muss man aber viel davon getrunken haben. Mit unserem Wein ist dieses Zeug natürlich nicht zu vergleichen und ich habe den einen Wunsch, bald mal wieder ein Gläschen, oder zwei, edlen Nahewein zu trinken. Wie Ihr schreibt, wächst der Vorrat zu Hause ja zusehends, sodass ich mir für meinen Urlaub keine Gedanken diesbezüglich machen muss. Hoffentlich ist an diesem Urlaub was Wahres dran, unsere ganzen Sehnsüchte und Gedanken kreisen nur noch darum. Was wäre das für eine Enttäuschung, wenn uns dieser Urlaub vor unserem ersten Einsatz gestrichen werden würde.

Gestern war ich wieder in der Luft, quälte mich ab mit der Eigenpeilung und freute mich, dass ich den Kram einigermaßen kapiert habe. Uns ist ja die ganze Peilerei etwas Selbstverständliches geworden und ein Neuschüler käme wahrscheinlich aus dem Staunen nicht mehr heraus. Wir fliegen mit der Maschine ohne Erdsicht extra für den Schüler, also für mich, nach München oder sonst wo hin und nach einer bestimmten Zeit kann ich dann sagen, dass wir uns über dem Rundfunksender München befinden. Zu dieser Orientierung ohne Erdsicht sind verschiedene, sogenannte Funkfeuer aufgestellt, deren Standpunkt uns bekannt ist und die einen Dauerton mit einer bestimmten Kennung ausstrahlen. Anhand dieses Tones, den wir mit unseren Geräten in der Maschine peilen können, stellen wir dann fest, ob wir uns auf dem richtigen Kurs befinden oder durch Luftströmungen abgetrieben werden. Eine ganz tolle Angelegenheit, wenn man diese Sache ganz beherrscht, dann kann man sich nie verfranzen. Nach diesem geschilderten Flug gestern Morgen, starteten wir mittags zu einem Bomben-Übungsflug. Leider wurde das Wetter so schlecht (ein echtes Ereignis hier, denn solange wir hier sind, scheint nur die Sonne), dass wir nach etwa einer Stunde schon wieder landen mussten. Na, Hauptsache ist, wir haben unsere gute alte Startverpflegung.

Liebe Eltern, werdet Ihr daheim auch oft von feindlichen Fliegern nachts gestört so wie Saarbrücken und Bielefeld, wo sogar am Tag manchmal Alarm ist? Aber Sobernheim ist ja so klein, dass bestimmt keine Bomben abgeworfen werden.

Zum Schluss wieder mal einen Wunsch. Liebe Eltern, bringt doch bitte die Taschenuhr mal zum Uhrmacher Konrad und sagt ihm, dass sie für mich ist. Dann repariert er sie gleich und Ihr schickt mir danach die Uhr mit der Rechnung zu. Das Geld überweise ich dann sofort über die Bank. Es geht eben nichts über eine gut gehende Uhr in der Maschine, denn gerade das ist das Allerwichtigste. Wir rechnen ja mit Sekunden! Also versucht es mal bitte mit einem schönen Gruß von mir, dass er sie schnell repariert.

Für heute grüßt Euch recht herzlich

Euer Arnold

PS: Viele Grüße an Familie Schaaf

Hörsching, Samstag, den 3.4.1943

Liebe Eltern!

Ein kalter, stürmischer und regnerischer Tag bannt uns heute mal wieder auf unsere Stuben. Dort vertreiben wir uns mit faul in den Kojen rumliegen und bereichern unser geistiges Wissen an beliebten 20-Pfennig-Forbildungsromanen, zum Beispiel mit der Überschrift: »Die kalte Hand der Bahnwärterin!« Andere philosophieren über den Nährwert von trocken genossenem Kommissbrot. Doch wer würde wohl behaupten, sein Brot trocken essen zu müssen! Da sitzt zum Beispiel neben mir ein Kamerad, der mir Wohlbehagen ein dick mit Butter und Schinken belegtes Brot vertilgt, und ich habe soeben wieder etwas Kunsthonig für ein paar Zigaretten eintauschen können. Hörschinger Brot habe ich noch genug im Spind – also nix mit trockenem Kommissbrot!

Man muss eben immer wieder die Feststellung machen, dass der Landser ein gefräßiges Untier ist. Kaum hat er seine Abend- oder Morgenkost erhalten, fängt er zu schmausen an, bis das letzte Stückchen Kommissbrot in dem unersättlichen Magen verschwunden ist. Ausnahmen diesbezüglich soll es auch geben, doch möchte ich nicht darüber schreiben, da es verschwindend wenige sind.

Morgen ist also mal wieder Tag der Wehrmacht, der von uns und der Bevölkerung würdig begangen wird. Unser Beitrag zum Gelingen dieses ereignisreichen Tages ist eigentlich sehr gering. Ich zum Beispiel habe die Ehre, am Tor Wache stehen zu dürfen, um den Eintritt unerwünschter Elemente zu verhindern. Schnappe ich so ein unerwünschtes Element, kriege ich das Verdienstkreuz mit Schwertern. Wer hätte das gedacht. Ihr müsstet nur mal sehen, mit welchen Kisten meine Kameraden dort oben in der Luft herumschaukeln, um die Bevölkerung zu beeindrucken. Schade das Ihr nicht hier seid, Ihr würdet Euch bestimmt amüsieren.

Diese Woche hatte ich einen interessanten Eigenpeilflug gemacht. Morgens war das Wetter so schlecht, dass ein Funker anstatt eines zweiten Schülers mitfliegen musste. Unser Lehrer dagegen meinte, es ginge auch ohne Funker und so starteten wir um dann in den Wolken zu verschwinden. Wir flogen zu einem Funkfeuer hin und machten von dort aus, den Anflug auf eine Stadt. Bald hatten wir die Wolkendecke durchstoßen und flogen teils durch riesige Wolkentäler und Schluchten hindurch. Links, rechts, vor und hinter uns türmten sich die schneeweißen Wolken zu unüberwindbaren Bergen auf. Ich lag im ersten Teil des Fluges vorn in der Kanzel und konnte so ungestört diese Naturschönheiten bewundern.

Manchmal gab ein kleines Wolkenloch den Blick nach unten frei, doch bald versperrte eine dicke graue Wolkendecke jegliche Sicht nach unten. Flogen wir über den Wolken, dann hatte man eine phantastische Sicht; über 100 km weit konnte man ungehindert schauen. Links von uns ragten klar und deutlich die mit Schnee bedeckten Gipfel der Alpen aus dem flachen Wolkenmeer. Plötzlich wurde ich jedoch stutzig! Wie kommen denn die Alpen vor unseren Kurs? Dann müssen wir ja verkehrt fliegen! Doch meinen Berechnungen nach liegen wir genau auf dem befohlenen Kurs! Beim näher heranfliegen entdecke ich, dass das dicke weiße vom Wind zerfetzte Wolken sind die da aus der ebenen grauen Regenwand vor uns herausragen und mich durch ihre grotesken und zerrissenen Formen so täuschen konnten. Allmählich wurde es so weit oben lausig kalt und wir fingen an zu frieren. Deshalb versuchten wir, in dem äußerst begrenzten Raum der Kanzel uns etwas wärmende Bewegung zu verschaffen.

Natürlich lag ich nicht faul da vorne in der Kanzel rum und bestaunte nur diese neuartige interessante Welt, sondern rechnete eifrig mit. Als ich ausgerechnet hatte, dass wir jetzt über unserem Ziel sein müssten, drehten wir wieder auf Gegenkurs und flogen das Funkfeuer an. Meine Aufgabe war jetzt mittels Peilung die Maschine genau dorthin zu bringen. Es dauerte nicht lange und ich stellte fest, dass wir über dem Funkfeuer sein mussten. Wir kurvten nun nach einem bestimmten Verfahren immer tiefer, stießen durch die Wolken und siehe da, wir waren am Ziel! Ich war natürlich stolz, mal wieder etwas Positives zum Flug beigetragen zu haben.

Ja, früher als Laie war es mir unverständlich, wie man ohne Erdsicht überhaupt zum Ziel und jede Minute seinen genauen Standort bestimmen kann. Heute ist es das Leichteste auf der Welt für mich. Man muss natürlich ganz bei der Sache sein und keine Flüchtigkeitsfehler machen. Damals auf der A/B-Schule war die Wolkenfliegerei auch noch eine heikle Sache, wenn man da mal ein paar Minuten blind flog, wusste man nicht mehr, ob man auf dem Kopf stand oder stürzte. Meistens kamen wir man dann in der unmöglichsten Fluglage wieder aus den Wolken heraus und der Popo ging einem 1 : 100.000.

Soeben erhielt ich mal wieder einen Brief von Fritz, indem er schreibt, dass er zurzeit einen Zugführerlehrgang mitmacht. Na, da wird er ja bald sein Ziel erreicht haben. Weiterhin schreibt er da von einem tollen Ding, einem Spähtruppunternehmen, bei dem er mit einem anderen Kameraden einen zehn bis zwanzig Meter tiefen Steinbruch hinunter purzelte. Er kam mit ein paar Schrammen davon, während sein Kamerad ins Lazarett musste, doch schlimm verletzt soll er nicht gewesen sein.

Liebe Eltern, ist denn endlich bei Euch daheim auch der ersehnte Regen gefallen? Bei uns hat es diese Woche unheimlich gegossen – mehr als nötig war. Habt Ihr im Garten schon emsig gearbeitet? Hoffentlich kann ich mir dieses Jahr mal Eure Arbeit anschauen.

So, für heute grüßt Euch und Familie Schaaf recht herzlich

Euer Arnold

Hörsching, Samstag, den 10.4.1943

Liebe Eltern!

Es ist Samstagabend und das Wochenende hat nun auch für mich begonnen, nachdem ich vom Flugdienst zurückgekommen bin. Die ganze Woche über herrschte schlechtes Wetter und ausgerechnet am Samstagnachmittag musste sich der Himmel aufhellen. Es blieb uns nichts weiter übrig, als unseren freien Nachmittag für das Fliegen zu opfern. Machen wir aber doch gerne, denn zur Startverpflegung hat es zu meiner Freude mal wieder gelangt. Ja, ein materieller und sättigender Vorteil muss dabei irgendwie rausspringen, sonst ist die Begeisterung hin.

Was hatten wir doch bis vor einer Woche noch für ein schönes Wetter, doch plötzlich bekamen wir ab letzten Montag ein Wetter, wie man es sich im April nicht schlechter vorstellen kann. Schnee, Regen, Schnee, Hagel und dazu einen Sturm, wie ich ihn selbst vom Bug nicht kenne. Heute hat sich die Natur endlich etwas beruhigt und hoffentlich haben wir bald wieder das schöne Wetter wie im März, denn Ostern ist ja auch nicht mehr fern. Wie werde ich wohl dieses Jahr die Festtage verleben? Vielleicht auf Wache, vielleicht aber auch mal in der Stadt Linz, die doch bloß 14 km von uns entfernt ist. Meinen Geburtstag werde ich wahrscheinlich dieses Jahr auf einem Übungsplatz in der Slowakei verleben, da waren wir schon mal und wo wir noch mal aus der Luft schießen werden. Ein Leben führt man dort, sage ich Euch, wie man es sich besser nicht wünschen kann. Ein erstklassiges Essen mit tellergroßen Schnitzeln und Koteletts, stillen unseren Mordshunger. Dazu gibt es dort in der Kantine ein Likörchen, der an Friedenszeiten erinnert. Kleidungsstücke sind dort ebenfalls noch zu haben, nur, und das ist der wunde Punkt, braucht man zum Kaufen slowakisches Geld, mit unserem Geld ist da nichts zu machen. Wer »Süßstoff« hat, wird allerdings auch immer die Taschen voll slowakischer Kronen haben, denn das Zeug ist dort sehr begehrt.

Hörsching ist dagegen ein äußerst sparsames Pflaster, sodass ich diese Woche 50,- RM an die Bank abschicken konnte. Den Auszug schickt mir bitte zu. Unsere Verpflegungslage hat sich wieder etwas gebessert, wir bekommen jetzt täglich 700 g Brot und Jugendliche, unter einundzwanzig Jahren so wie ich, 200 g Wurst in der Woche mehr. Brot haben wir nun also genug, doch dürfte der Aufstrich etwas mehr sein, damit ich nicht jeden Morgen trockenes Brot essen muss.

Liebe Eltern, meine Uhr war ja wirklich schnell repariert und ich bin Euch und auch Herrn Konrad sehr dankbar. Bitte richtet ihm ebenfalls meinen Dank und die besten Grüße aus. In Eurem letzten Brief vermisse ich jedoch die Rechnung! Denn es ist doch wohl klar, dass ich die Reparatur bezahle! Schließlich habe ich ja die Uhr kaputt gemacht. Sie müsste also täglich hier bei mir eintreffen.

Liebe Eltern, für heute möchte ich schließen und grüße Euch und Familie Schaaf recht herzlich

Euer Arnold

Hörsching, Samstag, den 17.4.1943

Liebe Eltern!

Endlich haben wir wieder schönes Märzwetter im April, die warme Frühjahrssonne brennt heute vom Himmel herab, sodass man sogar beim Fliegen auf den dicken Fliegerpullover und die Handschuhe verzichten kann. Und gerade heute, muss ich wieder an daheim denken, wenn ich samstags nachmittags von der Arbeit kam, mich bald darauf auf mein Stahlross schwang, und zum »Gefach« geflitzt bin. Heute dagegen habe ich schon wieder einen 2-Stundenflug hinter mir, und heute Nachmittag einen 2-Stundenflug in der schnellen Ju 88 vor mir. Na, zur Startverpflegung hat ja der erste Start heute gereicht. Übermorgen können wir sie wieder als zweites Frühstück während der Unterrichtspause verspeisen.

So leben wir also in den Tag hinein, machen entweder Unterricht oder Flugdienst, sodass es mir erst einmal möglich war, mal aus dem Horst heraus zu kommen. Der Frühling ist nun inzwischen eingekehrt, doch so wie ich die Tage daheim erlebt habe, erlebe ich sie hier in Hörsching beim Kommiss wohl nie, denn man hat gar kein Auge mehr für die grünende und blühende Natur, ebenso für die Vogelwelt, deren Leben und Treiben ich daheim immer so gerne verfolge. Wie gerne würde ich auch mal wieder mit Papa einen schönen Spaziergang am Sonntagmorgen machen. Ich habe ja schon auf Ostern gehofft, doch es dürfen ja nur ca. 10 % der Kameraden und hauptsächlich die Verheirateten, auf Urlaub fahren. Also verleben wir dieses Jahr das Osterfest in unseren vier Wänden und befassen uns mit Navigation, Bombenabwurf usw. Langweilig wird uns bestimmt nicht.

Liebe Eltern, es sind ja mal wieder allerhand Sachen für mich unterwegs, damit ich Ostern auch in der würdigen Form feiern kann. Die Pakete werden doch hoffentlich heute in acht Tagen da sein? Ein Päckchen von Erna ist jetzt schon fast vier Wochen unterwegs! Es wird doch wohl verloren gegangen sein oder einer es sich unter den Nagel gerissen haben? Von Völklingen ist ja auch noch ein Päckchen unterwegs und ich glaube bestimmt, dass mich Tante Lotte auch nicht vergessen hat. Kurz und gut, mit der soeben aufgestellten Bilanz kann ich ja zufrieden sein, nur das Ergebnis steht halt noch aus. Ich glaube auch, dass mich keiner hier überbieten wird.

Dieses Wetter, lieber Papa, dass Du mir in Deinem letzten Brief geschildert hast, hat auch uns nicht verschont. Doch solchen Schaden wie daheim, hat es hier nicht angerichtet. Das gab aber auf einmal wieder eine Menge Arbeit für Dich, oder? Ich glaube, der abgebrochene Fensterladen wird Dir am meisten Kopfzerbrechen machen. Wie mag nun wohl unser Haus von vorne aussehen?

Die Uhr hat mir diese Woche, so auch heute Morgen wieder, sehr wertvolle Dienste geleistet und ich bin Euch und auch Herrn Konrad sehr dankbar für die prompte Reparatur und Lieferung. Eine richtig gehende Uhr ist mit das wichtigste Instrument in der Maschine. Die Maschine hat zwar auch eine Uhr an Bord, doch die sitzt beim Flugzeugführer und vom Beobachtersitz aus schwer einzusehen.

Liebe Eltern, für heute grüße ich Euch, Bringfriede und die Kinder recht herzlich

Euer Arnold

Hörsching, Dienstag, den 20.4.1943

Liebe Erna und Ewald!

In einer Mittagspause Briefe schreiben ist ja somit nicht meine Art, diese paar Minuten pflege ich meistens schlafenderweise zu verbringen, um mich zum Nachmittagsdienst zu stärken. Der Flugdienst macht doch manchmal elend müde, aber wenn wir für jeden Flug nicht die gute Startverpflegung bekommen würden, wäre die Fliegerei nicht mehr halb so schön. Jetzt ist das Fliegen, im Gegensatz zur A/B-Schule, kein Vergnügen mehr. Es wird mittlerweile allerhand mehr von uns in der Kiste verlangt. Doch ich glaube, wenn wir erstmal mit unseren Aufgaben richtig vertraut sind und im Schlaf beherrschen, dann starten wir wieder mit der gleichen Begeisterung zu einem Flug, wie es bei den allerersten Flügen der Fall war.

Diese und die letzte Woche habe ich meine Flüge in der Ju 88 gemacht. Ein schneller und wendiger Vogel zwar, doch für eine Kampfmaschine furchtbar eng. Man braucht schon eine gewisse Zeit, um sich darin einzufinden, aber mit der Zeit verliert sich auch das unsichere Gefühl und der Vogel wird mir immer sympathischer. Besonders ist hier das »Auf dem Kopfstehen«, wenn der Flugzeugführer mal eben einen kleinen Sturzflug macht. Oh Mann, wird man da beim Abfangen der Maschine in den Sitz gepresst! Der Körper verliert an Masse, wird klein und hässlich und das Gesicht verzieht sich zu einer jämmerlichen Grimasse. Momentan können wir da noch nicht von unangenehmen Gefühlen sprechen, denn wie wird das erst sein, wenn wir später im Einsatz so stürzen? Auf der Ju 88 wird uns auch jetzt das Bombenwerfen beigebracht, unsere Haupttätigkeit in der Maschine. Es ist nicht leicht, die Maschine genau über das Ziel zu navigieren, es braucht Übung und nochmals Übung. Man muss sich nur mal überlegen, wie das wäre, wenn später in einem Einsatz mehrere Stunden zum Ziel hingeflogen wird, das Erreichen des Ziels durch die Abwehr so schwer wie möglich gemacht wird, endlich über

Eine Ju 88 in der Startvorbereitung mit Blick auf die Motoren und Kanzel.

Blick in eine Kanzel der Ju 88. Links vor den Instrumenten saß der Pilot und vorne unten der Beobachter.

dem Endpunkt die Bomben abwirft und das Ziel nicht militärisch wäre, sondern die zivile Bevölkerung treffen würde! Das könnte man doch gar nicht verantworten!

Das Osterfest steht nun vor der Tür und ich hoffte schon auf Urlaub! Doch es dürfen ja nur die fahren, die einen ganz triftigen Grund haben. Es wurde auch schon dafür gesorgt, dass es mir Ostern nicht langweilig wird – ich habe Bahnhofswache. Dein Päckchen liebe Erna, ist bis heute noch nicht bei mir angekommen, weshalb ich ja, auch solange die Antwort auf Deinen letzten Brief hinausgezögert habe. Es wird doch nicht wieder verloren gegangen sein? Das wäre aber sehr schade, denn ich habe mich auf das Päckchen schon so darauf gefreut.

Du hilfst ja auch kräftig in Ewalds Betrieb mit, wie Du auf Deiner Postkarte aus Berlin geschrieben hast. Da hat wohl Ewald wenigstens an Dir eine große Stütze, auf die er sich verlassen kann, denn auf andere Leute konntet Ihr Euch ja nicht verlassen, wie Ihr schmerzlich erfahren musstet.

Liebe Schwester, ich möchte nun schließen und wünsche Euch ein recht schönes und frohes Osterfest

Euer Arnold

Hörsching, Freitag, den 23.4.1943

Liebe Eltern!

Noch bevor ich Euren Brief vom 19.04. erhielt, trudelte schon zwei Tage vorher das Paket bei mir ein. Der Kuchen ist bereits wie immer auf ein Mindestmaß zusammengeschrumpft, und ebenso die Marmelade. Doch die Wurst liegt noch unberührt und verlockend im Spind. Ich hoffe, sie noch zu den Feiertagen hinüber retten zu können. Vielen Dank also, für das große Osterpaket, und das mir der Inhalt mal wieder geschmeckt hat, beweisen ja meine vorherigen Zeilen.

In den letzten Tagen ist unsere Verpflegungslage so gut geworden, dass wohl keiner mehr von Hunger reden kann. Das geht sogar so weit, dass mancher überlegt, ob er mittags oder abends überhaupt zum Essen gehen soll und ob man die Hälfte der zugeteilten Portion stehen lässt. Brot wird von allen Seiten angeboten, keiner will jedoch mehr welches haben. Gestern und heute bekamen wir je einen halben Hefekuchen mit Marmelade gefüllt, so ähnlich wie ein Weihnachtsstollen, und wie ihn Mama oft gebacken hat. Mit Marmelade oder Honig bestrichen schmeckt er jedenfalls prima.

Dieses Jahr werden wir aber zu Ostern schönes Wetter haben, wenn die Witterung sich wie in den letzte zwei Wochen hält. Fast jeden zweiten Tag liegen wir in der Sonne, wenn Flugdienst angesetzt ist und wir auf unsere Maschine warten. Dass wir dabei tüchtig braun werden, ist kein Wunder. Jetzt, wo es in größere Höhen nicht mehr kalt ist, macht die Fliegerei doppelt Spaß.

Dieses warme Wetter hat auch leider als große Plage Maikäfer aus der Erde gelockt. Als Kinder haben wir immer Maikäfer gesucht und in Kartons nachhause gebracht. Aber hier schwirren sie abends herum wie die Fliegen und am anderen Morgen hängen sie überall in sämtlichen Bäumen, sodass die kleinen Äste der Bäume voll von ihnen abzubrechen drohen. Überall wo man hinschaut, liegen haufenweise totgetretene Käfer, so etwas habe ich noch nie gesehen.

Doch zurück zum Fliegen. Jetzt im Frühling sieht die Erde von oben gesehen wunderschön aus. Überall blühende Bäume und Sträucher, dazwischen schaut verstohlen das rote Dach eines Bauernhauses hervor und die Wiesen und Felder prangen in bunten Farben. Und immer wieder erwecken die bizarren, mit Schnee bedeckten Gipfel der Alpen eine Bewunderung und ein Erstaunen hervor. Das Wasser der Alpenseen erstrahlt in dem unnatürlichsten Blau, was ich kenne. Der Schnee auf den Bergen zeigt tiefe Furchen und Rinnsale, ein Zeichen, dass auch da oben der Frühling Einzug hält. Hier und da erkennt man den Vernichtungsweg einer herabgestürzten Lawine. Das schmutzig-gelbe Wasser der Alpenflüsse beweist auch, dass da oben die Schneeschmelze begonnen hat.

Diese Woche war ich mal wieder mit meiner Fliegerei restlos zufrieden. Es muss nur halt immer alles klappen, dann macht auch der ganze Kram Spaß. Heute machte ich zum Beispiel, mittels Peilung einen Abflug von einem Funkfeuer nach einer gewissen Stadt, die wir dann auch genau auf dem Kurs erreichten. Den Überflug dieser Stadt stellte ich auch genau ohne Erdsicht durch Peilung fest. Von dort aus ging es dann im Tiefflug weiter. Auf der Tiefflugstrecke müssen wir jetzt mit einer Generalstabskarte Kleinstorientierung machen und müssen dabei auch auf den Meter genau auf Kurs bleiben. Da sind jedes Haus, jeder Feldweg und jedes Wäldchen ein Anhaltspunkt. Haben wir dann die Strecke umflogen, geht es wieder auf Höhe zum Anflug auf das Funkfeuer, dass wir dann auch nach einer bestimmten Zeit überfliegen. Der Betreffende, der jeweils am Peilgerät von uns sitzt, sieht natürlich nichts. Dafür liegt er dann die zweite Hälfte des Fluges in der nach allen Seiten Sicht bietenden Kanzel, macht da vorne dauernd Standortbestimmungen, Windbestimmungen und Geschwindigkeitskontrollen. Dazu vermerkt er jeden markanten Punkt, jeden Kahn auf der Donau, jede Eisenbahn und jedes gesehene Auto in dem sogenannten Log-Buch. So versprechen wir also, durch ständige Übung mal ein guter Kampfbeobachter zu werden. Jetzt heißt es nur, die Bomben-Übungsflüge erfüllen und auch jede Bombe ins Ziel bringen, ohne unschuldige Menschen zu treffen und unglücklich zu machen, den so manch dusseliger Dämel hat die Bomben unterwegs einfach verloren und sie neben ein friedliches Dorf gesetzt.

Heute ist ja Karfreitag und ich plane mal den voraussichtlichen Verlauf des Osterfestes. Morgen am Samstag werde ich mal zur Abwechslung einen schönen 15 km langen Spaziergang nach Linz machen. Die vorgesehene Fahrt mit der Bahn fällt aus, denn sie wurde gesperrt. Ostersonntag und -montag habe ich die Ehre, Bahnhofswache schieben zu dürfen. Danach werde ich mir dann am Montagabend einen Besuch des Horstkinos leisten und einen schönen Film anschauen. Leider war ich diesmal nicht so intensiv hinter einem Erholungsurlaub her wie an Weihnachten. Wenn ich nämlich gewusst hätte, dass Erna über Ostern bei Euch ist, hätte ich noch mal mein Glück versucht. Ihr habt Euch doch sicher auch schon lange auf Ostern gefreut und auf den traditionellen Familien-Spaziergang. Nun liegt aber Mama im Bett und kann das schöne Frühlingswetter nicht genießen. Nun weiß ich aber, dass die warme Sonne Mama bestimmt hilft, bald wieder gesund zu werden – was ich Dir liebe Mutter, übrigens von ganzem Herzen wünsche. Es werden wohl keine zwei Monate mehr vergehen bis auf ein Wiedersehen mit mir daheim. Ich glaube, wenn diese Hoffnung auf ein baldiges Wiedersehen nicht wäre, würde mein Leben hier nur halb so viel Spaß machen.

Ihr Lieben, ich schließe nun in der Hoffnung, dass Mutter recht bald wieder gesund wird und grüße Euch, Erna, Bringfriede und die Kinder recht herzlich

Euer Arnold

Hörsching, Sonntag, den 2.5.1943

Liebe Eltern!

Dieses Wochenende brachte uns mal zwei wohlverdiente Ruhetage, die wir zum Teil mit Briefe schreiben, schlafen und lesen verbrachten. Es war wirklich ein Genuss, am Samstag- und Sonntagmorgen jeweils drei Stunden später als sonst geweckt zu werden. Aber Ausgang hatten wir, ebenso wie an Ostern, wieder nicht. So habe ich denn gestern und heute zusammen elf Briefe geschrieben, nachdem ich viele schon über einen Monat auf Antwort warten ließ. Unsere Freizeit in der Woche ist ja auch so knapp, dass man keine Lust zum Brief schreiben verspürt, sondern lieber ins Kino geht oder sich so früh wie möglich abends in die Falle legt. Nur das Kino allein bietet uns die meiste Abwechslung. Gestern Abend zum Beispiel, sahen wir den Film »7 Jahre Glück« und heute Abend wird »Liebesgeschichten« gespielt. Vorigen Dienstag wurde »Liebelei«gespielt und an Ostern »Liebesschule«. Kommenden Dienstag läuft wieder ein neuer Film und ebenso am Samstag. Ihr seht, an schönen Filmen fehlt es uns nicht, doch all das kann unseren Wunsch nach Ausgang und Sonntagsurlaub nicht ersetzen. Das ununterbrochene Leben innerhalb des Horstes begeistert keinen Soldaten. So allmählich sinkt bei vielen die Lust zu lernen, wie die Lehrer auch schon feststellen mussten und auch die ehemalige Begeisterung schwindet langsam dahin. Hinzu kommen manchmal noch allerhand Schikanen seitens der Kompanie und vom Spieß, was unsere Gleichgültigkeit in dienstlicher Hinsicht immer mehr steigert.

Filmposter zu den Filmen die Arnold in seinem Brief vom 2.5.1942 erwähnt.

Ein Trost ist jedenfalls, dass unser Schülerleben bald ein Ende hat und wir zu einer anderen Einheit versetzt werden. Bis dahin vergehen höchstens noch eineinhalb Monate, jedoch komme ich vorher noch mal auf den wohlverdienten Urlaub. Bis dahin habe ich ja auch schon ein Jahr keinen Urlaub mehr gehabt.

Der Verlauf des so lange erwarteten Osterfests, warf mir alle meine Osterpläne über den Haufen. Dass mein Spaziergang nach Linz ins Wasser fiel, hätte ich mir eigentlich vorher schon denken können. Von Ostersonntag auf Montag als Bahnhofswache rumzustehen hatte meine Laune auch nicht gebessert und nachmittags lag ich dann in meiner Koje und habe gepennt – tolles Osterfest!

Ihr habt die Feiertage doch bestimmt etwas angenehmer verlebt als ich, obwohl in den Lokalen nicht mehr viel zu bekommen ist. Doch für einen schönen Spaziergang mit Euch würde ich heute alles geben. Was habe ich doch früher daheim gerade um Ostern herum, für Spaziergänge gemacht! Doch heute beim Kommiss sein zu müssen ist man gegen das Aufblühen und Grünen der Natur völlig abgestumpft. Man hat ja auch keine Zeit und Gelegenheit dazu, sich mit etwas anderem als dem Dienst und Unterricht zu befassen. Wenn ich im Juni Urlaub bekommen sollte, dann werden aber diese verpassten Frühjahrsspaziergänge gründlich nachgeholt – nicht wahr lieber Papa?

Liebe Eltern, seid Ihr nun gestern zu dem versprochenen Mittagsmahl im Hunsrück gekommen und zu dem guten Tropfen Wein? Ich glaube, dass es dort in den Dörfern noch so manch gutes Essen und so manch guter Tropfen zu bekommen ist, was man unter den momentanen Bedingungen nicht bekommt. Ich wünsche Euch nachträglich noch einen recht guten Appetit und einen schönen Heimweg gehabt zu haben.

Wir hatten uns den gestrigen Samstag insofern schöner gestaltet, als wir einem irgendwoher organisierten Grammophon, die schaurigsten Töne entlockten. Nachdem wir unser winzig kleines Plattenkontingent mindestens zehn Mal durchgespielt hatten, gaben wir diese Volksbelustigung auf und siehe da, wir fühlten uns ob der plötzlichen Ruhe wohler als vorher. Liebe Erna, dein Päckchen ist immer noch nicht eingetroffen und ich glaube, dass wir es als verloren aufgeben sollten. Den Inhalt hat sich schon längst ein anderer gut schmecken lassen.

Für heute möchte ich nun schließen und grüße Euch alle daheim recht herzlich

Euer Arnold

Hörsching, Donnerstag, den 6.5.1943

Liebe Eltern!

Heute ist Donnerstag und der Tag neigt sich seinem Ende entgegen, der mal wieder ganz mit Flugdienst und zwischenzeitlichem Sonnen ausgefüllt war.

Heute habe ich zum zweiten Mal Bomben geschmissen, wie sich das anhört … Der erste Abwurf war breit gestreut, beim zweiten Abwurf lagen die Bomben schon dichter am Ziel und eine hatte sogar die Zielscheibe getroffen! Die Zielscheibe ist höchstens einen Meter im Durchmesser groß. Meistens spielt aber beim Bombenabwurf das Glück eine große Rolle, denn ich habe letztendlich drei Mal das Fadenkreuz getroffen und drei verschiedene Weiten erzielt. So flogen wir »erleichtert« und froh gelaunt nachhause, wollten landen und siehe da, das Fahrgestell klemmte … Alle Bemühungen des Flugzeugführers waren vergeblich! Aha, heute wird die Sache ja mal spannend, dachte ich. Jetzt ist Einsatz gefordert um das Fahrwerk von Hand auszufahren. Der Lehrer und der zweite Schüler, ein Feldwebel, pumpten im Schweiße ihres Angesichts, bis ihre Kräfte erlahmten. Ich saß dabei auf dem Bordfunkersitz und beobachtete zum Teil aufmerksam und zum Teil belustigt, wie die beiden sich abquälten. Beim fünften Versuch schien endlich das Fahrwerk ganz ausgefahren zu sein und wir setzten zur Landung an. Fest angeschnallt, die eine Hand am Notabwurf des Daches, berührten die Räder zum ersten Mal die Landebahn, bumsten etwas hart auf, die Räder hielten, alle Aufregung war umsonst.

Ja, liebe Eltern, jetzt glaube ich, dass Eure Sympathie für die Fliegerei wieder etwas gesunken ist, nachdem ich diesen Vorfall geschildert habe. Doch solch kleine Zwischenfälle sind ja sehr selten und der Schaden meist gering und zu beheben. Denn zu jeder automatischen Anlage in der Ju 88 gehört eine Notanlage, die mit der guten alten Hand zu betätigen ist. Die erste frühere Abneigung gegen die olle Ju 88 ist nun endgültig gewichen. Ja, ich möchte nie mehr in der »Weihe« fliegen, unserem »Leukoplastbomber«, nur noch in der »88«. Der Vogel ist schnell, wendig und sonst fliegerisch fabelhaft. Natürlich gehört aber auch ein erfahrener Flugzeugführer dazu, der die Mühle versteht und zu beherrschen weiß. Die meisten unserer Flugzeugführer sind ja alte Frontflieger, denen man sich ruhig anvertrauen kann. Ich aber mal gespannt, was die jungen Flugzeugführer bei der vierten Gruppe, im Gegensatz zur dritten Gruppe in der ich gerade bin, so können.

Allmählich deuten viele Anzeichen darauf hin, dass unsere Ausbildung bald zu Ende ist. Morgen in acht Tagen fahren wir erstmal auf einen Übungsplatz zum Schießen. Darauf freuen wir uns alle, denn dort gibt es noch ein prima Essen und auch Dinge zu kaufen, die wir selbst zu Friedenszeiten nicht kannten. Man bekommt dort noch die edelsten Getränke und Esswaren ohne Marken, die feinste Damenwäsche, Kinderschuhe und vieles mehr. Leider fehlen uns aber die Kronen zum Einkaufen. Diejenigen, die genug Süßstoff dabeihaben, können das Zeug gegen Kronen eintauschen.

Wenn wir von dort wieder zurückkommen, ist unser Ausbildungsende endlich in Sicht und wir werden zunächst mal auf Urlaub fahren dürfen.

Für morgen und übermorgen habe ich zum zweiten Mal Urlaub nach Linz eingereicht. Diesmal kommt bestimmt nichts mehr dazwischen, wüsste nicht was, und ich werde endlich mal ein Wochenende außerhalb des Horstes verbringen können. Es ist auch möglich, dass wir in Wien, auf unserer Reise nächsten Samstag, Aufenthalt haben. Ich werde dann mal versuchen, den Onkel Emil zu besuchen.

Wien habe ich ja schon oft von oben gesehen wie Schönbrunn, den Prater, den Wiener Wald, das Schloss und noch allerhand sonstige Sehenswürdigkeiten dieser schönen Stadt. Aber diesmal möchte ich sie mir gerne mal von »unten ansehen«.

Liebe Eltern, Eure geplante Maitour nahm ja einen recht kläglichen Verlauf, wie Ihr im letzten Brief geschrieben habt, ich sah Euch im Geiste schon in Kallweiler schmausen und edle Getränke genießen. Dabei wässert mir schon das Maul und ich bedauerte, nicht dabei sein zu können. Na, wenn ich wieder mal daheim bin, machen wir eine Tour liebe Eltern. Übrigens einen Leutnant Graf, von dem Ihr im Brief schreibt, sehe ich täglich bei der Flugbesprechung, ob das der Kamerad von Hans Gilbert war? Muss ihn mal fragen!

Diese Woche habe ich ein Paket mit einigen Sachen zu Euch nachhause geschickt. Alles Überflüssige musste mal aus dem Spind raus, damit da drin mal etwas Platz entsteht. Ich möchte Euch noch einmal bitten, mir ein Päckchen Waschpulver zu schicken, damit ich mir Verschiedenes selbst waschen kann – habt Ihr auch eventuell noch überflüssige Brotmarken? Hier in der Kantine gibt es manchmal allerhand Leckeres mit diesen Marken zu kaufen.

Ich möchte nun schließen und grüße Euch, Bringfriede und Erna herzlich

Euer Arnold

Hörsching, Donnerstag, den 13.5.1943

Liebe Eltern!

Bis zum nächsten Start, heute am Donnerstagvormittag, kurz noch ein paar Zeilen. Letzten Samstag und Sonntag bekam ich wider Erwarten Urlaub, um nach Linz zu fahren. Mit einer nächtlicherweise im Bett sauber gebügelten Hose, einem sauberen Kragen und einem entsetzlich drückenden Kragenknopf, fuhr ich mit einem Kameraden nach dem mit Spannung erwarteten Linz. Dort angekommen stellten wir fest, dass dieses furchtbare Gedränge in den Straßen und die vielen Menschen wir überhaupt nicht mehr gewohnt waren. Um dem zu entfliehen, tauchten wir zunächst schnellstens in einem Kino unter, froh diesem Menschgewühl entronnen zu sein. Anschließend besuchten wir noch ein paar nette Lokale, aßen Kuchen in rauen Mengen auf die Marken meines Kameraden. So verging der Tag und bald war auch der Zeitpunkt für die Rückfahrt mit dem Zug gekommen. Ziemlich enttäuscht kamen wir im Horst wieder an und hatten nachträglich von Linz doch etwas mehr erwartet. Somit beschlossen wir beide am nächsten Tag zu Hause zu bleiben. So was nennt sich nun »unternehmungslustiger Soldat« der Urlaub hat und trotzdem zu Hause bleibt. Für kommenden Samstag und Sonntag haben wir aber doch wieder Urlaub eingereicht, denn es ist immer besser, Urlaub zu haben, man ist dann für die Kompanie wenigstens auf dem Zettel nicht da. Aber nach Linz fahren wir trotzdem wieder, es soll der zweite Versuch werden.
Meinen Geburtstag am 19. Mai werde ich wohl in Hörsching im Kreise meiner Kameraden mit Most kräftig begießen. Ja, der Most, so sauer er auch schmecken mag, zwei

Gläser davon können schon eine angenehme Stimmung aufkommen lassen. Nach dem vierten Glas aber, wird man das Kasernentor garantiert nicht mehr finden.

Gestern habe ich meinen bisher schönsten Flug mit der Ju 88 gemacht. Während eines Fluges über die Alpen Richtung Norden, sah ich mal wieder Städte, die mir noch von der A/B-Schule her bekannt sind. München, Augsburg, Aalen, über Crailsheim unserer alten »Kampfstätte« haben wir ein paar Runden gedreht, überflogen Würzburg, Nürnberg, Regensburg und landeten schließlich nach knapp drei Stunden Flug wieder wohlbehalten in Hörsching. Es ist einfach unglaublich, welch ein große Strecke man in drei Stunden bewältigen kann. Stellt Euch mal vor, in eineinhalb Stunden könnte ich mit der Ju 88 bei Euch sein – mit der Bahn bräuchte ich dafür fast einen ganzen Tag! Ja, der gestrige Flug hat meine Begeisterung …

Leider fehlen hier Seiten des Briefs vom 13.05.1943, sodass wir nicht wissen, wie Arnold seine Begeisterung weiter schilderte.

Hörsching, Samstag, den 15.5.1943

Liebe Eltern!

Beim Kommis soll man nie etwas einen Tag im Voraus bestimmen, es kommt doch jedes Mal anders als erwartet. Also kurz und gut, wir werden morgen verreisen und vierzehn Tage den Hörschinger Horst nicht sehen. Da wo wir hinfahren, soll es sehr schön sein, auch die Verpflegung und so manches andere auch. Das hatte ich ja schon in meinen vorherigen Briefen angekündigt. Dort werden wir mal ein paar schöne Tage der Erholung und Entspannung haben, da wir den ganzen Tag im Freien sind. Der ganze Dienst dort besteht ja nur aus dem Standardschießen, Schießen aus der Luft und dem Bombenabwurf. Ihr könnt Euch gar nicht vorstellen, mit welcher Freude wir dorthin fahren. Erstens, wie schon gesagt wegen der Ruhetage und zweitens wird, wenn wir von dort zurückkommen, unsere Ausbildung in etwa zehn Tagen zu Ende sein. Was das wiederum für uns bedeutet, habe ich ja auch schon so oft geschrieben. Also drückt kräftig beide Daumen, dass wir Mitte Juni ein Wiedersehen daheim feiern können. Das jetzige Wetter ist so recht für unsere morgige Kommandierung geschaffen, denn so muss die Sonne weiter brennen und wir kommen braun gebrannt auf Urlaub. Ich werde Euch auch von dort aus schreiben, schickt mir bitte deshalb Eure Briefe nach wie vor nach Hörsching, die ich ja dann nach meiner Rückkehr dort vorfinden werde.

Apropos Urlaub, wo mag wohl jetzt Onkel Kurt stecken? Ob er noch gesund und munter ist und zurzeit hinter Stacheldraht »lustwandelt«? Hoffentlich erfahre ich durch Tante Manda bald was Näheres, doch sie wird wohl selbst schon so lange auf irgendein Lebenszeichen von ihm warten.

Liebe Eltern, hoffentlich habt Ihr nun doch nicht mein Geburtstagspäckchen weggeschickt, denn das würde ja bis zu meiner Rückkehr eintrocknen. Für die Brotmarken besten Dank, ich konnt mir mit Ihnen nun schon wieder allerhand Gebäck kaufen.

Liebe Eltern, als ich Euren ausführlichen Bericht über die Fahrt zur Ebernburg las, reifte in mir der Gedanke und ich fasste den Entschluss, diese Tour auf meinem Urlaub unbedingt zu wiederholen. Noch einmal wollen wir nach Herzenslust froh sein, alle Sorgen über Bord werfen, den Krieg vergessen und ohne Sorgen in die Zukunft blicken. Denn wer weiß, wann auf diesen Urlaub der Nächste folgen wird. Hoffentlich ist dann auch noch Trude da, damit sie mit ihrem Organisationstalent die notwendige Menge an Wein und sonstigem Alkohol herbeizaubert. Für heute Schluss, ich muss noch viel packen.

Viele Grüße sendet Euch, an Familie Schaaf und an Trude

Euer Arnold

O. U., Donnerstag, den 20.5.1943

Liebe Eltern!

Wie im letzten Brief angekündigt, wurden wir zu einem anderen Horst abkommandiert, um dort den letzten notwendigen Schliff zu bekommen. Nachdem ich nun vier Tage Gelegenheit hatte, die besten Eindrücke von dem Leben in diesem Land, insbesondere von diesem Horst zu sammeln, will ich Euch heute einiges darüber berichten. Leider hatten wir auf unserer Hinfahrt am Sonntag nur eine Stunde Aufenthalt in Wien und konnte somit die Familie Hößler leider nicht besuchen. Vielleicht gelingt mir dies aber auf der Rückfahrt. Als wir dann schließlich die Grenze überfahren hatten, bot sich uns bald ein schon fast vergessenes Bild des Friedens. Da fielen uns zunächst die vielen unzähligen kleinen Wandertruppen der jungen Burschen und Mädels auf, die mit der Laute oder Ziehharmonika im Arm fröhlich singend dahinmarschierten oder irgendwo auf kleinen Waldwiesen rasteten. Aber nicht nur die Jugend genoss den schönen Maientag, nein, auch die älteren Jahrgänge hatte die Sonne hinaus ins Freie gelockt. Die Dörfer, die unter den vielen Bäumen fast verschwinden und weit auseinandergezogen sind, prangen in den buntesten Farben, denn zu Ostern erhält jedes Haus einen neuen Anstrich. In einem Grenzort hatten wir zum ersten Mal die Gelegenheit, uns in einem kleinen Krämerladen von der Angebotsfülle der uns schon länger unbekannten Waren zu überzeugen. Die vielen Süßwaren erregten meine größte Aufmerksamkeit und schließlich blieb mein Blick an einer Galerie der besten Liköre und Schnäpse hängen, die das Interesse eines jeden Landsers erregen. Doch das war zu viel für mich! Fluchtartig verließ ich den Krämerladen, denn es ist eine Qual, diese guten Sachen wegen Geldmangels nicht kaufen zu können. Ihr werdet Euch auch denken, wie schnell dann auch dementsprechend unsere ersten erhaltenen siebzig Kronen alle waren (70 Kronen ungefähr 6,- RM). Das meiste Geld habe ich »vernascht« und mir gestern zu meinem Geburtstag (19.05.) ein paar Gläschen des besten Eierlikörs geleistet und meine zwanzig Jahre begossen. Es ist einfach grausam, wie man mit seinen paar Kröten rechnen muss, so arm war ich noch nie. Hoffentlich bekommen wir bald neuen Wehrsold, damit ich nicht mit vollkommen leeren Taschen wieder nach Hörsching komme. Die Kameraden, die Süßstoff mitbrachten, brauchen sich mit Geldsorgen nicht zu quälen, so wie ich. Die bekommen ja das fünf- bis zehnfache dafür an Kronen. Und die können sich nach Lust und Laune Liköre, Schnäpse und Bier kaufen. Dann gibt es in den Lokalen und Cafés noch Himbeere- oder sonstiges Fruchtwasser denen man heutzutage den edlen Namen »Kaltgetränk« verliehen hat, wobei dasselbe in heißem Zustand man eben dementsprechend sinngemäß und wohl bedacht »Heißgetränk« nennt. Hat dieses Zeug nun eine etwas bräunliche Farbe, mal dunkler mal heller, so erscheint es auf der Rechnung als Kaffee oder Tee, je nachdem, was man bestellt hat. Um das Wohlbefinden der geduldigen Gäste in einer Lokalität, die oft auf ihr Getränk mehr als eine halbe Stunde warten dürfen, noch wörtlich zu untermalen, hat man dementsprechend dem edlen Hause den historischen Namen »Wartburg« gegeben. Man hat die Räume mit teils sofaähnlichen Gebilden versehen, durch die man die Federn sehen kann, damit jeder weiß wie gut die Sitze gefedert sind. Doch muss man jeden Augenblick damit rechnen, dass sich so ein tückisches Ding durch das dünngescheuerte Gewebe bohrt, selbiges in den Allerwertesten und den darauf sitzenden Ärmsten mit einem lauten Knall unter die Decke feuert. Zum Glück entsteht dieses Szenario gerade vor meinem geistigen Auge und bis heute ist derartiges noch nicht passiert. Für genügend Frische sorgt ein luftschraubenähnliches Gebilde, der beim Anlaufen ordentlich Krach macht nur um wahrscheinlich jeden darauf aufmerksam zu machen, dass es jetzt versuchen wird den sich angesammelten Dunst, der schon fast die Sicht bis zum übernächsten Tisch nimmt, durch die sich hinter ihm befindliche Öffnung hinaus zu befördern. Es ist dabei selbstverständlich, dass während dieser Zeit des saugenden Lärmens, das Radio Pause hat, der Klügere gibt halt nach.

Nachdem man sich mit Kalt-, Heiß- oder sonstigem Getränk vollgetankt hat, bezahlt man die entstandenen Unkosten, natürlich nur runde Summen, und startet zu einem neuen »Flug« über Heiligenbeils berühmtes, das Straßenbild beherrschende Kopfsteinpflaster. Unterwegs wird dann in alle Richtungen gepeilt, um einen Senderanflug zu versuchen, die nun von weiblichen Personen dargestellt werden. Meistens gehen solche Peilversuche daneben und klappt höchstens bei denjenigen, die einen starken Empfänger haben – aber auch da nur teilweise. Zum Schluss dreht man noch mal einen »Roland« und geht dann schließlich auf Heimatkurs. Den Rest der Pulle rein bis zum Stehkragen, denn zu Hause warten als einzig wahre Freude des ganzen Abends Pellkartoffeln und Eier. Die werden dann zu knusprig braun gebratenen und wohlschmeckenden Bratkartoffeln verarbeitet, solange man noch stehen kann. Zum Braten benutzt man am besten Margarine, die sich auch als Schuhfett eignen würde. Etwas ruhiger geworden kommt es dann zum Genuss der Bratkartoffeln. Danach dauert es dann nicht mehr lange und man liegt bügelnder Weise im Bett, denn die Hose muss für den nächsten Ausgang einen anständigen Kniff (Falte) haben.

Ich glaube, jetzt habe ich mal wieder meine Erlebnisse etwas zu beflügelt geschrieben, dafür auch noch jede Menge Papier verbraucht, auf dem nichts Gescheites drauf steht, höchstens meinen derzeitigen geistigen Zustand dokumentierend. Oder liegt es daran, dass es schon sehr spät geworden ist und mein Korpus verlangen nach dem Strohsack hat. Also wollen wir ihm diesen Wunsch erfüllen, damit wir morgen zum Flugdienst frisch und munter sind und natürlich die Sonderverpflegung erfliegen. Nichts anders zählt.

Es grüßt Euch also für heute recht herzlich

Euer Arnold

Novy Dvor, Sonntag, den 23.5.1943

Liebe Eltern!

Langsam nähert sich unser Aufenthalt hier in Novy Dvor wieder dem Ende zu und wir werden voraussichtlich Ende dieser Woche nach Hörsching zurückkehren. Die Sonne hat uns in dieser kurzen Zeit tüchtig gebräunt und so mancher quält sich mit einem heftigen Sonnenbrand herum.

Diese Woche verlief mit Erd- und Luftschießen, wobei jeder von uns schon eine Unmenge Munition verballerte. Am schwierigsten war das Schießen aus der Ju 88! Kaum hatte man das Ziel anvisiert, war man auch schon über der Zielscheibe hinweg geflogen und die Geschosse schwirrten nur so in der Gegend herum. Man konnte schon froh sein, mit fünfundsiebzig Schuss acht Treffer zu erzielen – tolles Ergebnis. Nun, die Schießerei ist ja nur der Übung halber, damit man mal eine ungefähre Ahnung vom Schießen aus einer schnellen Maschine bekommt.

Die Hälfte des heutigen Tages verbrachte ich in unserem kleinen Badetümpel oder lag faul auf der Wiese in der Sonne herum. Diesen freien Sonntagnachmittag hatten wir uns aber, durch Bomben fahren für den morgigen Tag, redlich verdient. So eine kleine körperliche Arbeit schadet aber zwischendurch nichts, denn man kann dabei endlich mal wieder die Muskeln trainieren und kommt etwas zu Kräften, was aber größtenteils die gute Verpflegung besorgt. Das Schnitzel heute Mittag hättet Ihr sehen müssen! So groß wie ein Teller ist es gewesen, ohne Übertreibung. Diese Woche gab es sogar mal edlen Bienenhonig und dann gab es noch etwas diese Woche, worauf jeder schon mit Ungeduld gewartet hatte: »Pro Mann 175 Kronen!«. Am Abend sah man sich reichlich verspätende und schwankende Gestalten die Kantine verlassen, denn der Eierlikör und der 50%ige Schnaps hatten doch viele auf die Bretter gelegt.

Die Nachwehen am nächsten Tag beim Flugdienst waren dann auch dementsprechend. Keiner traute sich so recht in die Maschine, und fast alle stiegen nach dem Flug mit einer von Speiresten gefüllten Fliegermütze der ganzen Woche aus der Maschine. Der doch ungewohnte Genuss von Alkohol, hatte sich bitter gerächt. Ich habe jedoch noch fast mein gesamtes Geld und bin am überlegen, wie ich es am Besten ausgebe. Da gibt es zum Beispiel in einem Laden große Pralinenschachteln, leckeren Eierlikör, um meinen Geburtstag damit nachzufeiern, schöne Lederhandschuhe, Strümpfe, Kinderwäsche für Jürgen und noch manches andere. Da soll man sich jetzt für das Richtige entscheiden! Ja, wenn Geld genug da wäre, würde ich den ganzen Laden aufkaufen. Morgen muss ich das Geld unbedingt noch loswerden, sonst habe ich es am Ende doch noch vernascht und versoffen. Ich glaube so arm wie jetzt, war ich noch nie! Darum möchte ich auch jetzt schließen, denn ich glaube, die Sonne hat mein Gehirn eingetrocknet.

Viele Grüße sendet Euch, Bringfriede und Kindern

Euer Arnold

»Bomben fahren« im Bombenrollwagen zu einer Ju 88.

Hörsching, Freitag, den 28.5.1943

Liebe Eltern!

Das schöne, ruhige Leben und die gute Verpflegung, hat nun leider ihr Ende gefunden. Wir sind wieder nach Hörsching zurückgekehrt und hoffen, dass Mitte Juni unsere Ausbildung zu Ende ist. Ja, jetzt müssen wir uns wieder auf die »gute Hörschinger Verpflegung« umstellen und auf das Kommissbrot, das uns nach dem letzten täglichen Genuss von Weißbrot in Novy Dvor, doch etwas schwerfällt. Am letzten Tag vor der Rückreise habe ich mit den mühsam zusammengesparten Kronen einige Kleinigkeiten gekauft. Einige habe ich aber dann doch in Bonbons und ein paar Gläschen Likör umgesetzt. Es fiel mir manchmal sehr schwer, nicht auch noch den letzten Rest in Pralinen oder eine Schnapspulle umzusetzen. Schade, dass ich nicht mehr Geld hatte, für jeden der Familie hätte ich was mitbringen können.

Während der Zeit unseres Aufenthaltes in der Slowakei, flogen einmal ein paar Kameraden zurück nach Hörsching und dann warteten wir sehnsüchtig wieder auf ihr Erscheinen – weniger ihretwegen, sondern auf die hoffentlich mitgebrachte Post. Ja, für mich waren auch drei Briefe und ein Päckchen dabei. Ich hoffte schon ein paar Süßigkeiten für meinen Geburtstag darin zu finden, stattdessen fand ich ein Päckchen Waschpulver, das jedoch rasch meine Illusionen zerstörte. Das Waschpulver kam aber trotzdem gerade zur rechten Zeit, um mir mal wieder ein paar Socken waschen zu können. Ich hoffte, doch noch von irgendwoher ein Geburtstagspäckchen zu bekommen, nur scheinen alle meinen Geburtstag vergessen zu haben. Dann habe ich nicht genug Reklame dafür gemacht – sehr zu meinem Nachteil.

Wir werden aber meinen Geburtstag im Urlaub gründlich nachfeiern und ich hoffe, dass bis dahin Eure guten Kunden der Strickerei genug Geld mitgebracht haben, um mal für ein paar Tage ein gutes Leben führen zu können. Ihr müsst nur gut vorsorgen, denn Ihr werdet über meinen Appetit staunen.

Walter Schmitz war ja jetzt mal für ein paar Tage auf Urlaub, hatte aber das Pech telegrafisch abberufen zu werden. Nun ist er schon in Frankreich bei einem Verband, also ist er mit der Ausbildung noch eher fertig geworden als ich. Natürlich wird er einen ganz zackigen Bordfunker abgeben.

Liebe Eltern, für heute möchte ich schließen, grüße Euch und die Familie Schaaf recht herzlich

Euer Arnold

An dieser Stelle fehlt ein Brief, den Arnold in seinem letzten Brief vom 16.7.1943 erwähnt hatte. Bis zum 10.07.1943 war Arnold daheim in Sobernheim auf Urlaub. Zurück in Hörsching beendete er seine Ausbildung und wurde versetzt. Hier noch sein letzter vorliegender Brief aus Hörsching.

Hörsching, Freitag, den 16.7.1943

Liebe Eltern!

Im gestrigen Brief habe ich vergessen, ein paar Bilder beizulegen, die Euch bestimmt sehr interessieren. Mit diesen Maschinen machte das Fliegen noch einen Riesenspaß auf der A/B-Schule. Fast täglich flogen wir mit diesen kleinen Kisten über das Land. Der vordere Eingemummte mit dem dicken Pelzkragen, das bin ich, genannt der »Franz«, und hinten sitz der »Emil«. Genug für heute, ich muss ja noch für die Versetzung packen, denn heute Abend geht es los! Noch ist das Ziel der Reise unbekannt.

Viele liebe Grüße sendet Euch allen

Euer Arnold

Der vordere Eingemummte mit dem dicken Pelzkragen ist Arnold genannt der »Franz«, und hinten sitz der »Emil«.

Mit diesen Maschinen machte das Fliegen auf der A/B-Schule für Arnold einen Riesenspaß.

Blick auf das damalige Sobernheim südlich vom »Roten Hügel« aus.

Arnolds Elternhaus im damaligen Sobernheim mit Mama Franziska und Papa Paul.

Arnold zu Besuch – aber wo und bei wem?!

Kapitel 8: 1943 – Heiligenbeil, Warschau, Krakau …

O. U., Montag, den 19.7.1943:
»In zwei Tagen über Berlin an die Ostsee«

Heiligenbeil, Montag, den 26.7.1943:
»Man macht sich halt so seine Gedanken … Fronteinsatz?«

Warschau, Dienstag, den 27.7.1943:
»Neues Kommando: Maschinen vom Typ Ju 88 an die Front fliegen!«

O. W., Sonntag, den 8.8.1943:
»Mein alter Freund Berthold ist tot und ein gar schrecklicher Flug«

Warschau, Samstag, den 14.8.1943:
»Jede Menge Überführungsflüge und Irmgard – eine Bekanntschaft«

Krakau, Freitag, den 20.8.1943:
»Krakau ist schön aber Sehnsucht nach Obst und Heiligenbeil«

Krakau, Sonntag, den 22.8.1943:
»Zurück nach Heiligenbeil und Schweiß ohne Ende«

Heiligenbeil, Mittwoch, den 25.8.1943:
»Ein weiterer Kamerad gestorben und Gedanken an daheim«

O. U., Montag, den 13.9.1943:
»Sturzflüge, Bomben über Sobernheim und kein Obst«

O. U., Mittwoch, den 22.9.1943:
»Überraschungsurlaub? Pech mit den Mädels und Heiligenbeil unsicher machen …«

O. U., Montag, den 27.9.1943:
»Ein Paket voller Obst und bitte davon noch mehr!«

O. U., Sonntag, den 3.10.1943:
Noch mehr Obstpakete! Nächste Versetzung? Vollstes Vertrauen in den Kutscher und in die Ju 88«

O. U., Montag, den 19.7.1943

Liebe Eltern!
Eine gewaltige Reise quer durch Deutschland und über Berlin, brachte mich zu meiner neuen Einheit. Schnell hatte jeder nach dem Eintreffen sein Quartier bezogen, aber nicht alle in derselben Staffel. Leider mussten wir uns trennen, auch mein Kamerad »Bremmer« wurde diesmal von mir getrennt. Doch die alte Freundschaft der »Crailsheimer« und »Hörschinger« wird wohl darunter nicht leiden. Zum zweiten Male liegen wir wieder ganz in der Nähe der Ostsee und ich bin fest davon überzeugt, dass ich dort oft am Strand sein werde, besonders am Wochenende, wenn es der Dienst erlaubt.

Die Erkundigungen, die wir nun schon so im Verlauf der ersten paar Stunden von älteren Kameraden über den Horst eingezogen haben, lauten alle sehr günstig. Jeden Abend Ausgang bis 24 Uhr, Samstag und Sonntag bis 2 Uhr. Zusätzlich kann man ja zwischendurch mal Sonntagsurlaub einreichen.

Jedenfalls erkennt man an allem, dass die Schülerzeit endlich ihr Ende gefunden hat. Hier herrscht doch schon etwas mehr Betrieb der Front. Selbstverständlich ist auch hier das Essen besser als in Hörsching, wie wir uns bei der heutigen Mittagsmahlzeit ja schon überzeugen konnten.

Dies waren nun so in groben Zügen der erste Eindruck dieses Fliegerhorstes. Es wird auch nicht mehr lange dauern, bis zum ersten gemeinsamen Flug der jungen Besatzung. Darauf freue ich mich jetzt schon sehr. Endlich wird mal kein Lehrer sein strenges und wachsames Auge auf jede unserer Bewegung heften. Diese junge Besatzung wird nun vollkommen auf sich selbst angewiesen sein, jeder seinen Posten bestens ausfüllen, was wohl auch jeder schon aus eigenem Interesse machen wird.

Die Fahrt hierher war ja fürchterlich lange, doch nahmen wir sie, für eine Nacht in Berlin, gern in Kauf. Einen kleinen Einblick in das Leben der Berliner ist auch mal ganz interessant. Allerdings mussten wir die eine Feststellung machen, dass man sich in Crailsheim, Sobernheim oder Hörsching besser amüsieren kann als in Berlin – was die Menschenmassen betrifft. Es ist einfach ausgeschlossen, abends in irgend einem netten Lokal, wo noch einigermaßen was los ist, irgendwie rein- und unterzukommen. Überall, auch vor den Kinos und Varietés hängt das Schild »Wegen Überfüllung geschlossen!« So gaben wir es auf und tauchten schließlich in einem Soldatenkino in der Nähe des Bahnhofs unter und sahen uns, je nach Laune des Einzelnen, drei aufeinander folgende Filme schlafend oder wach an. Das war also Berlin bei Nacht, ziemlich frustrierend, aber wahrscheinlich hatten wir uns zum Studieren des Berliner Nachtlebens von Samstag auf Sonntag einen sehr ungünstigen Zeitpunkt ausgewählt. Besser ist es, sich einen Wochentag auszusuchen. Liebe Eltern, dies ist nun der erste Brief von meiner neuen Einheit, natürlich wieder die 13. Staffel und viele interessante Briefe werden sicher noch folgen.

Für heute grüßt Euch recht herzlich

Euer Arnold

Heiligenbeil, Montag, den 26.7.1943

Liebe Eltern!

Alle Anzeichen sprechen für ein baldiges Verlassen meiner jetzigen Einheit, der ich nun erst acht Tage angehöre. Meine Hoffnung bei einem mehrmonatigen Aufenthalt hier Ostpreußen mal näher kennenzulernen, scheint nicht in Erfüllung zu gehen. Vorausgesetzt, dass es sich tatsächlich nur um eine kurze Kommandierung handelt, um dann bald wieder zurückzukehren. So wird denn unsere Besatzung vielleicht in nächster Zeit weiter nach Osten reisen und für ein paar Wochen in einem Transporter ihre Pflicht tun. Bisher ist aber alles noch auf Abruf, also ist die ganze Angelegenheit noch fraglich. Nur möchte ich Euch kurz einweihen, denn eine eventuelle längere Schreibpause könnte Euch unnötige Sorgen und Kummer bereiten – so wisst Ihr wenigstens Bescheid. Wenn die Sache vollständig reif ist, schreib ich Euch sofort.

Hätte ich vor einer halben Stunde jemals geahnt, dass so was kommen würde? Da dachte ich noch, in einigen Monaten fertig für die Front zu sein, bis die Besatzung, zu der ich gehöre, ihr Ausbildungsprogramm durchgeflogen hat. Aber plötzlich stehe ich nun ganz dicht vor einem Kommando, doch das kann uns ja kaum erschüttern, denn beim Kommiss ist man ja allerhand Überraschungen gewöhnt. Ich schätze aber, dass wir erst noch auf einer Transportmaschine umgeschult werden, was auch noch einige Zeit in Anspruch nehmen wird. So ist es eben bei den Fliegern, dauernd unterwegs, einmal hier, einmal da, stets ein Wandern ohne Pause nach nur einigen Wochen oder Monaten Aufenthalt. Die Bezeichnung dafür bei den Dienststellen heißt einfach nur »reisen«. Ich bin nur noch auf den weiteren Verlauf dieser »Wanderung« gespannt, wohin sie mich noch bringen wird und wann sie einmal aufhören wird. Dieses Ende kann greifbar sein oder noch in weiter Ferne liegen, keiner kann das leider vorhersagen.

Wer weiß aber auch, vielleicht kann uns diese plötzliche Wendung noch manchen Vorteil bringen, an die man im Augenblick noch gar nicht denkt, und genauso unverhofft kommen wie die heutige Ankündigung. Doch schon heute darüber zu grübeln, was kommen mag, ist nicht gut. Am besten ist Abwarten und nicht schon vorher unnötige Gedanken machen. Wir wissen ja auch noch nicht, wo wir mal als Transportmannschaft fliegen werden? An der Front oder ein paar Kilometer dahinter? Das ist ja auch völlig egal, denn man kann so oder so auf den »Pinsel« fallen – aber nur wenn man Pech hat!

Liebe Eltern ich möchte nun schließen und hoffe, dass alles den gewünschten Verlauf nimmt und wir uns bald gesund wiedersehen. Ich glaube aber, dass wir uns deswegen keine Sorgen zu machen brauchen.

Herzliche Grüße sendet Euch, Bringfriede, Hermann und den Kindern

Euer Arnold

PS: Liebe Eltern, heute Abend geht es schon los, das Nötigste an Sachen wird mitgenommen. Wir freuen uns schon drauf – halt mal wieder eine kleine Abwechslung.

Warschau, Dienstag, den 27.7.1943

Liebe Eltern!

Nach einer beschwerlichen Bahnfahrt landeten wir heute Morgen mal wieder in Berlin. Der Aufenthalt in Berlin dauerte nicht lange und drei Stunden später gingen wir hier schon in einem Außenbezirk von Warschau spazieren. So unverhofft wie so manches in der Fliegerei, kam nun plötzlich diese Kommandierung, die uns vor ganz neue Aufgaben gestellt hat, und zwar Maschinen an die Front zu überführen. Ich sehe hierin nur einen Vorteil für uns, denn dadurch lernen wir Russland kennen, können uns mit der schwierigen Orientierung in diesem Land vertraut machen. Das wird uns bei einem eventuellen Einsatz von großem Nutzen sein. Ihr könnt mir nach hier doch Post zusenden, denn unser Aufenthalt hier wird sich wohl doch über einige Wochen erstrecken. Ich schließe nun, denn ich bin nach der Reise sehr müde und muss mich mal so richtig auspennen, wenn man mich lässt.

Viele Grüße sendet Euch allen

Euer Arnold

Neue Adresse:
4. (Ost) FL. Ü. G1
Warschau-Okezie

O. W., Sonntag, den 8.8.1943

Liebe Eltern!

Der erste lang erwartete Brief seit meinem Urlaub daheim, traf endlich gestern bei mir ein. In Heiligenbeil werde ich nach meiner Rückkehr sicher noch allerhand Post vorfinden. Doch vorerst wissen wir überhaupt nicht, ob und wann wir wieder zurückversetzt werden.

Nie hätte ich gedacht, dass mir eines Tages ein Brief von daheim solch traurige Nachricht bringen würde. Berthold, mein guter, alter Freund, dem nun endlich der lang ersehnte Sprung in die Spitzenklasse der deutschen Leichtathleten geglückt war, musste nun bei einem tragischen Unfall, wie sie leider in der Luftwaffe sehr häufig sind, sein junges Leben lassen.

Diese traurige und unerwartete Nachricht, hat mich zutiefst erschüttert. Plötzlich wurde ich in die Jahre zurückversetzt, in denen man gemeinsam die Schule, den Sport oder sonst wo erlebt hat. Man hoffte doch, nach dem letzten Treffen, sich wieder einmal glücklich und gesund wiederzusehen – doch wird er wohl leider nicht der Letzte gewesen sein.

Wir haben uns nun schon so langsam in unsere neue Aufgabe eingewöhnt, etliche Maschinen vom Typ Ju 88 an die Front gebracht, wobei auf Sonn- und Feiertage keine Rücksicht genommen wird. Der Hinflug ist ja noch einigermaßen interessant, man lernt ja nur dabei. Doch der sechs- bis achtstündige Rückflug in der Ju 52 bei diesem warmen

Wetter, ist eine Qual! Diese Hitze vermischt mit dem Benzingeruch, dazu das dauernde Schaukeln durch die aufsteigende warme Luft, holt einem das gute Essen aus dem Magen. Halb krank kommt man zu Hause an, doch am nächsten Tag geht es wieder ostwärts, denn die Maschinen müssen zur Front.

Bordschütze Rummel, Flugzeugführer Hofgard, Beobachter von der Eltz, Funker Hättasch und ein Boden-Mechaniker.

Den gestrigen Überführungsflug werde ich so schnell nicht vergessen. Die Wetterberatung sagte uns, dass unterwegs schlechtes Wetter zu erwarten sei, eventuell auch mit Gewitter. Es dauerte auch nicht lange und wir waren drin! Auf hundert Meter gingen wir runter und flogen immer der Straße unter uns entlang. Jede Kurve flogen wir nach, um ja nicht die Straße zu verlieren, denn sie war das Einzige, an was wir uns noch richten konnten. Da stand plötzlich vor uns ein grauer Vorhang, zuweilen durch grelle Blitze aufgerissen. Wollen wir da durch? Es gab kein langes Überlegen und schon waren wir drin. Um uns herum tobte das Inferno. Von der Erde war einfach nichts mehr zu sehen. Durch jede Ritze drang der Regen in die Kabine und die starken Windböen warfen die Maschine wie ein Spielball hin und her. Unser Flugzeugführer hatte mehr als alle Hände voll zu tun, um unsere Maschine in der Luft zu halten. Da, uns stockte der Atem! Keine dreißig Meter seitlich, nur kurz zu sehen, standen zwei Sendetürme, die wir um ein Haar gerammt hätten. Nun war aber genug! So schnell wie möglich wieder an Höhe gewinnen, denn so was sollte uns nicht noch einmal passieren. Glücklicherweise waren wir bald aus dem dicksten Dreck draußen, die Erdsicht war auch wieder da – doch wo waren wir? Diese Frage ist in den weiten Gebieten Russlands nicht so einfach zu beantworten. Also vorläufig mal stur Kurs fliegen, wir werden schon irgendwie ankommen. Der Funker bemühte sich vergeblich, mit irgendeiner Bodenstelle eine Verbindung herzustellen, doch die Gewitterstörungen waren zu stark. Allmählich begann die Sache unangenehm zu werden, denn der Sprit ging zur Neige. Jetzt wurde es Zeit, irgendeinen Flugplatz zu finden. Mithilfe der Eigenpeilung lotste ich uns an einen Platz heran, für die Ju 88 zwar etwas zu klein, doch wir mussten runter, da die

Kraftstoffanzeige schon fast auf null stand. Ich kann Euch sagen, in diesem Augenblick war jeglicher Humor dahin. Kein Kraftstoff mehr und keine Ahnung wie weit der rettende Platz entfernt ist. Es ist immerhin nicht wünschenswert, auf freier Wildbahn hier in Russland notzulanden, um schließlich nicht von den Partisanen als Zielscheibe benutzt zu werden. Wir hatten an dem Tag auch noch das Pech, dass unsere Mühle weniger Sprit als sonst mithatte! Sonst wäre alles ja halb so schlimm gewesen. Nun, mit etwas Verspätung und einem »Blauen Auge« davon gekommen sind wir schließlich doch hier gelandet, von wo ich gerade diesen Brief schreibe. Ich sitze hier schon länger rum und hoffe, möglichst bald von einer »Ju 52« abgeholt zu werden. Heute war schon eine da, doch der Beobachter der verschiedenen Besatzungen mussten wegen Platzmangels zurückbleiben. Ja, so ist das, wir werden so als fünftes Rad am Wagen behandelt so nach dem Motto: »Die Maschinen können auch mal ohne Beobachter überführt werden!« Und wer führte die rettende Eigenpeilung durch? Da ist der Bordschütze, der während des Fluges überhaupt nichts macht, viel wichtiger. Der Beobachter mit seiner zwölfmonatigen Ausbildung kann ja zu Hause bleiben. Eigentlich könnte man uns dann auch gleich zurück nach Heiligenbeil bringen oder noch besser, auf Urlaub schicken! Dann könnte ich Euch jetzt bei der Pflaumenernte behilflich sein und Euch diese Arbeit abnehmen. Mein letzter Urlaub ist aber gerade mal einen Monat her, also noch langen keinen Anspruch auf den nächsten. Also hier warten und Däumchen drehen – oder einen Brief schreiben.

Durch diese Überführungsflüge stehen wir natürlich in puncto Verpflegung glänzend da. Start-, Marsch- und Sonderverpflegung geben immer eine reichliche Mahlzeit ab. Doch kommt es zuweilen vor, dass wir fast eine Woche lang keine warme Verpflegung zu uns genommen haben und dieses unregelmäßige Essen ist dem Magen gar nicht verträglich.

Warschau habe ich mir nur kurz etwas näher ansehen können. Ein bestimmter Bereich im Stadtzentrum ist abgeriegelt, wird bewacht und darf nicht betreten werden. Da der Fliegerhorst auch außerhalb von Warschau liegt, kommen wir nicht weit, zumal die Hitze dies auch nicht zulässt. Da war eher das Schwimmbad angesagt und auch viel nützlicher, um fit zu bleiben, was auch täglich als Dienst angeordnet wurde. So was macht den Dienst einigermaßen angenehmer.

Liebe Eltern, sonst ist wohl daheim noch alles in bester Ordnung, in Sobernheim nichts Neues, Hermann noch in St. Wendel und wird wohl, weil in der Nähe, auch schon mal seine Familie besucht haben.

So bin ich nun am Schluss meines Briefes angelangt und grüße Euch alle daheim recht herzlich

Euer Arnold

PS: Ich schicke die Brotmarken zurück, sonst verfallen sie schließlich noch. Ich kann sie hier nicht verwerten.

Eine Ju 52 wurde als Rücktransport für die Mannschaft nach Überführungsflügen genutzt.

Warschau, Samstag, den 14.8.1943

Liebe Eltern!

Euer gestriger Brief hat mir ja mal wieder allerhand traurige Nachrichten gebracht. Ja, nach dem Krieg werden wir so manch alten Kameraden vermissen, mit dem man hoffte, einmal Wiedersehen feiern zu können. Wer von den bisher gefallenen Kameraden hatten denn jemals daran gedacht, nicht mehr wiederzukehren, die Heimat und seine Familie nicht mehr wiedersehen zu können.

Mein Freund Berthold, der sich nun endlich am Ziel seines Lebens, zu den besten Sportlern Deutschlands zu gehören, angekommen sah, musste einem tragischen Unfall in der Heimat zum Opfer fallen. Wie unverhofft doch manchmal das Schicksal einen Menschen trifft.

Es ist ja nichts Neues, dass täglich in der Luftwaffe Unfälle passieren, und auch viele mit tödlichem Ausgang, doch wir denken nicht daran, wenn die Maschine bestiegen wird. Dann schlägt nur das Herz des Fliegers. War man aber tatsächlich in einer kritischen Situation, die nur um Haaresbreite am Tod vorbei ging, dann lacht man höchstens darüber und gibt sie als Erlebnis zum Besten. Man selbst hat aber daraus eine große Lehre gezogen. Da fliegt man nicht mehr mit leerem Tank blindlings in ein Gewitter oder macht einen Tiefflug in einem hügeligen Gelände oder verfolgt stur einem Straßenverlauf …

Unsere Überführungsflüge sind ja an und für sich völlig harmlos, es kann aber auch mal anderes kommen, so wie bei dem damals geschilderten Flug. Einige Zeit behält man noch seine Ruhe, doch wenn der Sprit immer mehr zur Neige geht, unter sich nur Wald und Sumpf und weit und breit keinen Flugplatz sieht, dann wird man nervös. Auch ist es ja nicht ratsam, irgendwo im Gelände eine Bauchlandung zu machen. Erstens ist die Maschine dann hin, eventuell auch die Besatzung und zweitens, wenn man heil rauskommt, geht es unweigerlich in den Bau für etliche Monate. Hat man tatsächlich wie in den meisten Fällen einen Flugplatz erreicht und festen Boden unter den Füßen, dann fühlt man sich wie neu geboren. Solche Situationen sind aber wie gesagt äußerst selten und wir fliegen nun schon lange genug, um eine Maschine wohlbehalten zum Bestimmungsort zu bringen. Diese Überführungsflüge machen uns viel Spaß im Gegensatz zu den Rückfliegen – die sind eine Qual. So manch einer verliert dabei sein gutes Essen. Was wir durch diese Flüge jedoch alles an guten Sachen zu essen bekommen, ist schon sehr beachtlich: Schokolade, Kekse, Fruchtschnitten, Traubenzucker, Butter, Eier, Weißbrot und sonst allerhand gute Sachen. Oft kommen wir aber durch das ständige hin- und zurückfliegen an mehreren Tagen zu keinem warmen Essen. Ob das schuld an meiner dauernden Magenverstimmung ist – ständig ein komisches Gefühl im Magen zu haben und dazu einen echten Sch…! Doch Angst? Eher respektvolle Angst! Da geht es mir nicht alleine so, denn meine anderen Kameraden klagen zum größten Teil auch darüber! Ich glaube, dass ein geordnetes, geregeltes und friedliches Leben in diesem Falle das Beste wäre.

Lieber Papa, ich möchte nun auch auf den Schluss Deines Briefes zu sprechen kommen. Wie kam eigentlich meine Bekanntschaft mit Irmgard zustande? Der Zufall wollte es, dass wir uns im Saarhotel trafen und als anständiger Kavalier brachte ich sie nachts nachhause. Nun, wie es so ist, trafen wir uns am nächsten Tag wieder und am übernächsten, bis zum Tag meiner Abreise. Ungefähr vier oder fünf Mal. Ich glaube, in dieser kurzen Zeit lernt man einen Menschen nicht so kennen, um gleich ein festes Verhältnis daraus entstehen zu lassen. Auch waren unsere Spaziergänge stets von harmloser Natur, sodass wir uns gegenseitig Nichts vorzuwerfen haben. Also, lieber Papa, Du brauchst Dir keine Sorgen zu machen – ich werde schon den richtigen Weg finden.

Doch das eine dürfte falsch sein, Irmgard ihrer sonderbaren Eltern wegen dementsprechend auch einzuschätzen. Der jahrelange Umgang mit anderen, wohlhabenden Menschen und das Leben in Großstädten hat natürlich aus Irmgard einen anderen Menschen gemacht. So wie wir die Familie bisher kannten, habe ich aber in Gesprächen bemerkt, dass man sich mit ihr auch über andere Dinge als nur die alltäglichen unterhalten kann. Sie ist kritisch und kann auch sonst in jeder Beziehung – wie der Landser sagt – schwer auf Draht sein. Das man das Mädel nun stets nach ihren weniger geistreichen Eltern beurteilt, ist nicht richtig. Ich glaube in dieser Beziehung, hat man schon manchem Menschen unrecht getan, indem man sie vorverurteilt, und es würde mir auch leidtun, wenn man Irmgard genau so unrecht tun würde. Soweit also von mir etwas über dieses Thema. Ihr seid nun im Bilde, habt bitte keine Angst, ich werde bestimmt keine Dummheiten machen.

Liebe Eltern, erkundigt Euch doch bitte mal nach Herberts neuer Adresse, wir sind durch die laufenden Versetzungen wieder auseinandergekommen. Auch Hermanns Adresse, die ich vergaß von Heiligenbeil mitzunehmen, findet bitte heraus. Von Günter habt Ihr wohl auch nichts mehr gehört?

Für heute möchte ich schließen und grüße Euch recht herzlich

Euer Arnold

Krakau, Freitag, den 20.8.1943

Liebe Eltern!

Von Warschau sind wir nun für kurze Zeit nach Krakau übergesiedelt, von wo aus wir weiterhin Maschinen überführen werden. Gestern kamen wir hier an und heute überführten wir die erste Ju 88 an die Front. Die Ju 52 brachte uns heute Nachmittag wieder zurück.

Das Überführen von hier aus ist etwas interessanter, da wir nicht mehr stur den Straßen und Bahnlinien nachfliegen, sondern genau den Kurs bestimmend zum Zielflughafen mithilfe von Eigen- und Fremdpeilung und Koppelnavigation. Genauso wie auf der Schule.

Die ersten paar Stunden Aufenthalt in Krakau bewiesen mir, dass diese Stadt bedeutend schöner ist als Warschau. Sie ist vor allen Dingen durch den Krieg nicht so sehr zu Schaden gekommen wie Warschau, in der immer noch so mancher Soldat auf geheimnisvolle Art und Weise verschwindet. Nur leider haben die Juden in Warschau dafür büßen müssen, wie wir erfahren haben.

Nun wird wohl das Obst daheim auch langsam reifen, begünstigt durch das warme Wetter, das wir zurzeit wieder haben. Schon oft lief mir beim Gedanken an einen Apfel- oder Pflaumenkuchen das Wasser im Munde zusammen – so was müsste jetzt vor mir auf dem Tisch stehen. Neulich kaufte ich mir mal in Warschau vier Äpfel, fünfzig Pfennig das Stück, da verzichtet man doch lieber im Nachhinein. Aber dieser Preis ist da normal. Für manche Spezialgetränke kann man dreißig und mehr Mark pro Glas bezahlen, es ist halt alles sehr teuer in Warschau.

Ich bin mal gespannt, wir hier die Preise sind. Morgen ist ja Samstag, da werden wir und das mal ansehen. Vorausgesetzt, dass nicht schon wieder ein neuer Flugauftrag bereit liegt.

Wir wünschen alle bald nach Heiligenbeil wieder zurückzukommen, denn als Kommandierter ist man nirgends zu Hause. Man gehört zu keiner Dienststelle und läuft ewig mit schmutziger Wäsche herum, wenn man sie nicht doch mal mit seinem Stückchen Seife selbst wäscht. Auch haben wir in Heiligenbeil noch die Hälfte unserer Kleidung – hoffentlich ist noch alles da! Hoffen wir, dass wir tatsächlich Ende des Monats zur alten Einheit zurückkehren.

Für heute grüßt Euch und Familie Schaaf recht herzlich

Euer Arnold

Krakau, Sonntag, den 22.8.1943

Liebe Eltern!

Plötzlich erhielten wir eine neue unerwartete Nachricht: »Zurück nach Heiligenbeil!« Wir freuen uns, endlich dorthin zurückzukommen, obwohl wir uns über den Dienstverlauf der letzten Wochen nicht beklagen können. Wir waren ja stets unterwegs irgendwo in Russland und der Dienst, den wir mal ein oder zwei Tage in der Staffel mitmachten, war so angenehm wie möglich. Baden und Sport waren die Haupttätigkeit während des Dienstes und wer weiß, ob in Heiligenbeil der Dienstplan ebenso lautet. Hauptsache ist, dass wir wieder einem bestimmten Verband angehören und wieder ein geregeltes Leben führen können.

Allerdings werden unsere Mahlzeiten nicht mehr so reich ausfallen wie in der letzten Zeit, besonders die Start- und Sonderverpflegung werden wir sehr vermissen. Am meisten Freude aber, würde mir jetzt eine Apfel- oder Pflaumenernte daheim in unserem Garten machen. Denn Obst sehen wir beim Kommis überhaupt nicht, noch nicht mal eine Tomate. Wie gerne würde ich jetzt in einen Apfel beißen oder Pflaumen vertilgen. Ich bin mal gespannt, wie in dieser Beziehung in Ostpreußen aussehen wird. Auch hoffe ich, jetzt noch in die Ostsee baden gehen zu können, wenn es da oben noch genau so heiß ist wie hier in Krakau – ich habe selten so geschwitzt wie gerade jetzt. Bei diesem heißen Wetter immer in der dicken Uniform das Gepäck, die Fallschirme von Maschine zu Maschine schleppen und die Hitze in der Ju 52 ertragen, eine bessere Schwitzkur könnte es gar nicht geben.

So habe ich denn auch auf unserem letzten Überführungsflug zusätzliche Schweißtropfen opfern müssen, da ich zum ersten Mal am Steuerknüppel der Ju 88 saß! Schließlich muss man das ja auch mal lernen. Bis ich mal den Bogen raus hatte, die Maschine genau waagerecht zu halten, verging schon eine gewisse Zeit. Entweder stieg die Kiste mit fünf Meter pro Sekunde oder es ging rapide abwärts. Eine Kurve zu fliegen ist ein Ding für sich. Man lernt es aber mit der Zeit.

Soweit also mein letzter Bericht aus Krakau, dieser schönen Stadt, die ich mir heute Nachmittag noch mal gründlich anschauen werde. Geld habe ich auch genug in der Tasche. Heute Morgen habe ich mal kurz meine Groschen zusammengezählt und man soll es nicht glauben, die Endsumme belief sich auf über 250,- RM und ein paar Zloty. Da wird es doch höchste Zeit, auch das Bankkonto um eine nette Summe aufzufüllen.

Nun aber Schluss, es grüßt Euch für heute recht herzlich

Euer Arnold

PS: Viele Grüße an Familie Schaaf und schickt die Post an mich bitte ab sofort wieder nach Heiligenbeil.

Heiligenbeil, Mittwoch, den 25.8.1943

Liebe Eltern!

Schneller als wir dachten, sind wir zur alten Einheit zurückgekehrt und warten gespannt auf das, was da kommen wird, da die anderen Besatzungen uns ja in der Ausbildung weit voraus sind. Ich werde wohl in den nächsten Tagen noch nicht zum Fliegen kommen, mein »Kutscher« überführt noch eine andere Maschine um dann hierher zurückzukehren. In den beiden letzten Tagen in Krakau haben wir unsere ganzen inzwischen angehäuften Zlotys ausgegeben. Es ist uns nicht schwergefallen, denn dafür sorgen die teuren Preise. Also genau das Gleiche wie in Warschau. Zwei Stück Kernseife für zwanzig Zloty (= 10 RM) und einen elektrischen Kocher, kleiner als unserer daheim, für zweiundsiebzig Zloty habe ich mir gekauft. Nun kann ich Eier mit Speck jeden Tag selbst braten oder auch mal Bratkartoffeln als willkommene Abwechslung zum Abendbrot.

Gleich gestern Abend, kurz nachdem wir hier ankamen, erfuhr ich, dass ein Hörschinger Kamerad, mit dem ich auch schon in Crailsheim zusammen war und mit dem ich mich sehr gut verstanden hatte, tödlich abgestürzt ist. Auf dem Weg vom Bahnhof zur Unterkunft dachte ich noch an ihn und hoffte, heute Abend mit ihm ausgehen zu können. Nun liegt er schon unter der Erde und ich habe einen weiteren Kameraden verloren, mit dem ich hoffte, noch viele schöne Stunden verbringen zu können.

Unter der Menge Post, die sich inzwischen während meiner Abwesenheit angesammelt hatte, fand ich auch heute einen Brief von Euch. Mutter wird wohl inzwischen wieder daheim sein und sich hoffentlich in Westfalen recht gut erholt. Ich glaube, dass diese Erholung sie auch zu Hause finden könnte. Einfach mal die Arbeit zur Seite legen, den ganzen Tag spazieren gehen und auch so wenig wie möglich Leute ins Haus lassen. Doch glaube ich auch, wenn Mutter die Arbeit sieht, legt sie sofort wieder los damit.

Die Sorge um das Holz zum Heizen, seid Ihr ja nun auch endlich los und habt eine willkommene Vergrößerung des Brennvorrats für den Winter.

Lieber Papa, dass ich im Urlaub nicht in meinem Bett schlafen konnte, ist nicht schlimm gewesen. Auf was hat man beim Kommis schon nicht alles geschlafen. Da ist ein Sofa, wenn es auch etwas zu kurz war, ein Himmelbett dagegen. Man wird vor allen Dingen von keinem Ungeziefer belästigt, so wie es in Russland der Fall war, da sah ich oft sehr zerstochen aus.

Nun will ich schließen und grüße Euch und Familie Schaaf recht herzlich

Euer Arnold

O. U., Montag, den 13.9.1943

Liebe Eltern!

Als U. v. D. hat man den einzigen Vorteil, endlich mal wieder in aller Ruhe seine Post erledigen zu können. Denn irgendwie muss doch die lange Nachtwache zu bewältigen sein, und die unfreiwillige Pause des täglichen Ausgangs muss ich natürlich auch mit in

Kauf nehmen. Wenn uns auch Heiligenbeil nicht viel bieten kann, so ist es immerhin doch eine kleine Abwechslung und Zerstreuung nach dem täglichen Flugdienst dort zu verweilen. Diese Woche haben wir angefangen zu »stürzen«. Ich hatte mir die Sache etwas schlimmer vorgestellt, als sie in Wirklichkeit ist. Der Sturzflug ist völlig harmlos, weit ungemütlicher ist schon nachher das Abfangen der Maschine. Da wirken starke Kräfte auf den Körper und man wird klein und hässlich. Für den Flugzeugführer ist es schon eine kleine Kraftanstrengung, die Maschine wieder abzufangen.

So werden wir wohl bald die übrigen Besatzungen in der Ausbildung eingeholt haben und mit ihnen versetzt werden. Vorher besteht jedoch noch Hoffnung auf Urlaub. Die Jahreszeit ist zwar nicht günstig dafür, doch man verlebt mal wieder ein Paar schöne unvergessliche Tage in der Heimat, vielleicht ist dann gerade der junge Wein soweit ... Was hat doch Sobernheim noch mal für ein Glück gehabt, dass der »Tommy« diese beiden Bomben ein paar 100 m weiter außerhalb von Sobernheim abgeworfen hatte. Ich glaube, die beiden Dinger hätten genügt, um unserem Städtchen einen gehörigen Schaden zu zufügen. Hoffen wir doch stark, dass das Glück uns auch weiterhin nicht verlässt und Sobernheim den Krieg glücklich übersteht. Ich kann mir denken, dass die Bevölkerung jeder Nacht nun mit gemischten Gefühlen entgegensieht und bei jedem Motorengeräusch aufschreckt und kein Auge mehr zumachen kann. Aber so ist das ja überall in diesem Krieg, wenn Flugzeuge über einem hinweg fliegen. Hoffen wir doch einfach, dass dieser Krieg bald vorbei ist und alle Menschen wieder unbesorgt schlafen können. Auch Ihr beiden habt diese Ruhe bitternötig.

Erna hat sich ja auch in einen stillen Winkel außerhalb von Bielefeld flüchten können, und dort wird sie hoffentlich von den Fliegern verschont bleiben. Doch wie sie schrieb, ist es dort mit der Ruhe auch nicht weit her, denn Bielefeld liegt eben einfach zu nahe.

Dieses Jahr werden wir in Bezug auf Obst sehr stiefmütterlich behandelt. Nicht mal Tomaten gibt es hier, die wir doch voriges Jahr um diese Zeit in Senftenberg in rauen Mengen gegessen haben. Viele Kameraden schreiten jetzt zur »Selbsthilfe« und kommen abends vollgepfropft mit Äpfeln nachhause. Es hat auch keinen Sinn, etwas zu schicken. Bis das Paket hier ankommt, sind wir vielleicht ganz woanders. Außerdem brauchen wir ja keine Briefmarken mehr, denn einfach die offene Adresse an den Fliegerhorst Heiligenbeil genügt ja (postlagernd).

Liebe Eltern, für heute genug, es grüßt Euch recht herzlich

Euer Arnold

PS: Viele Grüße an Bringfriede, Hermann und die Kinder.

O. U., Mittwoch, den 22.9.1943

Liebe Eltern!

Es ist möglich, dass Dein Wunsch, liebe Mutter, mich plötzlich und unverhofft in der Haustür zu sehen, bald in Erfüllung geht. Denn unsere Ausbildung nähert sich ihrem

Ende und anschließend werden wir sofort an die Front versetzt. Urlaub bekommen wir keinen, jedoch dürfen wir unsere Versetzungsreise achtundvierzig Stunden zu Hause unterbrechen, laut meinem Marschbefehl. Man kann ja eventuell ein paar Stunden überziehen. Das wird ja eine schöne Fahrt, von hier in den Westen und wieder zurück in den Osten – ausgerechnet jetzt, wo der Winter in Russland beginnt. Das heißt aber auch, sich so schnell wie möglich dem neuen Klima anpassen so gut es eben geht. Das Wetter hier wird einfach nicht besser und wir können unsere Bomben im Sturz und horizontal nicht abwerfen. Auch muss der täglich angesetzte Nachtflug wegen Schlechtwetter ausfallen. Das alles verzögert natürlich die Versetzung um etliche Tage.

Wie ich in der Zeitung las, muss ja daheim noch sehr schönes und warmes Wetter sein, sodass man sogar noch baden gehen kann. Hier ist die Badesaison schon seit über vier Wochen vorüber. Allmählich wird es immer kühler und weiter oben in 2000 m haben wir schon Vereisungen am Flugzeug gehabt. Noch weiter oben ist es schon bitterkalt und wie Ihr ja wisst, haben wir keine Heizung in unseren Maschinen. Es lohnt sich auf alle Fälle sehr warm anzuziehen, denn die Zeiten, in denen wir in Badehose losflogen, sind schon lange vorüber.

Und nun muss ich die Sache mit der großen Unbekannten noch erklären. An dem Tag, an dem ich sie mal treffen wollte, hatte ich Dienst, ebenso am nächsten Tag und so habe ich bis heute vergebens nach ihr Ausschau gehalten – sie ist einfach nicht mehr da. Nun habe ich sie auch schon fast vergessen. Ja, es ist scheinbar eine unabänderliche Tatsache, wenn man so richtig nahe dran ist, die Bekanntschaft eines netten Mädels zu machen, das stets etwas dazwischenkommt – oder geht nur mir das alleine so?

Denselben Fall erlebte ich kurz vor der Versetzung nach Warschau. Ich lernte, natürlich durch Zufall, ein Mädel kennen und an dem Tag, an dem wir uns wieder treffen wollten, wurden wir natürlich versetzt. Fünf Wochen später zurück, hatte sie natürlich schon längst einen anderen gefunden und ich schaute wieder mal tief seufzend und traurig in den Mond.

Das alles hindert mich natürlich nicht daran, so jeden zweiten Tag »flitzen« zu gehen, etwas Abwechslung muss der Mensch doch haben, wenn sie auch noch so in bescheidenem Maße angeboten wird. In Heiligenbeil eine Kinokarte zu bekommen ist fast unmöglich. Man müsste höchstens zu den Bekloppten gehören, die sich zwei Stunden regungslos vor die Tür stellen, um dann nach dem Öffnen der Pforte, was auch schon dank der Sturheit der hiesigen Landesbewohner auf einige Schwierigkeiten stößt, mit viel Kraftaufwand und Getöse durch dieses enge Loch hinein zu stürzen, um einen günstigen Platz an der Kasse zu erkämpfen. Wo bleibt da nur der gesunde Menschenverstand? Nach dem stürmischen Einlass leuchtet sehr bald das Schild »Ausverkauft« auf, was schon darauf schließen lässt, dass das Kino einst nur für die höheren »Zehntausend« von Heiligenbeil gedacht war, was die Anzahl der Sitzplätze betrifft und sie sich darin wohlfühlten. Nun ist also dieser Musentempel in diesen Zeiten dem Ansturm des gesamten vergnügungssuchenden Volkes, der Landser, Flieger und des Arbeitsdienstes nicht mehr gewachsen. Übrigens können die einheimischen Bewohner ruhig zuhause bleiben, bis auf das jüngere weibliche Geschlecht natürlich. An solchen Tagen treten sich die Landser fast tot, um nach dem weiblichen Geschlecht Ausschau zu halten. Doch dazu muss ich mal was Erklärendes beitragen. Es gibt hier natürlich auch den überall bekannten und beliebten Rennweg rund um den Marktplatz, wo wir dort immer unser Runden drehen nach dem »Rolandverfahren«, ein Wort aus der Fliegersprache und bedeutet, das ein Flugzeug ständig um einen Sender kreist, dabei immer tiefer geht, um schließlich auf dem Platz zu landen. So ähnlich ist es auch auf dem Marktplatz, nur mit dem einen Unterschied, dass hier so viele Maschinen, meist mehrere im Verband, zusammen um einen weiblichen Sender kreisen, sodass ein Zusammenstoß manchmal nicht zu vermeiden ist. Man geht dann bei solchen Rudelbildungen fluchtartig auf Abflugkurs, dann beim Café »Rommel« oder Café »Schuttpelz«, das mehr »Schutt« wie Pelz ist, eine anständige Landung hinlegt, die Maschine zu einem Platz rollt, wo bereits schon einige weibliche Doppeldecker gelandet sind, vorausgesetzt es sind noch Plätze frei, eine Parkposition einnimmt. Meistens sitzen zwischendrin noch einige ganz alte Mühlen herum, die soeben der Instandhaltungswerft entflohen und mit neuem Anstrich vergeblich versuchen einen schnittigen Jäger oder Stuka an ihren Platz zu locken. Zum Tanken sind auch schon allerhand Flüssigkeiten bereitgestellt, man braucht ja nur zu bestellen, angefangen beim …

Verschiedene Ansichten von Heiligenbeil auf einer Postkarte.

Schade, leider sind die weiteren Seiten des Briefs verloren gegangen, sodass wir Arnolds humoristischen Beschreibungen der Vorkommnisse nicht weiter verfolgen können …

O. U., Montag, den 27.9.1943

Liebe Eltern!
Meinen allerherzlichsten Dank für das viele Obst im letzten Paket, die Äpfel und Birnen schmecken einfach köstlich. Schickt mir bitte recht bald noch mal einen Karton voll, von der ersten Sendung ist fast nichts mehr da. Vergesst aber bitte nicht, noch ein bisschen Schuhcreme und Waschpulver beizulegen, vielleicht auch mal wieder einen guten Kuchen? Nun aber genug, sonst werde ich noch anspruchsvoller.

Sonst ist bei mir alles in bester Ordnung und grüße Euch für heute recht herzlich
Euer Arnold

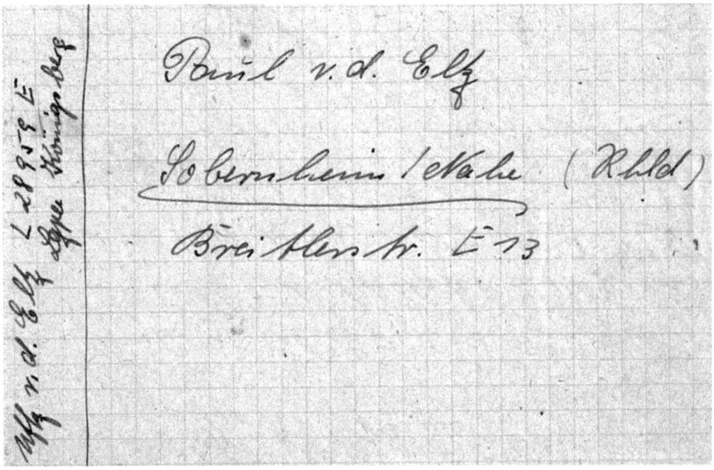

Dies ist ein Paketbegleitschein. Arnold ist der Absender und seinen Vater der Empfänger.

O. U., Sonntag, den 3.10.1943

Liebe Eltern!
Inzwischen werdet Ihr wohl schon mein Paket erhalten haben, nebst ein paar Zeilen mit den gar nicht so unbescheidenen Wünschen. Doch ich hoffe, dass Ihr mir einen Teil davon wenigstens erfüllen könnt. Schon am Dienstag diese Woche wartete ich vergebens auf einen Brief von Euch, und nun ist bereits bald schon wieder eine Woche vergangen. Jeder Brief von Euch, liebe Eltern, macht mir eine besondere Freude, die ich natürlich nicht vermissen möchte.

Eurem Obstpaket ist am Dienstag ein noch größeres von Erna gefolgt. Fast die ganze Woche ernährte ich mich ab dann nur von Äpfeln! Aber so muss es sein, damit man auch etwas von dem obstreichen Jahr zu schmecken bekommt. Sonst leben wir, wie Ihr ja schon wisst, dank der Pellkartoffeln und Eiern nebst Milch und Weißbrot, nicht schlecht. Fast jeden Abend, gibt es Bratkartoffeln mit Zwiebeln und Speck, den ein Kamerad aus der hiesigen Gegend vom Sonntagsurlaub mitgebracht hatte. Auch meint er mir als zusätzliches Entgelt für die Zigaretten, stets fünf bis sechs Eier zusätzlich mitbringen zu müssen. Und fliegen wir mal länger als zwei Stunden, gibt es die Sonderverpflegung, die sich bei mir nur höchstens einer Lebensdauer von zehn Minuten erfreut.

Nun verlässt allmählich eine Besatzung nach der anderen die Staffel, um zum Einsatz zu gelangen. Wir werden wohl in zwei bis drei Wochen soweit sein. Ich bin mit meinem Kutscher soweit zufrieden, er ist ein schneidiger Flieger, aber manchmal etwas waghalsig wie die anderen Staffelkameraden betonen.

Doch ich meine immer: »Uns kann nichts passieren, solange die Motoren nicht aussetzen oder sonst was an der Maschine ist!«. Wir haben jedenfalls festgestellt, dass die Ju 88 kunstflugtauglich ist. Unsere Bomben haben wir auch schon im Sturzflug mit guten Trefferergebnissen abgeworfen und nun muss ich noch beweisen, dass ich sie im horizontalen Flug genauso ins Ziel bringe. Doch nun muss ich so langsam schließen. Um ein Uhr mittags beginnt auf dem Heiligenbeil-Sportplatz ein Fußballspiel, von dem ich keine Minute versäumen möchte.

Es grüßt Euch für heute und Familie Schaaf recht herzlich

Euer Arnold

Arnolds Besatzung der Ju 88 von links nach rechts: Hinten Flugzeugführer Hofgard und Bordschütze Rummel, vorne Funker Hättasch und Beobachter von der Eltz.

Dies ist der letzte vorliegende Brief von Arnold im Oktober 1943. Es müssten aber weitere Briefe bis März 1944 von ihm geschrieben worden sein. Vielleicht war dies aber auch nicht möglich, da in dieser Zeit Arnold als Beobachter dem 8. Kampfgeschwader 3 angehörte, laufend in einer Ju 88 mit seinen Kameraden im Einsatz war und stetig einen Stellungswechsel vornehmen musste. Weiter geht es im Kapitel 9 mit Briefen ab März 1944.

Kapitel 9: 1944 – Hopsten, Celle, Rheine, O. U. (Dänemark)

»O. U., Donnerstag, den 31.8.1944«:
»Nachts in Dänemark in der Luft, ein Volltreffer vom Tommy und ich falle aus der Ju 88«

»O. U., Dienstag, den 5.9.1944«:
»Im Land wo Milch und Honig fließen sich Gedanken über den Krieg und daheim machen«

»O. U., Sonntag, den 10.9.1944«:
»Skat spielen, Bier trinken, Schinken suchen und Bereitschaft schieben«

»O. U., Montag, den 18.9.1944«:
»Lieber Papa und meine Gedanken über den Krieg zurzeit!

»O. U., Montag, den 25.9.1944«:
»Neuer Standort, Sorgen um die Heimat und die heranrückende Frontlinie daheim«

»O. U., Freitag, den 29.9.1944«:
»Feindpropaganda, das Leben in Dänemark und der Wunsch nach einem neuen Radio«

O. U., Mittwoch, den 4.10.1944:
»Stationiert in einem Ferienhaus in Dänemark und endlich Radio hören«

O. U., Freitag, den 13.10.1944
»Bombenterror zuhause und in Kopenhagen auf das Kriegsende warten«

Hopsten, Freitag, den 31.3.1944

Liebe Eltern!

Endlich sind wir nach langer Zeit wieder hier in Hopsten gelandet und hoffen doch, nicht noch einmal einen solchen Stellungswechsel vornehmen zu müssen. Inzwischen gehöre ich auch wie meine Kameraden zum 11. Nachtjagdgeschwader 2 an.

Was uns so sehr nach Hopsten wieder zurückzog, war auch unser Radio. Denn so lange wir umherreisten, fehlten uns die Musik und vor allen Dingen die Nachrichten. Das Leben wird ja nun auch durch die ersten warmen Frühlingstage hier draußen in der Einsamkeit immer angenehmer. Auch sorgt unser primitives Kino fast täglich für eine willkommene Abwechslung.

Inzwischen habt Ihr ja den ungeheuern Abwehrerfolg unserer Nachtjäger in der letzten Nacht erfahren, den ich als Augenzeuge wieder mal nur zu gut bestätigen kann. Der Mond machte ja auch fast die Nacht zum Tag, sodass ich sogar den Schatten der Maschine auf den Wolken sah, als wir sie in geringer Höhe überflogen. Schon kurz nach dem Start sah man die »Tommys« noch sehr weit vor dem Ziel brennend herunterstürzen, nach dem sie kurz vorher ihren Bombenregen im Notabwurf herunterrauschen ließen. Wir konnten laufend die Abschüsse auf der Anflugstrecke von 400 km verfolgen und unten bei Frankfurt waren wir auch mitten in den Verbänden. Überall wo man hinsah, zogen die Leuchtspurfäden durch die Luft. Wenige Sekunden später, stürzte auch schon wieder eine brennende Maschine in die Tiefe um unten in den Bergen zu zerschellen oder in der Luft zu explodieren. Dieser Anblick der vielen brennenden Mühlen löste bei uns eine wahre Begeisterung aus und es wäre uns sogar wieder eine große Freude auch heute wieder starten zu können, um dem »Tommy« wieder eins überzubraten, damit ihm für die nächsten Wochen jegliche Lust an seinem Bombenterror vergeht. Jedenfalls wird es bei den immer besser werdenden Abwehrbedingungen noch öfters solche Niederlagen erleben – gilt es doch unsere Heimat zu beschützen. Es herrscht aber trotz aller Euphorie nach der Landung immer eine gewisse Nachdenklichkeit.

Für Euer Paket meinen allerherzlichsten Dank, die Äpfel und besonders der Wein haben mir viel Freude bereitet. So wächst also langsam mein Vorrat an Alkohol für die kommenden Ruhetage, der nur aus edlen Getränken wie zwei Flaschen Sekt, eine Flasche Likör, eine Flasche Schnaps und zwei Flaschen Rotwein besteht. Ein sehr schöner Vorrat, mit dem sich allerhand anfangen lässt. Am nächsten Wochenende bietet sich ja wieder eine Gelegenheit, diesen Bestand an Alkohol in Rheine wieder etwas zu schmälern – hoffentlich wird es wieder so schön wie beim letzten Mal.

Liebe Eltern, ich möchte nun schließen und grüße Euch, Erna und Ewald, Bringfriede und Hermann sowie Familie Kusenberg

Euer Arnold

Hopsten, Dienstag, den 11.4.1944

Liebe Eltern!

Zurückblickend auf die letzten paar Urlaubstage muss ich sagen, dass diese mir diesmal besonders kurz vorkamen. Wahrscheinlich wohl durch die Fahrt nach Bad Kreuznach, dann die kleine Radtour, aber auch zum Teil durch das schöne Wetter, das man ja in einem sechszehntägigen Urlaub viel mehr ausnutzen könnte. Trotzdem hat es mir daheim so gefallen wie immer. Es geht eben nichts über unsere Heimat das Nahetal, die man besonders dann zu schätzen weiß, wenn man erstmal solch eine Gegend wie diese hier oben kennengelernt hat – halt alles flach!

Die Rückfahrt nach hier ist programmgemäß verlaufen. Ich war abends um 7 Uhr schon in Rheine. Ganz selbstverständlich, dass ich gestern ebenfalls wieder in Rheine war, um den letzten Feiertag zu verleben. Es ging diesmal auch ohne Alkohol, denn den dafür bestimmten Likör und Sekt hatte ich zu Hause gelassen. Auch ein Fliegeralarm konnte mir diesen genau nach Plan verlaufenden Abend nicht verderben. Ganz und gar nicht nach Plan verlief dann die Rückkehr zum Horst. Unser Auto, warum auch immer, fuhr nämlich alleine ohne mich und zwei anderen Kameraden nachhause. Mit dieser Erkenntnis machte ich mich, ohne mit der Wimper zu zucken, auf einen 12 km langen Marsch nachts um 12 Uhr Richtung Hopsten. Seelisch und moralisch vorbereitet ging ich los und immer noch mit der Hoffnung, dass etwas käme und mich mitnehmen würde. Zunächst versuchte ich es mit schnellem Gehen, was mir aber nicht schnell genug war, begann deshalb eine Marscherleichterung durch Entfernen des lästigen Schlipses vom Hals, der Koppel und der Mütze – das mir wohl in der mondhellen Nacht gestattet war ... Danach setzte ich mich alsbald auf Gummisohlen am Straßenrand in Trab, kam meinem Ziel in wenigen Minuten somit wesentlich näher. Doch die unendlich lange Gerade, die ich vor mir im Mondenschein liegen sah, und jedem Autofahrer Laune zum befahren gemacht hätte, nicht aber einem unheimlich schwitzenden und keuchenden Jüngling wie mich. Also diese lange Bahn hatte mir bald die Begeisterung für einen derartigen Lauf genommen und gerade in diesem Moment, tauchte in der Ferne ein Licht auf. Endlich ein Hoffnungsschimmer in meiner trübseligen Lage, doch der Lichtkegel entpuppte sich als Radfahrer. Wir waren uns schnell handelseinig, er bekam eine Zigarette ins Maul, dann vorne auf die Querstange verfrachtet und ab ging es wieder mit keuchender Lunge meinerseits weiter, bis der Fahrradbesitzer plötzlich erklärte, er sei zu Hause. Jetzt stand ich wieder da in meinem verschwitzten Hemd und wartete, dass etwas käme und mich mitnehmen würde. Da tauchte wieder ein Auto auf und ... ist stolz an mir vorbeigefahren. Ich schreibe jetzt nicht, was ich ihm mit geballter Faust hinterhergerufen habe. Doch der nächste Autofahrer war ein guter Mensch mit einem rührseligen Herzen, ein Landser. Er hatte für meine Lage ein Einsehen und mich mitgenommen. Unterwegs plötzlich am Straßenrand zwei Gestalten die sich mit Armen und Beinen unheimlich viel Mühe gaben unser Auto anzuhalten. Ja, wer stieg denn da wohl ein, meine beiden Kameraden, denen auch das erste Auto weggefahren war, und erzählten mir, dass sie sich das an mir vorbeifahrende Auto gemietet hatten, der Besitzer sie aber nur eine bestimmte Strecke gefahren hätte. Um 1 Uhr nachts lag ich dann schon in der Koje und träumte vom vergangenen Abend. Zu dumm, dass wir nur alle vier Wochen ausgehen können. Liebe Eltern, das Osterpaket ist auch schon bei mir eingetroffen und der Inhalt bereits aufgegessen. Der Kuchen schmeckte ausgezeichnet – ein echter Osterkuchen!

Ich möchte nun für heute schließen und grüße Euch alle daheim recht herzlich

Euer Arnold

Celle, Freitag, den 14.4.1944

Liebe Eltern!

Die Osterfeiertage sind nun leider vorüber und somit auch die Einsatzruhe, die am Ostermontag in Rheine ihren würdigen Abschluss fand. Doch für uns waren die Ruhetage scheinbar etwas zu kurz und somit haben wir uns in das Celler Krankenrevier gelegt, um uns noch etwas länger zu erholen. Ihr braucht Euch nicht gleich zu erschrecken, wenn Ihr das Wort »Krankenrevier« lest, unser aufrechtes Gehen wurde etwas beeinträchtigt und die Beine zusammengestaucht. Meine heutigen Gehversuche mithilfe von Spazierstöcken haben mir bewiesen, dass es halb so schlimm ist, wenn ich auch für einen Weg von zwei Metern ebenso viele Minuten gebraucht habe. In vierzehn Tagen wird wohl alles wieder in Ordnung sein. Es fällt mir trotz allem sehr schwer, bei diesem schönen Frühlingswetter im Bett zu liegen. Doch muss ich Geduld haben und den Willen, recht bald wieder auf den eigenen Beinen ohne Stock zu stehen und zu gehen. So zu denken ist die beste Medizin.

Liebe Eltern, ich möchte nun schließen und grüße Euch alle daheim recht herzlich

Euer Arnold

Celle, Dienstag, den 25.4.1944

Liebe Eltern!

Ich glaube, Ihr habt Euch doch etwas zu viel Sorgen um unseren Unfall mit der Ju 88 gemacht. Es ist halb so schlimm, und ja, es stimmt, ich hätte im letzten Brief mehr darüber schreiben sollen. Darum will ich Euch den Hergang jetzt in Ruhe erzählen.

Wir hatten eines Tages irgendeinen Auftrag zu erledigen und flogen in der Kette mit drei anderen Maschinen zu dem Bestimmungsort mit einem Leutnant als unseren Kettenführer. Am Bestimmungsort konnten wir auf dem Platz wegen Bodennebel nicht landen und so flogen wir weiter, um auf einem benachbarten Flugplatz zu landen. Diese Landung aber gestaltete sich insofern als ungünstig, da die Sonne von vorne blendete und uns dieser Platz auch noch völlig fremd war– den hatten wir noch nie angeflogen. Wie sich später herausstellte, war dieser Platz für eine Landung mit einer Ju 88 nicht geeignet. So geschah es also, dass der Platz für uns in der Länge nicht ausreichte und wir gegen einen Wall am Rollfeldende prallten, über diesen hinwegsprangen, also die

Maschine, um dann mit der Kanzel in der Böschung des dahinter fließenden Kanals krachten. Hurra, meine erste Bruchlandung.

Nur sah im ersten Augenblick die Sache natürlich gefährlicher aus, als sie war. Aus manchen kleinen Schrammen floss halt Blut und ich trug zusätzliche Prellungen an beiden Füßen davon. Ich konnte mich wie ebenso der Bordschütze selbst aus den Trümmern herausarbeiten. Auf einem Trümmerstück sitzend dachte ich im ersten Moment an schlimme Folgen dieses Unfalls, denn es dauerte eine gewisse Zeit, bis ich einigermaßen wieder richtig atmen konnte. Schuld daran waren die Brustgurte, die mich wohl vor Schlimmeren bewahrt hatten.

Heute bin ich wieder so weit hergestellt, dass ich einigermaßen laufen kann. Es wird wohl bis zur endgültigen Entlassung aus dem Celler Revier nicht mehr lange dauern. Und siehe da, heute wurden wir zurück in das Revier befohlen und somit haben die schönen Stunden bei der Familie Gies, die uns gepflegt hatte, ihr Ende gefunden. Es gab sogar Abschiedstränen seitens der Familie Gies! Wie die Leute für uns gesorgt haben, war auch wirklich rührend. Bei ihnen zu Gast bekamen stets unsere Bratkartoffeln mit Ei und Speck und Frau Gies freute sich besonders, dass ich auch wie sie von da unten vom Rhein komme. Sie betonte dabei immer wieder, dass sie uns fast als ihre eigenen Söhne betrachte. Da mussten ja mein Kutscher und ich ein gutes Leben gehabt haben. Unser Bordfunker, der einige Platzwunden am Kopf davongetragen hatte, liegt auch in Celle im Lazarett. Der Bordschütze durfte früher nachhause und musste sich dort aber auch ins Revier legen, um seine Blutergüsse an den Knien auszukurieren. Übrigens ist die zweite Maschine von den dreien auch wie wir letztendlich in die Böschung gekracht. Die Besatzung kam, bis auf den Flugzeugführer der eine Kopfwunde erlitten hatte, heil davon. Der Leutnant war mit seiner Maschine glatt gelandet – er hatte einfach Glück. Nun hat das Ganze natürlich noch ein kriegsgerichtliches Nachspiel und da taucht der Gedanke auf, ob mein Flugzeugführer wohl dafür bestraft werden würde? Ihn trifft ja weniger die Schuld als den Herrn Leutnant Kettenführer, der den Befehl zur Landung gegeben hatte. Doch wird er um eine Strafe nicht herumkommen. Na, die Besatzung hat ja auch noch ein Wörtchen mitzureden.

Liebe Eltern, Ihr habt mir im letzten Brief gar nichts von daheim geschrieben, wie Ostern verlebt wurde und ob Erna und Ewald noch bei Euch sind. Interessant war jedoch die Schilderung der Geburtstagsfeier der Frau Michel alias Kohl. Wir wurden ja auch zu einer Geburtstagsfeier am 29.04. der Schwester von Frau Gies eingeladen, aber es wird wohl leider nichts daraus werden. Schade, solch einen Zwetschgenkuchen von ihr hätte ich gerne noch mal gegessen.

Für heute will ich nun schließen und grüße recht herzlich Euch, Bringfriede, Hermann und die Kinder sowie die Familie Kusenberg

Euer Arnold

Beide Ju 88 wurden durch die Bruchlandung in Celle völlig zerstört.

Celle, Freitag, den 28.4.1944

Liebe Eltern!

Unsere Stunden im hiesigen Celler Krankenhaus sind nun gezählt. Heute werden wir noch die Rückreise nach Hopsten antreten, um uns dort jedoch weiterhin in ärztliche Behandlung zu begeben. Das Gehen macht mir zwar weiter keine Schwierigkeiten mehr, doch solange der Fuß nicht ganz gesund ist, mache ich keinen Dienst mit. Auf den

Empfang in Hopsten bin ich ja mal gespannt wie nun alle, die vom Fliegen keine Ahnung haben, über unsere Bruchlandung das Maul aufreißen. Man hat uns schon einiges in dieser Beziehung per Brief geschrieben und nun gilt es diesen Großmäulern und Kriegsverlängerern ohne Rücksicht auf Dienstgrade das Maul zu stopfen. Solch einen Fall kann nur derjenige beurteilen, der wirklich dabei gewesen ist.

Die Tage, die wir gezwungenermaßen hier verbringen mussten, werden mir noch lange in angenehmer Erinnerung bleiben. Vor allen Dingen werden mein Kutscher und ich die Familie Gies nie vergessen, die uns draußen im Ausweichrevier so überaus gut betreut hatte, und zwischen dem Aufenthaltsort dort und dem Celler Krankenrevier brieflich die Verbindung gehalten hatte.

Liebe Eltern, diese kleinen Bildchen sind ein Produkt manch langweiliger Stunden, die es begreiflicherweise auch mal geben musste. So habe ich eben etliche meiner inzwischen berühmten Phantasiebildchen gemalt, die in der Damenwelt des Reviers reißenden Absatz fanden. Soweit der letzte Bericht aus Celle.

Für heute grüßt Euch, Bringfriede mit Anhang, Familie Kusenberg ebenso Erna und Ewald vielmals

Euer Arnold

Arnold (links) und sein »Kutscher« G. Hofgard, im Ausweichrevier bei der Familie Gies.

O. U., Montag, den 1.5.1944

Liebe Eltern!

Vor zwei Tagen sind wir wieder in unseren Heimathorst zurückgekehrt, um hier gleich wieder in das Revier einzuziehen bis zur endgültigen Heilung unserer Verletzungen. So eine Fußverletzung ist eben eine langwierige Sache, die sich auf etliche Wochen hinaus dehnen kann. Ich kann ja schon wieder ganz gut laufen, doch nach einer gewissen Zeit fangen sie stets zu schmerzen an. Solange dies nicht besser wird, werde ich das Revier nicht verlassen können. Ein längerer Aufenthalt in Celle wäre mir ja viel lieber gewesen, aber an der schnellen und unverhofften Abreise von dort sind wir ja selbst schuld. Was mussten wir auch dauernd herumlaufen und auf gesund machen, denn das hatte den dortigen Arzt veranlasst, uns sanft hinaus zu befördern. Es ist doch klar, dass uns das schöne Frühlingswetter nicht lange in den Betten hielt und wir stets so gut es ging, herum humpelten. Doch dafür hatten die Sanitäter kein Verständnis und verpetzten uns beim Arzt.

Ich werde dann sofort während meines Erholungsurlaubs daheim fragen, ob daraus was werden könnte vom Militärdienst entlassen zu werden. Das ist natürlich alles sehr fraglich, da es darauf ankommt, wie sich die Lage im Westen gestalten wird. Es scheint ja nun wirklich mit der Invasion ernst zu werden.

Samstag steigt wieder einer der berühmten Staffelabende – hoffentlich können wir diesmal dabei sein! Dass ich nicht nach Rheine fahren kann, stinkt mir ja am meisten, denn es wird langsam Zeit, sich dort wieder mal blicken zu lassen.

Für heute grüßt Euch recht herzlich und bis bald

Euer Arnold

O. U., Freitag, den 26.5.1944

Liebe Eltern!

Wie immer ist auch diese Rückreise reibungslos vonstatten gegangen. Ich kam pünktlich am Bahnhof an, ließ aber zu meinem Unglück den Omnibus alleine losfahren. Der fuhr eigentlich genau eine Stunde eher, als ich annahm. Nach vielem Suchen fand ich ein Lastauto unserer Staffel als Mitfahrgelegenheit. Von den Kameraden erfuhr ich dann von der Verlegung unserer Staffel in das unweit gelegene Schloss Bentlage, in dem wir nun wie die Fürsten hausen. Fließend kaltes und warmes Wasser, die Gänge, Treppen und viele Stuben mit Läufern ausgelegt. Dazu gibt es einen wunderbaren Unterhaltungs- und Speiseraum, in dem die Mahlzeiten wie in einer großen Familie eingenommen werden. Rundherum ein schöner Park mit uralten Eichen und Buchen. Keine zwei Minuten von hier fließt ein Fluss und zur Stadt ist es auch nicht weit. Es ist die Stadt, in der wir schon so oft schöne Stunden verbrachten. Ich muss sagen, endlich mal eine Unterkunft, die uns auch gebührt.

Liebe Eltern, zurückblickend auf den vergangenen Erholungsurlaub daheim, behaupte ich gerne, diesen als meinen bisher schönsten betrachten zu können. Er nahm ganz den gewünschten Verlauf, ja vielleicht gab er meinem Lebenslauf eine entscheidende Wendung und ich denke, dass ich heute schon diese Hoffnung aussprechen darf.

Mein Kutscher hat mir nun auch eine Frontflugspange besorgt und überhaupt löste mein Erscheinen eine tolle Begeisterung aus, so müsste ich mich ja bald hier wieder einleben. Ja, meine lieben Eltern, heute möchte ich Euch noch mal meinen herzlichsten Dank aussprechen für Eure Bemühungen, um mir meinen Urlaub so schön wie möglich zu gestalten.

So grüße ich Euch denn für heute recht herzlich

Euer Arnold

Schloss Bentlage bei Rheine, wurde die nächste Unterkunft für Arnolds Staffel.

O. U., Dienstag, den 30.5.1944

Liebe Eltern!

Ausgerechnet am Pfingstmontag hatte ich das Vergnügen, zum ersten Mal in dieser Staffel den Dienst des U. v. D. verrichten zu müssen. Das sind eben die Schattenseiten davon, dass wir zurzeit nicht fliegen und somit natürlich zu diesen Diensten herangezogen werden.

Innerhalb unseres jetzigen Staffelbereichs hat der U. v. D. einen ruhigen Dienst. Man muss sich eben jetzt der vornehmen Umgebung hier im Schloss anpassen. Trillerpfeife oder sonstige lärmschlagende Hilfsmittel gibt es bei uns nicht mehr.

Meinen gestrigen Dienst versah ich nur in Turnhose – ist halt die zweckmäßigste Kleidung für diese warmen Maitage, um vor der Haustür in der Sonne liegend endlich meiner Haut eine braune Färbung zu geben. Unser Staffelgrammophon sorgte am Abend durch die neusten Schlager für angenehme Unterhaltung. Diese Musik lockte auch bald ein nettes Mädel herbei und somit war auch auf diesem Gebiet für nette Unterhaltung gesorgt.

Vergangenen Samstag hatte ich das Bedürfnis, einen kleinen Streifzug durch die Stadt zu unternehmen. Dabei gelangte ich zu der Überzeugung, dass es in dieser Jahreszeit bei uns hier draußen am schönsten ist. Wunderschöne Baumalleen, der Wald und die grünen Wiesen, ebenso zwei Gartenwirtschaften ganz in unserer Nähe, locken die

Bevölkerung in Scharen heraus in die Natur. Die Ems, die dicht hinter unserem Schloss vorbeifließt, ist eine willkommene Badegelegenheit.

Ja, wir haben wirklich keinen Grund uns zu beklagen, und dürften es eigentlich überhaupt nicht weitererzählen, um nicht den Neid anderer zu erwecken. Soeben pfeift sogar ganz in meiner Nähe eine Nachtigall und ich dachte immer, dass diese gefiederten Sänger nur dem Rheinland vorbehalten wären.

Liebe Eltern, ist denn nun endlich daheim der ersehnte Regen gefallen? Hier hat es bis zu meiner Ankunft fast jeden Tag geregnet. Das beweisen auch schon die saftigen Wiesen und der gute Stand des Getreides auf den Feldern, auch hatte hier kein Frost irgendwelchen Schaden angerichtet. Wir haben alle nur den einen Wunsch, noch recht lange dies Umgebung zur genießen, denn so schön wie jetzt werden wir es so schnell nicht mehr haben.

Liebe Eltern, für heute sendet Euch die herzlichsten Grüße

Euer Arnold

O. U., Dienstag, den 6.6.1944

Liebe Eltern!

Langsam gewinne ich den Eindruck, dass wir nach unseren vielen Einsätzen im vergangenen Winter und den Verletzungen nach der Bruchlandung, hier im Schloss Bentlage uns so richtig erholen sollen. Die schönen warmen Sommertage sind nun durch eine Regenperiode verdrängt worden, die uns schon über eine Woche das Baden und den Aufenthalt im Freien untersagt. Lediglich abends scheint fast regelmäßig die Sonne, jedoch morgens hält sie sich stets hinter dicken Regenwolken versteckt. Hat Euch denn dieses Wetter jetzt endlich auch den ersehnten Regen gebracht?

Die vorangegangenen Sommertage verlockten natürlich allabendlich zu ausgedehnten Spaziergängen, in dem dafür idealen Gelände rund um unser Schloss. Natürlich hat solch ein Spaziergang in dieser Jahreszeit allein keine Reize. Diese Erkenntnis kam mir ebenso wie meinen Kameraden, und bald hatte ich ein Mädel aus dem zum Schloss gehörigen Gutshof kennengelernt, die gerne meine Spaziergänge mit mir teilte. Natürlich hat diese Bekanntschaft in verpflegungsmäßiger Hinsicht besondere Vorteile, und wie Soldaten sagen dazu »Bratkartoffelverhältnis«. Auch bleibt es mir erspart und habe es deshalb nicht nötig zu einer Verabredung eine halbe Stunde zur Stadt zu laufen. Nein, ich setzte mich vor unsere Haustür und warte, bis »Sie« aus dem hundert Meter entfernten Gut auftaucht. Ist das nicht ein herrliches Leben? Mehr kann man als Landser wirklich nicht verlangen.

Das Mittagessen wird, wie ich ja schon erwähnte, gemeinsam eingenommen wie in einer großen Familie. Als Familienoberhaupt sitzt der Staffelkapitän mit seinen Offizieren am oberen Tischende, vor ihm steht schon die ansehnlich gefüllte Staffelkasse, die als Erziehungsmittel für alle gedacht ist. Jedes Vergehen am Tisch, wie zum Beispiel zu spät zum Essen kommen, unanständige Witze erzählen oder falsches Handhaben der Esswerkzeuge, fordert von dem betreffenden Sünder einen bestimmten Tribut. Das Mittagessen ist auch immer vorzüglich, unser Koch versteht eben sein edles Handwerk.

Mein Kamerad Bremmer berichtete mir übrigens in seinem letzten Brief von seinen ersten Russlandeinsätzen, die wir ja schon zu Genüge hinter uns haben, vor allen Dingen nachts weit im Hinterland zur Bekämpfung der Nachschubverbindungen. Er ist der Einzige von den Hörchingern, von dem ich in letzter Zeit noch was hörte – einen anderen traf ich zufällig mal in Münster als Englandflieger. Liebe Eltern, soweit mein heutiger Bericht aus Schloss Bentlage.

Ich wünsche Jürgen recht gute Besserung und sende Euch allen daheim herzliche Grüße

Euer Arnold

PS: Liebe Eltern, wie wir hören, ist die Invasion also in vollem Gange und wir haben deshalb schon unsere Klamotten gepackt. Ob wir hier wegkommen, steht noch nicht fest, wir müssen halt warten, was die nächsten Stunden und Tage so bringen.

PS: Liebe Eltern, zum zweiten Mal öffne ich diesen Brief um Euch mitzuteilen, dass ich hierbleiben werde und meine Klamotten wieder auspacken kann. Wir wollten natürlich gegen die Invasion aus der Luft mitwirken, doch der Staffelkapitän meinte, mein Kutscher hätte einen leichten Knall, dass er bei dem Zustand seiner Füße eine Maschine fliegen wolle. Also sind wir vorläufig dazu verurteilt, die Invasion aus dem Schloss zu verfolgen.

O. U., Montag, den 12.6.1944

Liebe Eltern!

Die in meinem letzten Brief erwähnte eventuell stattfindende Verlegung ist nicht eingetreten und ich werde weiterhin hier in diesem Schloss meinen Dienst tun. Unsere Besatzung wird so schnell nicht einsatzklar werden, denn mein Kutscher humpelt immer noch mit einem Gipsverband am Fuß herum, es sei denn, dass ich vielleicht mal für einen kranken Beobachter einspringen müsste.

Wie froh sind wir aber, weiterhin in unserem Schloss hausen zu können, eben wegen der schon erwähnten Vorteile. Vor allem aber, haben wir die Parkanlagen und Wege für uns so schön hergerichtet und wieder in Ordnung gebracht und nicht für andere.

Die vierzehntägige Schlechtwetterperiode gab uns ja Gelegenheit genug, unsere gärtnerischen Fähigkeiten walten zu lassen. Natürlich wäre uns ein Bad in der Ems angenehmer gewesen, oder auch die gewissen anderen Annehmlichkeiten, die das schöne Sommerwetter eben mit sich bringen. Vielleicht waren aber die heutigen sparsamen Sonnenstrahlen der Auftakt zum sehnlichst erwarteten Badewetter.

Liebe Eltern, wie aus Papas letztem Brief zu verstehen ist, interessiert Euch natürlich mein Verhältnis mit Fräulein Kühner. Leider hatte ihr Brief meine Hoffnung auf ein näheres Kennenlernen endgültig begraben. Vielleicht war ich die ersten Minuten darüber enttäuscht, doch dann war der Fall für mich erledigt. Sie schrieb mir von einem in vorderster Front stehenden Soldaten, dem sie eben die Treue hält, selbst wenn er nicht mehr zurückkehren sollte. Dieser edle Sinn beweist eben mal wieder den anständigen Charakter von diesem Mädel. Es wundert mich bloß, warum sie diese Dinge nicht schon mal in unseren Gesprächen erwähnt hat. Jedenfalls werden wir weiterhin einen kameradschaftlichen Briefwechsel pflegen.

Gemäß dem Motto: Warum denn in die Ferne schweifen, wenn das Gute liegt so nah, habe ich hier, wie schon mal erwähnt, ein Mädel aus dem Gutshof kennengelernt. Dieses Gebäude kann ich von meinem Schreibplatz sehr gut sehen. Das ist eben für unsere Umgebung das richtige Verhältnis, man braucht vor allem nicht weit zu laufen und kann sich fast jeden Tag sehen. Daraus wird wohl auch nie was Ernstes werden, dafür sind die Leute hier viel zu katholisch wie eben alle Westfalen. Ich habe ja auch so alles, was ich mir wünsche, eben abends mal einen netten Spaziergang, manchmal fallen auch einige Eier und sonstige bäuerliche Leckerbissen ab.

Ob mir da jemand dieses Verhältnis nicht gönnte? Ich weiß es nicht! Jedenfalls stellte eines Tages das Mädel an mich die bange Frage, ob ich verheiratet wäre. Ich und verheiratet! Man stelle sich das mal vor und habe vor Lachen beinahe einen Kopfstand riskiert. Das Mädel erklärte mir, dies von irgend jemand aus unserer Staffel erfahren zu haben. Es erforderte dies schon eine Menge Geduld von mir, ihr das Märchen auszureden. Heute scheint sie endlich davon überzeugt zu sein. Mache ich denn tatsächlich den würdigen Eindruck eines alten und erfahrenen Ehemannes? Ja, so hat man eben seine Sorgen und ist daran schuld, wenn wohlerzogene junge Frauen morgens um zwei Uhr erst nachhause kommen. Dass es dann daheim einen tüchtigen Krach mit vielen Tränen gab, kann ich mir lebhaft vorstellen (ich erinnere mich da an die Jahre, als meine holden Schwestern auch neunzehn Jahre alt waren). Dieser »seltene Fall« eines übertretenen elterlichen Verbots kam natürlich nur einmal vor. Heute ist die Uhr der wichtigste Bestandteil unserer gemeinsamen Spaziergänge, ja, sogar aufgrund ihrer Pünktlichkeit seit Neuestem, werden manchmal als Belohnung kostbare fünfzehn Minuten mehr Ausgang erlaubt! Wir beide empfinden so was natürlich als ein »Geschenk des Himmels« – na ja, eher von den Eltern. Ihr seht also, wie erträglich eben das Leben auf Schloss Bentlage so ist und auch wohl verständlich, dass man keine Lust verspürt diese weihevolle Stätte zu verlassen.

Liebe Eltern, Ihr könnt daheim unserer Nachbarin Frau Jäger mit ruhigem Gewissen sagen, dass ihre Angst und Sorge unnötig gewesen ist, denn unsere Spaziergänge waren soweit ganz harmloser Natur, wenn es auch manchmal schwerfiel, ich meine, man ist schließlich jung und dann noch der Monat Mai – trotzdem ist nichts Unartiges passiert. Glaubt Frau Jäger tatsächlich das zwischen ihrer Tochter Amanda und mir ... Ist es nicht komisch, dass Frau Jäger Euch so oft auf der Bank vor dem Haus Gesellschaft leistet? Mein Brief vom Nachbarn der nicht daheim ist an die Nachbarin Amanda, hat ihr also Freude gemacht. Merkwürdig nur, dass mir die komische Nudel noch nicht zurückgeschrieben hat. Oder war ich ihrer Auffassung nach, gewissen Dingen gegenüber, etwas zu harmlos im letzten Heimaturlaub? Egal, schließlich weiß man ja, was man der Nachbarschaft schuldig ist. Vielleicht hat sie aber auch in dem »Doktor« den passenden Mann fürs Leben gefunden. Nun, mir ist es gleich, jeder wird nach seiner Fasson selig.

Mit Monzingen habt Ihr ja nun auch wieder »diplomatische Beziehungen« aufgenommen und wie ich höre mit gutem Erfolg – aber peinlich für Euch, in den Flaschen nur alkoholfreie Getränke zu finden. Schreibt mir mal von Eurer Wanderung dahin.

Ich freue mich mit Euch, dass es endlich mal geregnet hat. Hier regnet es, der Sturheit des Landes gemäß (verzeiht mir liebe Westfalen), gleich etliche Wochen hintereinander, sodass man bald stumpfsinnig werden könnte.

Liebe Eltern, für heute grüßt Euch und Familie Kusenberg recht herzlich

Euer Arnold

PS: Habt Ihr die Bilder vom Fotografen abholen können?

O. U., Sonntag, den 18.6.1944

Liebe Eltern!

Meine beiden letzten Briefe habt Ihr nun sicher erhalten und erfahren, dass für mich keine wesentliche Änderung meiner Lage eingetreten ist. Auf die Dauer wirkt aber nun dieses schöne, aber untätige Leben langweilig und wäre froh, heute wieder Einsätze als richtiger Nachtjäger fliegen zu können, nachdem wir unsere frühere erfolgreiche Tätigkeit innerhalb der Nachtjagd eingestellt haben. Am meisten wurmt es mich ja, dass nun die Startverpflegung für mich wegfällt und somit die Abendkost manchmal etwas knapp ist. Zum satt werden reicht es natürlich immer, denn dafür ist das Mittagessen ganz tadellos.

Dieses scheußliche regnerische Wetter verbietet ja auch jegliche Abwechslung durch baden, sonnen oder spazieren gehen in der hierfür geradezu idealen Gegend.

Gestern habe ich mir den Film »Die Feuerzangenbowle« angesehen! So wie gestern in diesem Film habe ich schon lange nicht mehr gelacht. Er ist jedem zu empfehlen, der mal wieder von Herzen lachen möchte, denn manchmal hat man das Bedürfnis dazu.

Macht dieses Wetter jeden Aufenthalt im Freien unmöglich, dann sitzen wir auf der Bude und spielen Skat oder auch Tischtennis. Zwei oder drei Mal in der Woche bekomme ich abends von nebenan Besuch, sonntags auch nachmittags und für heute steht sogar ein Stück Torte in Aussicht. Ja, so hat ein kleines Verhältnis eben seine besonderen Vorteile.

Die neuesten Nachrichten von der Westfront werden manchen wieder neuen Mut gegeben haben. Mit Spannung verfolge ich heute jeden Bericht über die »Vergeltung« an der ja so viele gezweifelt haben, ebenso wie an der Invasion. Aus der jetzigen Sicht des Krieges kann keiner ein Mitleid mit den Engländern verspüren, die unter dieser Bombardierung zu leiden haben. Ich wünsche mir nur, dass bald in London kein Stein mehr auf dem anderen steht, so wie dies in vielen deutschen Städten auch der Fall ist. Liebe Eltern, habt Ihr meine Bilder vom letzten Urlaub inzwischen beim Fotografen abgeholt?

Recht herzliche Grüße sendet Euch für heute

Euer Arnold

PS: Viele Grüße auch an die holden Schwestern nebst Sprösslingen. Hat Bringfriede meine Uhr mit zu Hermann mitnehmen können?

O. U., Samstag, den 24.6.1944

Liebe Eltern!

Da es momentan hier so was von entspannend ist, möchte ich Euch in der kurzen Mittagspause auf Euren heutigen Brief beantworten. Heute Abend habe ich natürlich auch keine Zeit, meine Post zu erledigen, man hat ebenso seine Verpflichtungen. Natürlich ist die kurze Freizeit nach Tisch heute nur ein Ausnahmefall, denn wir haben ja Freizeit in Massen und der zeitweilige Dienst ist alles andere als anstrengend. Deshalb mal einen kurzen Überblick über mein Leben im Schloss Bentlage.

Unsere augenblickliche Lage hat sich seit ein paar Tagen sehr zu unserem Vorteil verändert. Meine Kameraden und ich haben unsere etwas primitive Stube im Schloss gegen eine neue mit allem Komfort umgetauscht. Die neue »Stube«, die wir uns zu dritt teilen, würde für mindestens acht bis zehn Mann Unterkunft bieten. Jeder von uns hat seinen eigenen Kleiderschrank, die Betten in derselben Farbe wie die Schränke einschließlich Nachttisch. Vor jedem Bett liegt natürlich ein Bettvorleger, zwei Drittel des Fußbodens werden von einem Teppich bedeckt, die Stühle sind natürlich gepolstert, ein Bücherschrank darf auch nicht fehlen, zwei Waschbecken mit fließend Wasser kalt und warm, ein großer Wandspiegel mit der dazugehörigen Beleuchtung. Es ist also fast schon eine Wohnung, wie man sie höchstens in einem erstklassigen Hotel findet. Hoffentlich dürfen wir noch lange hier wohnen. Neben meinem Bett auf dem Nachtschränkchen steht mein Radio, das höchstens erst nachts um Mitternacht zur Ruhe kommt. Gebadet wird bei uns grundsätzlich nur in der Badewanne. Und zu all diesem Überfluss kommt noch eine sehr gute Verpflegung. Vor allem aber, abends nach dem Dienst oder am Wochenende, etwas für Herz und da soll man sich hier nicht wohlfühlen. Nur dürfte hier das Wetter etwas besser sein um sich draußen im Freien aufhalten zu können um zu baden und der Haut mal endlich eine andere Färbung zu geben.

Liebe Eltern, für heute möchte ich nun schließen und sende Euch allen recht herzliche Grüße

Euer Arnold

O. U., Donnerstag, den 29.6.1944

Liebe Eltern!

In Eurem heutigen Brief vermisste ich wieder meine Bilder oder wenigstens eine Antwort auf meine Frage, ob sie schon fertig sind oder nicht! Habt Ihr sie denn ganz vergessen? Ihr wisst doch, ich habe die Bilder bei dem neuen Fotografen machen lassen. Also, bitte denkt mal dran.

Nachdem wir heute mal wieder, wie schon so oft, erst um acht Uhr aus der Koje krochen, lockte uns die Sonne hinaus zu einer Floßfahrt auf der Ems. Irgend jemand hat dieses komische Gebilde »Floß« zusammengezimmert, mit dem wir schon etliche Kilometer auf dem Wasser zurückgelegt haben. Alte Jugenderinnerungen am Gefach tauchen hierbei auf, nur konnten wir dort auf der Nahe nicht so große Strecken zurücklegen wir hier auf der Ems. Am meisten freut es uns aber, gegen die Strömung dem Wasser Meter für Meter abringen zu können, denn dabei kommt man wenigstens zu Kräften und wird nicht erzfaul. Angenehmer ist es, natürlich mit einem Boot in der Gegend herumpaddeln zu können. Die erste Bootsfahrt steht mir am Wochenende bevor, der ganz bestimmt noch mehrere folgen werden. Zu solch einer Bootsfahrt bedarf es keiner großen Anstrengung, man muss eben das Glück haben wieder ein Mädel kennenzulernen, die Besitzerin eines derartigen Wasserfahrzeuges ist. Ich stelle mir somit die Zukunft in dieser Beziehung ganz rosig vor – ade ihr lieben Spaziergänge. Allerdings gingen damit die Eier- und Schinkenbezugsquelle verloren, doch dafür werde ich jetzt mehr mit Bonbons und anderen Süßigkeiten gefüttert – auf diese Dinge bin ich ja besonders scharf. Auch ist es bedeutend angenehmer, wenn man statt 135 Pfund nur 105 Pfund in den Armen hält, zumal noch ein Pfund schöner ist als das andere. Vor allem fehlte auch der Ersteren trotz der Leibesfülle der Geist zu einer angenehmen Unterhaltung, der nun scheinbar bei ihrer Nachfolgerin dafür doppelt vorhanden ist. Ja, so was findet man auch manchmal auch in Westfalen, wenn man Glück hat.

Heute Abend gehe ich hier in eine Operette, es spielt das Osnabrücker Theater. Dieses Vergnügen kann ich mir auch nur aufgrund meiner neuen Bekanntschaft leisten. Ihre gesamte Familie ist bei einem Angriff hier ausgebombt worden und hat dabei einen Bruder verloren. Schade, dass dabei auch ihr Koffergrammophon, Zeltausrüstung und die sonstigen zum Paddeln notwendigen Gegenstände verloren gegangen sind.

Tante Lotte schien es ja für ihre Pflicht zu halten, mich davon zu unterrichten, dass Fräulein Ilse manchmal Nervenanfälle bekommt und in ihrem heutigen Brief an mich macht sie sich Sorgen und Gedanken, mir dies mitteilen zu müssen, da sie die irrige Auffassung hat, ich müsste in der Annahme, dass sie uns beide auseinanderbringen möchte, böse sein. Nein, ihre Sorgen sind ganz unbegründet und mein Brief an sie wird Tante Lotte denn wohl auch beruhigen. Ich habe ja die Angelegenheit schon lange vergessen, hatte da so eben mal ein paar Tage eine komische Begeisterung für das Mädel entwickelt, die aber nach nüchterner Überlegung restlos verflogen ist. Tante Lotte wünscht auch eine Adresse von mir, wo sie mal ein Päckchen hinschicken kann. Vielleicht interessiert Euch diese Adresse auch: »Schloss Bentlage bei Rheine Westf.« mehr ist nicht nötig. Liebe Eltern, zum Schluss noch mal eine Bitte, die Bilder nicht zu vergessen.

Für heute grüßt Euch, Bringfriede und Erna recht herzlich

Euer Arnold

O. U., Freitag, den 7.7.1944

Liebe Eltern!

Nach einer fast dreimonatigen Ruhepause sind wir nun wieder die ersten Platzrunden geflogen und werden auch beim nächsten Einsatz wieder dabei sein; natürlich als regelrechte Nachtjäger. Unsere frühere Betätigung hatten wir ja aufgegeben, da sie weniger erfolgreich war. Na, ich bin mal gespannt, wann wir den ersten »Tommy« vor die Flinte kriegen.

Wir führen aber auch weiterhin hier ein äußerst ruhiges Leben und es ist selten, dass wir morgens um sieben Uhr schon mal aufstehen. So bis neun oder zehn Uhr ruhen, ist die richtige Taxe. Vor diesem Zeitpunkt herrscht meistens im Schloss vollkommene Ruhe. Ja, das kommt eben davon, wenn die Flitzer erst spät in der Nacht nachhause kommen oder aber durch die Einsatzbereitschaft draußen am Bootsliegeplatz während der Nacht. Nachmittags baden wir natürlich bei schönem Wetter in der Ems, allerdings ist die Sonne hier mit ihren warmen Strahlen äußerst sparsam. Meistens regnet es doch in Strömen und selten ist so ein schönes Wetter wie heute.

Vergangenen Freitag hatte ich das seltene Vergnügen, die Operette »Wo die Lerche singt« ansehen zu dürfen. Die Eintrittskarte besorgte mir natürlich die Besitzerin des schon erwähnten Paddelbootes. Aus der vielversprechenden Bootsfahrt letzten Sonntag, ist natürlich nichts geworden. Wie immer, öffnete der Himmel seine Schleusen und keine noch so furchtbare Drohung meinerseits Petrus gegenüber, vermochte diesen umzustimmen, doch noch seinen Wetterplan zu ändern. So hoffen wir denn auf den kommenden Sonntag, denn einmal muss es ja auch mal ein sonniges Wochenende geben.

Liebe Eltern, für heute grüßt Euch, Bringfriede und Erna recht herzlich

Euer Arnold

O. U., Dienstag, den 11.7.1944

Liebe Eltern!

Woche für Woche und besonders sonntags, zeigt sich hier das Wetter von der schlechtesten Seite. Ein schöner warmer Sommertag zählt hier zu den größten Seltenheiten. So spielte uns Petrus vergangenen Sonntag ja wieder einen bösen Streich. Die schwüle Hitze und die spärlichen Sonnenstrahlen waren wohl am besten an und in der Ems zu ertragen. So hatten wir es uns recht bald auf einer bequem gemacht (Ihr wisst ja, wer mit dem »wir« gemeint ist). Unsere Anwesenheit lockte Scharen von hungrigen Stechmücken herbei, die hier so zahlreich sind, wie Sand am Meer. Es kam zu einem heftigen Kampf, in dem die Mücken infolge ihrer erdrückenden Übermacht trotz enormer Verluste doch Sieger geblieben und uns in die Flucht geschlagen hätten, wenn nicht eine große schwarze Wolke ihnen zuvorgekommen wäre. Wahrscheinlich war auch die starke Gefechtstätigkeit dieses lästigen Gesindels eben auf den Vorboten baldiger Feuchtigkeit von oben zurückzuführen.

Eiligst verließen wir diese ungastliche Stätte und strebten im Eiltempo der nächsten gastwirtschaftlichen Unterkunft entgegen. Leider waren wir etwas zu spät gestartet und hatten recht bald das seltene Vergnügen, solch einen sommerlichen Regenguss unter einer mächtigen Eiche stehend in jeder einzelnen Phase verfolgen zu können. Zum Glück war es kein Gewitter, denn »Eichen sollst du weichen« ging mir durch den Kopf. Ich muss sagen, unser Baum war ziemlich wasserdicht, begünstigt durch die schiefe Stellung des dicken Baumstammes. Langweilig ist es uns eigentlich während dieser Stunde des Ausharrens nicht geworden. Auch merkte ich kaum, dass mit der Zeit der Regen doch durch meine Jacke drang und die Haut unangenehm kühlte. Denn in einer derartigen eng zusammen gerückten Stellung weilen die Gedanken ganz woanders …

Was in solch einem Wald doch für ein Leben steckt, dies vermag nur ein tüchtiger Regen an den Tag zu bringen. Auf allen Wegen sah man sie dahineilen, die dünnen Kleidchen ganz durchnässt und die mühevoll zurecht gebauten Wasserwellen vereinten sich bald mit dem feuchten Segen von oben und verlängerten die Haare um das Doppelte. Lerne leiden, ohne zu klagen, möchte man da schon sagen und hoffe auf den nächsten Sonntag, vielleicht sind mir dann die Götter holder gestimmt.

Mein erster Sorgenbrecher, die mit den 135 Pfund, hat nun in Gestalt unseres Bordschützen einen neuen Liebhaber gefunden. Er scheint mehr auf Draht zu sein wie ich, denn letzten Sonntag war er schon Gast zu Hause bei Vati und Mutti und wurde reichlich mit Kuchen und sonstigen mir ebenfalls willkommenen Leckerbissen gefüttert. Dies wundert mich doch sehr, denn unser »Heizer« ist schon lange verlobt und trägt als einzige Ausnahme stets einen Ring – hat auch gar kein Interesse an dem Mädel. Und mir macht dieses verrückte Huhn eine Szene, weil ich angeblich verlobt oder verheiratet sei, ja, sie hatte sogar schon Mordabsichten (im Scherz natürlich) wenn diese Angabe stimmten sollte. Mir war schon gar nicht mehr wohl in meiner unschuldigen Haut und unablässig kreisten die Gedanken in meinem Gehirn, wie wirst du diesen Trampel nur wieder los? Und plötzlich war die Lösung so einfach! Also da soll man mal nicht wegen dieses Theaters auf Hochtouren kommen. Jetzt stinkt es mir, dass ich mir hierüber solche Gedanken gemacht habe. Einen Vorteil hat die Sache, ich bin wieder auf diesem erlebnisreichen Gebiet um eine Erfahrung reicher geworden. Am besten ist kein Wort zu glauben was man so ins Ohr geflüstert bekommt, sich das dann natürlich nicht anmerken zu lassen und nur weise mit dem Kopf zu nicken, ganz wie ein aufmerksamer Zuhörer.

Der letzte Angriff auf Saarbrücken muss ziemlich hart gewesen sein nach der Schilderung von Fräulein Kühner zu urteilen. Doch ihr Wohnviertel, in dem ja auch Tante Lotte wohnt, ist noch mal verschont geblieben. Tante Lotte wird sicher nichts passiert sein. So muss nun auch das schöne Saarbrücken in Schutt und Asche fallen. Es war ja vorauszusehen, dass die Stadt auch noch mal einen schweren Angriff zu überstehen hat.

Mein Kuchen wird jetzt auch schon unterwegs sein, hoffentlich ist er bald da, ich habe mächtigen Appetit auf diese Sonderzuteilung.

Letzten Freitag vereinte der traditionelle Staffelabend wieder mal die gesamte Fliegerstaffel zu einem gemeinsamen Festessen und nach etlichen Schnäpsen wurde die Bude auf den Kopf gestellt. Um drei Uhr morgens, legten die ersten endlich ihr müdes Haupt in die »weichen« Kissen.

Liebe Eltern, heute Nachmittag scheint mal wieder Unterricht zu sein, ich muss also meinen Brief beenden und grüße Euch recht herzlich

Euer Arnold

O. U., Sonntag, den 16.7.1944

Liebe Eltern!

Euren Brief mit den Bildern und das Päckchen habe ich mit vielem Dank erhalten. Heute, am schönen Sonntag, gab man mir durch unerwartete Einteilung zum U. v. D. Gelegenheit, Euren Brief in Ruhe zu beantworten. Ich bin nun auch so langsam in der Lage, dieser Pflicht des U. v. D. zu genügen, nachdem sich der erste Sturm des Ärgers und der Enttäuschung ganz allmählich legte. Denn ich hatte mir den Verlauf des Sonntags viel Schönes ausgedacht, so wie es seit gestern Abend verabredet war. Entweder zum Paddeln, zum Baden oder ins Kino gehen, hatten wir besprochen, je nach der Wetterlage. Es blieb mir gerade so viel Zeit zum Rendezvous, um die nötigen glaubwürdigen, aber ehrlichen Aufklärungen wegen meines Fernbleibens zu geben, auf Wiedersehen bis morgen zu sagen und um ein ihres Sonntagsvergnügens beraubtes Mädel betrübt davon eilen zu sehen. Ja, es ist wirklich eine Kunst, einem Mädel ehrlich beibringen zu müssen, dass man zu irgend einem Dienst verdonnert wurde. Denn wie oft wird diese Tatsache als Ausrede gebraucht, wenn man einer holden Maid überdrüssig ist und einen Stellungswechsel vornehmen möchte. Oh, was sind die Flieger doch für ein schlechtes Volk! Aber sie lieben nun mal die Abwechslung, immer im Flug, irgendwo eine Landung und daran ist leider nichts zu ändern.

Die Enthüllungen über Ewalds Schlechtigkeiten sind ja sehr aufschlussreich! Nach meiner Ansicht war er gar nicht so verrückt wie er tat, er verstand es eben gut Theater zu spielen, um auf diese krumme Tour Erna loszuwerden. Er ist ja nicht nur in dieser Beziehung ein großer Schweinehund, seine Äußerungen über unsere tapfer kämpfenden Soldaten sind ja so gemein und niederträchtig, dass man ihn aus unserer Gesellschaft einfach verbannen möchte. Hoffentlich wird er aufgrund der neuen militärischen Lage doch noch Soldat. Ich bin nur mal gespannt, wie sich die Sache weiter entwickeln wird.

Liebe Eltern, ich kann wohl froh sein meinen Jahresurlaub hinter mir zu haben, denn wie lange wird es noch dauern, bis diese Urlaubssperre aufgehoben wird und meine Kameraden auch endlich zu ihrem wohlverdienten Urlaub kommen. Ich hatte doch eben mal wieder den richtigen Riecher gehabt. Könnt Ihr vielleicht noch drei oder sechs Bilder nachbestellen? Hier noch zwei Bilder von unserem Unfall in Celle.

Liebe Eltern, für heute Schluss, es grüßt Euch recht herzlich

Euer Arnold

O. U., Samstag, den 22.7.1944

Liebe Eltern!

Kaum hat man seine Knochen wieder einigermaßen in Ordnung gebracht, kann wieder gut laufen, da kriegt man beim Fußballspielen eine gegen das Bein gedonnert, das nur zur Hälfte eine schöne violette Färbung angenommen hat und der Unterschenkel sowie der Fuß an beiden Knöcheln ganz beachtlich angeschwollen ist. Beim Gehen macht es mir die ersten fünf Minuten keine Beschwerden, aber dann plötzlich mit einmal auftreten und ganz heftige Schmerzen verursachen. Der Arzt wollte mich ja schon ein paarmal hier besuchen, hat sich aber bis jetzt noch sehen lassen. Wenn der mein Bein sieht, bin ich wieder reif fürs Revier. Jetzt habe ich mich wenigstens meinem Kutscher angepasst, der ja auch noch am Stock läuft. Wir beide humpeln jetzt gemeinsam durch die Gegend. Die Kameraden nennen uns schon im Scherz »die kaputte Besatzung«. Nun müsste mich mein Kutscher bei einer Kommandierung hier lassen und einen anderen Beobachter mitnehmen. Ausgerechnet an diesem Abend flog er wieder mal einen Einsatz und wie gerne wäre ich auch dabei gewesen. Die Schilderung anderen Kameraden über diesen Einsatz waren so interessant, dass man so was gerne miterlebt hätte. Jetzt macht ja die Fliegerei wieder mehr Spaß, wenn man selbst zu persönlichen Erfolgen kommen kann. Wir haben ja erst mit unserer neuen Aufgabe begonnen, und nun ist jeder gespannt, wer wohl den ersten Erfolg mit nachhause bringt. Ich habe mir jedenfalls geschworen, nie wieder Fußball zu spielen! Ob ich diesen Schwur allerdings aufrecht halten kann, wenn mein Bein wieder in Ordnung ist, weiß ich heute noch nicht. Ich glaube kaum, denn so langsam macht mir auch dieser Sport Spaß. Ich habe sogar schon einmal in der Staffelmannschaft mit gespielt beim Spiel gegen unsere Techniker. Ein Beweis dafür, dass ich mich schon zur »Spitzenklasse« emporgearbeitet habe.

Heute haben wir wieder ein trostloses Wetter und hoffentlich scheint morgen die Sonne, damit ich den Sonntag nicht allein verbringen muss und die telefonische Verabredung nicht ins Wasser fällt oder ein solch klägliches Ende nimmt der vorletzte Sonntag. Mit dem Paddeln ist es nun für einige Zeit vorbei. Dies ist mir ebenso unangenehm wie das telefonische Rezept des Arztes, mich ins Bett zu legen, das Bein zu kühlen und hochzulegen.

Liebe Eltern, für heute sendet Euch die herzlichsten Grüße und ein paar Bilder

Euer Arnold

O. U., Donnerstag, den 27.7.1944

Liebe Eltern!

Der Bluterguss in meinem rechten Bein war doch nicht so schlimm, wie es zu Anfang schien. Heute kann ich schon wieder ganz normal gehen und meinen Entschluss nicht mehr Fußball zu spielen werde ich jedoch nicht treu bleiben. Denn diesem Umstand verdanke ich vielleicht mein Leben! Folgendes Schicksal hatte sich ereignet: Mein alter Flugzeugführer, mit dem ich jetzt schon über ein Jahr geflogen bin, ist im Einsatz abgestürzt und tödlich verunglückt. Ich hatte ja trotz meines Beines jeden Abend meine Einsatzbereitschaft, doch wurde eines Tages unsere Besatzung, außer mir, für kurze Zeit auf einen anderen Platz kommandiert. Ich blieb wie gesagt zu Hause, denn auf diesem anderen Platz hätte ich sowieso mehr laufen müssen, als mir zuträglich gewesen wäre. Am Tage ihrer Rückkehr wollte ich wieder mitfliegen. Doch bat mich mein Vertreter noch mal an meiner Stelle am Abend mitfliegen zu dürfen, und da ist es dann passiert. Ja, nun stehe ich da und habe keine Besatzung mehr … alle tot.

Während Arnolds Abwesenheit wurde »seine Ju 88« beschossen und stürzte ab. Die Besatzung (seine Kameraden) kamen dabei alle ums Leben!

Bin total verwirrt und so richtig kann ich das alles nicht begreifen. Ich überlasse es dem Chef, was er mit mir anfangen will. Natürlich wünsche ich mir hier bei der Staffel bleiben zu dürfen, denn hier habe ich immerhin noch ein paar Kameraden, die ich kenne, wenn es doch recht wenige geworden sind. Ob es mir auch jemals auf anderen Dienststellen möglich sein wird, mich am Tage auf eine Wiese zu legen, dabei guten Kuchen zu vertilgen, Bonbons zu naschen die das gnädige Fräulein mitgebracht hat oder etwa zu paddeln? Das sind alles Vorteile und Abwechslungen, die ich nun einmal kennengelernt habe und sehr gerne behalten möchte – aber dieser Krieg verlangt menschliche und seelische Opfer und nimmt keine Rücksicht.

Meine liebe Nachbarin Amanda in der Heimat, schrieb mir mal wieder einen Brief von daheim mit der seltenen Neuigkeit, dass sie sich in Kürze mit dem »Doktor« verloben will. Na, dann hat ja endlich die unruhige Seele ein Opfer gefunden. Sie meint, ich solle ihretwegen nicht böse sein … Nein, dazu habe ich wirklich keinen Grund! Und warum in die Ferne schweifen oder nur an daheim denken, wenn das Gute liegt so nah. Die ganze Angelegenheit ob ich mit ihr oder sie mit mir, wirft mal wieder ein wahres Licht auf ihren billigen Charakter, denn aus ihren Zeilen ist deutlich der Wunsch herauszulesen, dass ich nun auf diese Nachricht aus allen Wolken fallen muss und den unglücklichen Liebhaber zu spielen habe. »Fange nie was mit einer Nachbarin an«, sage ich nur. Na, ich weiß schon, mit welchen Worten ich ihr diese lächerliche Illusion austreibe.

Mein Schulkamerad Bechtholdt, den ich im Urlaub traf, schrieb mir einen interessanten Brief aus Italien. Er ist der einzige Schulkamerad, mit dem ich brieflich in Kontakt stehen kann. Von meinem Freund Herbert habe ich seit einem halben Jahr nichts mehr gehört und mein alter Freund Berthold ist ja leider umgekommen.

Eine erfreuliche Mitteilung, wenn auch aus traurigem Anlass! Es ist möglich, dass ich jeden Augenblick bei Euch auftauchen werde, denn ich muss nach Saarbrücken zur Beerdigung meines abgestürzten Bordfunkers. Da werden sicher ein paar Tage Aufenthalt daheim herausspringen. Verschiedene fragten mich, wie ich mich nach diesen Ereignissen fühlen würde? Es ist unmöglich, diese Gefühle und Gedanken irgendwie zu beschreiben oder wiederzugeben, die diese Nachricht über den Tod von meiner Besatzung hervorgerufen hat und ich halt als Einziger übrig geblieben bin.

Liebe Eltern, in der Hoffnung auf ein baldiges Wiedersehen grüßt Euch vielmals

Euer Arnold

O. U., Mittwoch, den 9.8.1944

Liebe Eltern!

Pünktlich und reibungslos wie immer verlief auch diesmal wieder meine Rückfahrt. Abends um 9 Uhr war endlich diese elende Bahnfahrt zu Ende. Die Überlegung, dass ich erst am Montagabend hätte zurückfahren können, kam leider etwas zu spät. Denn es blieb sich ja schließlich gleich, ob ich mich abends oder morgens bei meiner Einheit zurückmelden würde. Keiner, auch mein Staffelkapitän, fragt nach meinem längeren Verbleib, obwohl ich der Letzte war, der von dieser Kommandierung zurückkehrte.

Als Erstes wurde mir hier verkündet, dass ich eine neue Besatzung habe und demnächst wieder fliegen werde. Mir ist es recht, denn dieses ewige Faulenzen ist ja ein unmöglicher Dauerzustand.

Ich bin mal gespannt, ob meine Urlaubsserie weiterhin so erfolgreich verläuft wie bisher in diesem Jahr. Eigentlich müsste ich ja im Herbst auch ein paar Tage daheim verbringen dürfen wie im Winter, im Frühjahr und im Sommer. Mir hatte es diesmal während der fünf Tage in Sobernheim besonders gut gefallen. Es gab ja keinen Tag, der nicht irgend eine Abwechslung geboten hatte und wenn es auch nur das Baden am Gefach war. Ein Glück, das daheim nicht viele Soldaten stationiert sind, die Ruhe und der Frieden gingen mit ihnen dahin. Und vor allem gäbe es sehr bald überhaupt keinen Wein mehr.

Inzwischen werden wohl Euch gegenüber im Nachbarhaus die ersten Gäste des großen kommenden Festes von Amanda und ihrem »Doktor« eingetroffen sein und der ganze Breitlerflur wird an den großen Vorbereitungen im Geiste teilnehmen. Selbst die Anwohnerin Frau Steiz wird Euch bestimmt jeden Tag berichten, wie weit diese Vorbereitungen gediehen sind und wieweit man hierzu ihr fachmännisches Können benötigt. So sind sie halt die Nachbarinnen. Schade nur, dass dieser Rummel nicht acht Tage früher stattgefunden hat, ich hätte gerne mal wieder an so einer Familienfeier mit viel Lärm und Alkohol teilgenommen, um auch Amanda meine Freude über ihre Verlobung zeigen zu können. Außerdem kriegt man heutzutage so was fast überhaupt nicht mehr geboten. Nun, eines Tages werde ich doch schließlich auch so weit sein, eine festliche Feier unter solchen Gesichtspunkten steigen zu lassen.

Grüßt bitte Tante Lotte und Ilse, ebenso Bringfriede und Jürgen, und Euch liebe Eltern grüße ich ganz herzlich

Euer Arnold

O. U., Donnerstag, den 17.8.1944

Liebe Eltern!

Soeben kehre ich gerade mal wieder von einem der schon langsam zur Gewohnheit gewordenen Abendspaziergänge zurück. Diese schönen, warmen Sonnenabende allein zu verbringen, wäre ja geradezu eine Sünde, ich bin ja zum Glück in der beneidenswerten Lage, in dieser Hinsicht alles getan zu haben, was meine Freizeit besonders angenehm und erlebnisreich gestaltet (siehe Paddelbootsfahrten usw.). Dass diese schöne Zeit eines Tages mal ihr Ende findet und auch schon zeitweilig unterbrochen war, damit müssen wir uns leider abfinden und mit den vergangenen schönen und sorglosen Stunden zufrieden sein. Denn nicht viele Soldaten haben so ein schönes Leben wie wir.

Zu einem Einsatz habe ich es bisher noch nicht gebracht, trotzdem wir abends schon oft in der Maschine saßen und auf den Startbefehl warteten. Mein neuer Kutscher ist natürlich ungeduldig, denn er möchte gerne seinen ersten Einsatz fliegen. Wahrscheinlich träumt er im Geiste schon von seinen ersten Erfolgen, nun, er wird schon früh genug dahinterkommen, dass man erstmal genügend Erfahrung sammeln muss und nicht so was erzwingen kann.

Inzwischen ist nun »meine Amanda« daheim zum ersten Male glückliche Braut geworden, ein Ereignis, an dem wohl der ganze Breitlerflur reges Interesse gezeigt hat. Ich habe Amanda so auf die ganz laue Tour meine Meinung geschrieben. Sie wird wohl jetzt nicht mehr davon überzeugt sein, mich irgendwie »unglücklich« gemacht zu haben, wie sie so unschuldig in ihrem letzten Brief geschrieben hat. Ich schrieb ihr, unter anderem, ganz schlicht und sachlich, dass ich meine damaligen Urlaubstage natürlich nicht gerne alleine verbringen wollte, da ich doch genau wusste, dass sie all die guten und schlechten Eigenschaften besitzt, um einem Landser seinen Urlaub etwas erlebnisreicher zu gestalten. So habe ich denn in dieser Beziehung nicht lange gezögert und tatsächlich ein paar nette Stunden in beidseitigem Einvernehmen mit ihr verlebt. Es wäre einfach falsch von mir, in diesem Krieg als Landser falsche Erwartungen zu wecken. Außerdem bin ich ja noch jung, möchte niemanden als Verlobte oder Witwe hinterlassen, denn vielleicht komme ich ja nie wieder. Jedenfalls bin ich mal gespannt, wie nun ihre Antwort ausfallen wird.

Liebe Mutter, lass bitte bei meiner Anschrift in Zukunft die Postleitzahl weg. Das Nationalblatt wird mir infolge der neuen Bestimmungen nicht mehr zugesandt. Könnt Ihr mir bitte mal ab und zu eine schicken? Liebe Eltern, damit wäre für heute mein Geist vollkommen erschöpft und möchte meinen Brief an Euch beenden.

Herzliche Grüße sendet Euch

Euer Arnold

O. U., Sonntag, den 27.8.1944

Liebe Eltern!

Nach einer fast fünfmonatigen, durch den Unfall in Celle und dem Fußballspiel bedingten Ruhepause, bin ich nun zwei Einsätze mit meiner neuen Besatzung geflogen. Den Ersten gestern tagsüber nach Darmstadt und den Zweiten gestern Nacht. Zum ersten Mal bin ich aber auch über meine Heimat geflogen und es ist ein merkwürdiges Gefühl zu wissen, dass genau unter uns mein Heimatstädtchen lag. Die Dunkelheit jedoch hat mir jegliche Sicht nach unten genommen. Vielleicht habt Ihr uns sogar über Euch in ca. 2000 m Höhe brummen gehört und uns für einen »Tommy« gehalten? Entschuldigt bitte, wenn ich Euch im Schlaf gestört haben sollte, es soll nicht wieder vorkommen.

Abschüsse haben wir natürlich noch keinen, noch nicht mal einen »Tommy« gesehen. Ja, man muss sich erstmal in die neue Aufgabe einarbeiten. Eines Tages, ich bin mir da ganz sicher, wird uns der erste Erfolg beschieden sein. Bei unserem ersten Flug hatte ich ganz schön mit der Höhenkrankheit zu kämpfen, das sind eben die Folgen davon, dass man sich die Atemmaske nicht richtig verpasst hat, eine Lehre für die Zukunft. Liebe Eltern, ich muss nun meinen Brief schnellstens beenden, ganz unverhofft kommt was dazwischen.

Viele Grüße sende ich bis zum nächsten Mal

Euer Arnold

O. U., Donnerstag, den 31.8.1944

Liebe Eltern!

Wieder mal lerne ich ein weiteres Land im Norden Europas kennen, in dem es noch Wurst, Schinken, Speck, Butter, Eier und sonstige Genussartikel in rauen Mengen gibt. Ein richtiges Schlaraffenland nach unseren Begriffen. Leider fehlt es auch hier an den nötigen Kronen und Öre, sodass man seine Moneten erst etliche Male in der Hand herum dreht, ehe man den Mut fasst, irgendetwas Nützliches zu kaufen. Eine Büchse Wurst und eine Büchse Schweinefleisch fand ich zunächst mal zum Kauf geeignet. Ein Teil des Geldes wurde natürlich in Torte umgesetzt. Zigaretten muss man hier haben, dann hat man auch Geld in Massen. Verschiedene haben es fertig gebracht, sechzig bis hundert Eier zu kaufen, da bleibt Euch wohl der Mund offen stehen, was? Andere Esswaren kann man in ebensolchen Mengen kaufen.

Vorgestern flogen wir von hier unseren dritten Einsatz. Der Mondschein begünstigte die Sicht wesentlich und bald hatten wir über uns einen viermotorigen Brocken entdeckt – einen »Tommy«. Die Aufregung war natürlich groß und nach einigen Manövern saßen wir endlich hinter dem großen Vogel in Schussposition. Doch siehe da, der Kumpel schoss von hinten heraus zuerst und schon hatte er uns einige Treffer verpasst, sodass etliche Gegenstände um meinen edlen Schädel sausten und bei mir eine leichte Mattscheibe hervorriefen. Als ich langsam wieder einigermaßen bei Groschen war, sah ich nichts mehr, denn das eine Auge war zugeschwollen und über das andere rieselte leise das Blut aus einer ungefährlichen Wunde über dem Auge, wie ich diagnostizierte. Merkwürdig schien mir, dass die Maschine ziemlich steil nach unten ging und es um mich herum unheimlich hell war. Da ich durch die Eigenverständigung auch nichts mehr hörte, faste ich einen Entschluss und zog es dann vor, schleunigst durch die Bodenluke unter mir ins Freie zu verschwinden. Also zog ich Leine um per Fallschirm der Erde entgegen zu pendeln. Mulmig wurde es mir schon dabei, da ich nicht wusste, ob mich unten ein kühles Bad oder festen Boden erwartete. Nach ungefähr fünf Minuten tat es plötzlich einen Plumps und ich lag wohlbehalten auf der Erde. Rufenderweise lockte ich ein paar hilfsbereite Leute herbei – ich hatte Glück, denn keine hundert Meter von mir entfernt lag ein Dorf. Sie führten mich in eines der Häuser in eine Stube, wo mir erstmal die Augen gesäubert, einen kalten Umschlag auf die Beule gelegt wurde und ich so wieder klar sehen konnte. Trotz einer vorsintflutlichen Verständigung, stand bald ein echtes Bauernessen auf dem Tisch und ein Bett für die Übernachtung wurde mir auch zur Verfügung gestellt. Am nächsten Morgen und Mittag nochmals ergiebig gespeist, um anschließend mich auf die Suche nach meinem Heimathorst zu machen. Meine drei Kameraden waren dort wohlbehalten gelandet und ich wurde natürlich mit lautem »Hallo« von allen begrüßt. Der Chef war auch wieder froh, als ich endlich zurückkehrte. Mein Absprung hatte den großen Vorteil, dass die in Brand geschossene Leuchtmunition, Karten und ähnliche Gegenstände mit mir aus der Maschine herausfielen. Ja, man sieht, so ein Absprung braucht nicht geübt zu werden, ein Griff genügt und die Bodenluke fliegt weg, schon stürzt der stolze Flieger hinterher, wird durch die Luft gewirbelt ähnlich einem Blatt Papier hinter einem fahrenden Auto. Dann ergreift die rechte Hand lässig den Griff der Reißleine, zieht dann die selbige, ein Ruck, der noch mal so eine kleine Mattscheibe verursacht und schon pendelt man langsam der Erde zu.

Ich wäre ja nie herausgesprungen, wenn ich was gesehen und keine Mattscheibe gehabt hätte, die mir jedes zeitliche Denken und Auffassungsvermögen geraubt hatte, ich also nicht wusste, ob wir schon Sekunden oder Minuten der Erde entgegenstürzen. Nun, das spielt jetzt keine Rolle mehr, die Hauptsache, die Knochen blieben heil. Liebe Eltern, für heute genügt mal dieser Bericht und hoffentlich kann ich bald von einem Abschuss eines »Tommy« berichten, bei dem letzten Einsatz hatte unsere Gruppe ganz nette Erfolge gehab.

Recht herzliche Grüße sendet Euch

Euer Arnold

O. U., Dienstag, den 5.9.1944

Liebe Eltern!

Eure beiden letzten Briefe las ich erst heute mit großer Besorgnis, da ich sie ja nicht mehr in unserem schönen Schloss lesen konnte, was nun leider der Vergangenheit angehört, sondern irgendwo auf einem anderen Horst. Der Krieg mit all seinen Schrecken, vor allem für die Zivilbevölkerung, hat sich nun unserer Heimat mit großen Schritten genähert. Er wird sich wohl am meisten bei uns durch die feindliche Luftwaffe bemerkbar machen auf die Weise, wie Du, lieber Papa, sie mir ja schon geschildert hast.

Hoffentlich bleibt Ihr von all diesen Gefahren des Krieges verschont, denn ich möchte Euch und meine geliebte Heimat eines Tages wieder unversehrt und verschont von allen Kriegsereignissen wiedersehen. Zwar sind Deine Worte sehr ernst und nicht sehr hoffnungsvoll, lieber Papa, doch dürfen wir trotzdem die Hoffnung nicht aufgeben. Weiterhin glaube ich, dass der »Tommy« oder der Amerikaner nie jemals unseren Heimatboden betreten wird. Ich kann mir einfach nicht vorstellen, indem was wir tun sollen, dass dieser Krieg einen unglücklichen Ausgang haben wird. Er muss und wird von uns gewonnen werden, denn eines Tages werden unsere neuen Waffen das entscheidende Wort sprechen. Die Hoffnung stirbt doch zuletzt oder sollte ich mich da so irren?

Jedenfalls haben wir Soldaten noch lange nicht die Hoffnung aufgegeben. Wir hören immer wieder und wissen deshalb, dass der Krieg in wenigen Monaten beendet sein wird, und zwar mit einem Sieg unserer neuen Waffen – mag die jetzige Lage noch so ungünstig erscheinen.

Liebe Eltern, ich habe Euch ja unsere günstige Lage hinsichtlich der Verpflegung geschrieben und wenn wir noch ein paar Tage länger hierbleiben würden, könnte ich langsam an eine Entfettungskur denken. Ich passe nämlich langsam nicht mehr in die Maschine. Während ich schreibe, kaue ich gerade einen fetten Schinken von denen, die es hier noch eine Unmenge gibt. Es wird ein Paket für Euch werden, was ich nebenbei packe, dass Euch trotz allem viel Freude machen wird. Ein Teil der Kronen gebe ich natürlich für Torte, Würstchen, Sahne und sonstige Süßigkeiten aus. In dieser Beziehung bin ich immer noch der Gleiche geblieben. Auch gibt es hier noch echtes Starkbier und abends, falls man noch Appetit haben sollte, essen wir in der Kantine Bratkartoffeln mit Spiegelei. Ja, dieses Land hat noch nichts vom Krieg gespürt und wenn hier mal aus Versehen eine Bombe fällt oder so wie ich vom Himmel, flaggt alles halbmast. Aufschlussreich ist ein Ausruf eines glücklichen Mitbürgers dieses Landes, der in einer Zeitung zu lesen war. Er brach in die Worte aus, als er zum ersten Mal eine Bombe krachen hörte »Jetzt weiß ich, was Krieg ist!«. Ja, so weit ab vom Krieg sind die Leute hier.

Mein Fallschirmabsprung, der ja für kurze Zeit eine kleine Sensation in unserer Staffel war, ist nun langsam in Vergessenheit geraten. Nachdem eindeutig bewiesen war, dass durch meinen Absprung der ganze brennende Mist aus der Kanzel mit mir herausflog und so ein größerer Brand in der Maschine mit eventuellem Absturz verhindert wurde. Ich glaube, man schaltet lieber mal etwas zu früh als zu spät.

Die Abreise von unserem letzten Standort kam so plötzlich, dass es mir noch nicht mal möglich war, von Fräulein Erna (sie heißt wie meine Schwester) gebührenden Abschied zu nehmen. Ich glaube, so eine schöne Zeit, wie wir sie da verlebten, bekomme ich beim Kommiss nicht mehr wieder. Denn auch eine noch so erstklassige Verpflegung kann solch ein schönes Verhältnis nicht ersetzen. Um es nicht zu vermissen, verpflichtet mich das regelrecht in dem nächsten festen Standort wieder so ein kleines Verhältnis anzuknüpfen. Liebe Eltern, ich möchte nun schließen in der Hoffnung auf eine glückliche Zukunft und dass Ihr auch weiterhin von den Gefahren des Krieges verschont bleibt.

In diesem Sinne recht herzliche Grüße und schickt mir doch bitte ab und zu mal eine Zeitung

Euer Arnold

O. U., Sonntag, den 10.9.1944

Liebe Eltern!
Noch immer haben wir das an Lebensmittel so reich gesegnete Land nicht verlassen. Die unausweichliche Folge hiervon ist natürlich eine stetige Gewichtszunahme meinerseits, begünstigt durch das ewige Nichtstun und schlafen. So ist das Leben zurzeit hier noch sehr erträglich, doch ich glaube, mit der Zeit sehnt man sich nach irgendeiner Beschäftigung. Natürlich ist Skat spielen jetzt wieder sehr in den Vordergrund getreten. In jeder freien Minute werden die Karten gemischt und in die Hand genommen, besonders abends bei der Bereitschaft. Wir, das heißt unsere Besatzung, hatte ja wieder mal acht Tage Ruhe bis die Löcher in der Maschine geflickt und sonstige Schäden behoben sind.

Leider entdeckten wir in dieser freien Zeit das Soldatenheim im Horst zu spät, wo es noch echtes Starkbier gibt. Die vielen schwankenden und lärmenden Gestalten sind ein Beweis für einen starken Prozentsatz von Alkohol in diesem Getränk. Wir haben ja jetzt auch genug Kronen in der Tasche, um uns mal etliche Gläser Bier leisten zu können, oder eine gute Torte oder was es sonst noch so an Naschereien gibt. Einen Schinken konnte ich allerdings noch nicht kaufen, die sind nämlich langsam selten geworden. Ist ja auch kein Wunder, wenn man die Fenster unserer Behausung sieht, denn mindestens zehn Schinken und ebenso viele Würste wurden da oben zum Kühlen aufgehängt, denn sie kommen ja alle von hier. Ich erwische aber bestimmt noch eine im Laden, wenn wir noch ein paar Tage hierbleiben.

Liebe Eltern, wie sieht es denn nun daheim aus? Sind die Tiefflieger immer noch so lästig und bereiten Euch so viele Sorgen? Ich glaube bestimmt, dass diese unruhigen Tage für Euch bald wieder vorbei sein werden und Ihr nichts mehr zu befürchten habt. Ich glaube auch bestimmt, dass Euch meine Post ebenso pünktlich erreichen wird, wie Eure zu mir gelangt. Zurzeit warte ich allerdings aufgrund der Verlegungen, vergebens auf Post. Doch bald werden wir wieder einen festen Standort haben und regelmäßig die vielen Briefe empfangen. Zum Schluss eine Änderung unserer Anschrift: L63005 Hamburg I, und die Feldpostnummer bleibt dieselbe. Übrigens ist Erna noch bei Euch oder ist sie wieder in Bielefeld?

Recht herzliche Grüße sendet Euch und Bringfriede für heute

Euer Arnold

O. U., Montag, den 18.9.1944

Liebe Eltern!

Heute erhielt ich Euer Päckchen vom 07.09., über den Inhalt ich ja sehr erstaunt war. Doch sicher habt Ihr mir die Zigaretten aufgrund meines ersten Briefes geschickt, in dem ich Euch ja schilderte, wie viel Geld man mit ein paar Zigaretten verdienen kann. Allerdings vermisste ich sehr ein paar hinzugefügte Worte über Euer jetziges Wohlbefinden und ob der Krieg so nah vor den Toren der Heimat irgendwelche ernsten Folgen für Euch hat. Noch sind es ja über hundert Kilometer, die der Feind bis zu Euch zurücklegen muss. Ich glaube aber kaum, dass es ihm jemals gelingen wird, auf unserem Heimatboden Fuß zu fassen, denn noch haben unsere neuen Waffen nicht das letzte Wort gesprochen, wie wir täglich zu hören bekommen. Ich glaube auch nicht an ein schnelles Kriegsende, nein, denn unser Einsatz sorgt ja dafür, dass wir unsere Heimat verteidigen, und schließlich ist das unsere Aufgabe.

Ja, lieber Papa, Du wirst Dich wohl über meinen Optimismus wundern! Aber uns Soldaten ist die augenblickliche Lage an allen Fronten so geschildert worden und so, wie sie der nackten Tatsache entspricht. Es ist uns aber auch erklärt worden, auf welchen Grundlagen sich unsere Siegeszuversicht aufbaut. Und so muss es uns auch gelingen, trotz allen Gefahren und Rückschlägen, aus diesem harten Kampf doch noch als Sieger hervorzugehen – ich kann doch einfach nicht, an dem was ich tue, zweifeln!

Inzwischen sind wir wieder zwei Einsätze geflogen, doch leider ohne Erfolg. Wir sind daran aber nicht schuld, sondern der »Tommy«. Denn der hat es verstanden, mit kleineren Verbänden uns einmal an der Nase herum zu führen, was ja schließlich auch mal passieren kann. Mit größeren Verbänden könnte er sich so was aber nicht erlauben.

Bei unserem letzten Flug, sah ich die hell erleuchteten Städte des Landes, in dem Du Deine Schulzeit verlebt hast, liebe Mutter, die dortige Bevölkerung hat auch schon mehr als einmal die Bomben krachen hören. Wir Abfangjäger geben ja unser Bestes um den Feind am Bombenabwurf zu hindern, doch hat uns die eigene Flak bei diesem Flug ganz wüst beschossen. Ja, erkennen die denn ihre eigenen Leute nicht? Ein sehr unangenehmes Gefühl ist es, die Geschosse der Flak so ganz in der Nähe der Maschine aufblitzen zu sehen. Zwei Splitter sind uns bei diesem Zauber durch die Tragfläche gesaust. Wieder eine Erfahrung reicher doch lieber um so eine Flak einen großen Bogen zu machen. Denn wehe, wenn man sie erstmal gereizt hat, dann kann sie sehr ungemütlich werden. Liebe Eltern, schreibt mir bitte so oft Ihr könnt, damit ich immer weiß, wie es Euch geht. Die Ungewissheit lässt mir oft keine Ruhe.

Für heute grüße Euch recht herzlich

Euer Arnold

O. U., Montag, den 25.9.1944

Liebe Eltern!

Nun haben wir seit langer Zeit mal wieder einen festen Standort gefunden und endlich auch die ganzen Klamotten wieder zusammen. Wieder allem Erwarten, sind sie gut und fast ohne Schaden hier angekommen. Sogar meine drei Sektflaschen haben den langen Transport gut überstanden. Wie gerne möchten wir von der Staffel nach unserem alten Horst Schloss Bentlage zurückkehren, so schön bekommen wir es nie wieder. Obwohl hier in mancher Hinsicht mehr geboten wird. Zum Beispiel gutes Starkbier, Schnaps, Likör und in den Kantinen ein erstklassiges Essen sowie Kuchen und sonstige Leckerbissen. Geld sammelt sich auch langsam an, sodass beim nächsten freien Abend sehr wahrscheinlich etliche Kronen in edle Getränke umgesetzt werden.

Liebe Eltern, ich warte jeden Tag auf einen Brief von Euch, ob die Nähe der Front für Euch noch keine ernsten Folgen hat. Denn ich glaube, dass die Gegend da unten jeden Tag unter dem Bombenterror und Tieffliegerangriffen zu leiden hat. Es wäre schrecklich für mich, eines Tages zu erfahren oder zu sehen, dass meine Heimat in Trümmern liegt und Ihr womöglich auch noch die Heimat verlassen müsst. Seht Ihr, diese Fragen quälen mich oft, und ein Brief von Euch würde mich wieder etwas beruhigen. Wahrscheinlich werden auch schon mehrere unterwegs sein, doch bis die endlich nach hier gefunden haben, vergeht sicher noch eine ganze Weile. Allerdings habe ich gestern aus Kaiserslautern einen Brief vom 17.09. bekommen, also scheint die Postverbindung doch noch in Ordnung zu sein.

Ja, wenn Ihr hier bei mir sein könntet, hättet Ihr ein ruhiges Leben. Denn selten schwirrt bei uns mal ein »Tommy« herum, und die Menschen hier wissen gar nicht, wie schön sie es haben. Und trotzdem muss man beim Ausgang die Pistole stets griffbereit haben und immer auf der Hut sein, denn die Bevölkerung oder besser gesagt gewisse Leute sind uns Landsern nicht sehr wohl gesonnen. Nun haben wir ja auch ihr Land ohne zu fragen einfach so besetzt und die Menschen hier fühlen sich schon auf der Seite der Sieger, trotzdem sie in diesem Krieg, abgesehen von ein paar Freiwilligen, noch keinen Finger krumm gemacht haben. Ob das schlau ist, werden wir sehen.

Liebe Eltern, es grüßt Euch und Bringfriede recht herzlich

Euer Arnold

O. U., Freitag, den 29.9.1944

Liebe Eltern!

Mit Freude erhielt ich heute Euren Brief vom 19.9. Jetzt weiß ich doch endlich, dass daheim noch alles in bester Ordnung ist und ich mir keine Sorgen machen muss und mir etwas leichter zumute ist. Ich glaube auch nicht, dass Euch die Front näher rücken wird und Ihr wohl kaum die Heimat verlassen müsst. Eines Tages wird auch wieder die Luftüberlegenheit in unserer Hand sein und das ruhige Leben wird bei Euch erneut einkehren, so wie es einst der Fall war.

Die Feindpropaganda gibt sich ja zurzeit die größte Mühe uns zu erzählten, dass der Krieg bald vorbei sein wird. Deutet dies allein schon darauf hin, dass sie den Krieg mit allen erdenklichen Mitteln zu Ende bringen, bevor wir zum endgültigen Gegenschlag ausholen? Ich denke doch, es wird ihnen aber der Erfolg versagt bleiben, denn noch ist ja der Kampfgeist der Soldaten, ebenso der in der Heimat, ungebrochen wie wir in Kompanieinformationen lesen können – jedenfalls steht es da so.

Vor vierzehn Tagen traf ich hier oben ganz unverhofft einen alten Sobernheimer, Herbert Herz als Flugzeugführer in einem Kampfgeschwader. Dieses unerwartete Wiedersehen zu feiern fehlte uns leider die Zeit. Immerhin war es mal wieder wundschön, Jugenderinnerungen auszutauschen und über unsere Kanufahrt im Hochwasser der Nahe haben wir noch einmal herzlich gelacht. Schade, dass wir nicht mehr dort sind, denn wir haben uns jetzt auf einem festen Standort niedergelassen. Nur so nebenbei, bei dem Verlegungsflug fiel bei der Landung ein Motor aus und so kam es zu unserer ersten Einmotorenlandung.

Heute Nachmittag lernte ich die Hauptstadt dieses Landes kennen. Ich war mit einem Kameraden auf der Suche nach einem Radiohändler, der leihweise Radios zur Verfügung stellt. Natürlich hatte er keinen mehr da, doch versprach er mir sobald wie möglich einen Apparat zu bringen. Nun, ich lasse mich überraschen. Zu Fuß hätten wir ja diesen guten Mann wohl nie gefunden. Also ein Wink mit der Hand der nächsten Taxe, die Adresse angegeben und bald hatte uns der gute »Schofför« durch den riesigen, friedensmäßigen Verkehr gebracht.

Geschäft um Geschäft wurde nun abgeklappert, hier interessierten uns die Uhren, da die wunderbaren Radios, ein elektrisches Bügeleisen wechselte glücklich den Besitzer, ungefähr 10,- RM umgerechnet kostet dieses Ding, ein noch annehmbarer Preis. Die ausgestellten Schlaf-, Wohn- und Kücheneinrichtungen sind ja fantastisch.

Ähnlich wie es zurzeit hier aussieht, muss es 1933 auch mal in vielen Großstädten Deutschlands ausgesehen haben. Hier herrschen noch Reichtum, Wohlstand und ein geregeltes Leben, abgesehen von ein paar kleinen und größeren Streiks und Schießereien, die hier scheinbar zum täglichen Leben gehören.

Kürzlich kam sogar ein Textilwarenhändler auf unsere Bude und bot uns seidene Babywäsche, Damenwäsche und Strümpfe zum Verkauf an. Ich glaube, er hat höchst zufrieden über die guten Geschäfte unsere Baracke verlassen und versprochen, am nächsten Zahltag wieder zu erscheinen.

Morgens erscheint auch stets pünktlich der Milchmann und stellt uns eine Pulle Milch auf den Tisch. Es fehlt nur noch der Bäckerjunge mit den frischen Brötchen.

Liebe Eltern, ich glaube, unser Volksempfänger wird wohl bald ausgedient haben und so wird es Zeit, dass ein neuer Apparat an seine Stelle treten muss. Es fehlt mir natürlich noch an den nötigen Moneten, um den entsprechenden Apparat zu kaufen, immerhin benötige ich ungefähr 130 bis 200 RM. 100 RM habe ich schon zusammen, noch zwei Löhnungen und etwas Geld vielleicht von daheim wenn Ihr könnt und Mitte Oktober wäre ich dann glücklicher Besitzer eines Radiogerätes. Ihr dürft mir pro Monat 19,- RM schicken, wenn möglich. Natürlich könnt Ihr mir auch Zigaretten schicken, die ich dann hier schnell zu Geld machen kann. Es sind alles beste deutsche Apparate, wie sie daheim schon lange nicht mehr zu bekommen sind.

Liebe Eltern, ich glaube, für heute wird Euch dieser Bericht genügen und ich grüße Euch, Bringfriede und Erna recht herzliche

Euer Arnold

O. U., Mittwoch, den 4.10.1944

Liebe Eltern!

Ich glaube, nun sind wohl alle Briefe der letzten sechs Wochen bei mir angekommen, ebenfalls einige Zeitungen, die mir trotz ihres Alters sehr willkommen sind.

Was ich da aber so zwischen den Zeilen zu lesen bekomme, lässt meine Gedanken in eine andere Richtung wandern und ich fange an über diesen Krieg zu grübeln.

Nach dem Inhalt Eurer letzten Briefe zu urteilen, seht Ihr im Geiste in allernächster Zeit ein großes Schinkenpaket daheim ankommen ... Leider kann ich das Versprechen nicht einhalten, denn wir werden dieses reich gesegnete Land in nächster Zeit nicht mehr verlassen und von hier aus darf ich keine größeren Pakete mehr wegschicken.

Wie Ihr ja wisst, bin ich zurzeit nach alter Sitte wüst am Sparen. Über die Hälfte für den Kauf eines Radios habe ich bereits zusammen, und wenn alles klappt, bin ich Mitte Oktober glücklicher Besitzer eines Radios. Damit können wir dann wesentlich mehr Sender empfangen. Oder habt Ihr vielleicht einen besseren Vorschlag für das Geld? Ein neues Radio war doch schon immer Papas Wunsch – nicht wahr?

Ich glaube, wir haben unser schönes Schloss doch zur rechten Zeit verlassen, denn das ruhige Leben ist nun, nach dem Wehrmachtsbericht zur urteilen, auch dort vorbei; was mir ja auch die Briefe von meinem Paddelmädel bestätigen. Ja, unsere schöne Unterkunft hat auch schon etwas abbekommen. In puncto Unterkunft haben wir jedoch keinen schlechten Tausch gemacht. Wir sind sogar jetzt glückliche Hausbesitzer geworden mit allem Komfort. Die netten, kleinen Sommervillen am Strand, in denen die reichen Einwohner der Metropole dieses Landes die warmen Sommertage verbrachten, bewohnen wir nun je nach Größe der Häuschen mit sechs bis zwölf Mann. Ein schöner Ziergarten davor, dahinter der Gemüsegarten mit Obstbäumen und unser Häuschen selbst hat natürlich eine Glasveranda, weiterhin ein Wohnzimmer mit einem Kamin, eine Küche in der wir auf dem Gasherd nach Herzenslust braten können. In der Waschküche werden wir unsere Socken und uns selbst waschen. Oben sind die Schlafzimmer, zwar klein, aber gemütlich. Den Bettenbau können wir uns ersparen, da die Dinger hochgeklappt werden, und weg sind sie. Beim gründlichen Durchstöbern aller Winkel und Ecken des Hauses, fanden wir doch tatsächlich ein Radio. Jetzt erklingt Musik durch die Räume und wir hören endlich mal wieder Nachrichten. Morgens bringt natürlich der Milchmann die Milch vor die Haustür, meistens steht sie da, bis endlich der Erste so gegen Mittag aus der Koje steigt. Selbstverständlich auch, dass wir ein Telefon zur Verfügung haben und mittags entspinnt sich ein reges Telefonieren von Haus zu Haus, wobei sich die Herren erkundigen nach dem gegenseitigen Wohlbefinden oder tauschen sonstige Neuigkeiten aus.

Unsere Nachbarn zu beiden Seiten und dahinter sind Landesbewohner. Mit einem haben wir bereits Verbindung aufgenommen und mit allen Mitteln versuchen wir ihm auszureden, dass uns in wenigen Wochen der »Tommy« hier ablösen wird. Ob wir ihn von seiner englischen »Krankheit« heilen konnten, wissen wir nicht.

Ja, die Herren in der Oeresund-Allee, Haus Nr. 34, fühlen sich sehr wohl und natürlich vergessen wir hierbei nicht unseren Dienst. Am Wochenende wird stets ein Scheuern, Putzen, Wischen usw. losgehen, eine Putzfrau könnte bei uns noch in die Lehre gehen. Schließlich wollen wir das Haus genauso verlassen, wie wir es vorgefunden haben. Ja, so hat man eine verantwortungsvolle Arbeit, die allerdings Freude macht, denn das müssen ja mal die besten Männer geben um die sich die Frauen sich bald reißen werden.

Von unserem Balkon aus, blicken wir weit hinaus auf die Ostsee, hin und wieder rauscht in der Ferne ein großer Dampfer vorbei und ganz drüben auf der anderen Seite, erhebt sich die Küsten jenes Landes, in dem Du Deine Schulzeit verbracht hast, liebe Mutter.

Wir alle haben hier nur einen Wunsch, noch recht lange hierzubleiben und auch hier mal einen Sommer zu erleben – das müsste herrlich sein.

Liebe Eltern, ich glaube, Ihr würdet mich nach all diesen Schilderungen beneiden, wenn ich nicht Euer missratener Sohn wäre, erzählt das Alles aber ja nicht den bösen Nachbarn, sonst schlägt da der Neid hohe Wellen. Ich wünsche Euch ja auch so ein ruhiges, sorgenfreies Leben nach all den Unruhen und Entbehrungen, die Ihr aushalten müsst. Die Bemerkung in einem der letzten Wehrmachtsberichte von den Bombardierungen, besonders des linksrheinischen Gebietes, hat mich sehr beunruhigt und ich hoffe recht bald wieder etwas von Euch zu hören, dass noch alles in bester Ordnung ist. Ja, das sind die einzigen Sorgen, die mir oft meine Ruhe rauben und wir hoffen alle hier, dass bald eine entscheidende Wende eintritt und unser Land und unsere Heimat bald wieder weit weg von jeglichem Kriegsgeschehen ist.

Liebe Eltern, in der Hoffnung, dass Euch meine Zeilen noch gesund und wohlauf erreichen, grüßt Euch alle für heute recht herzlich

Euer Arnold

O. U., Freitag, den 13.10.1944

Liebe Eltern!

In den letzten Wehrmachtsberichten war des Öfteren von Tieffliegern und Bombenangriffen auf Ortschaften des linksrheinischen Gebietes und in Südwest-Deutschland die Rede. Nach jeder Meldung bedrückt mich die unbeantwortete Frage, ob Ihr auch diesmal ohne irgendwelchen Schaden davongekommen seid? Daher begrüße ich jeden Brief und jede Zeitung als ein Lebenszeichen von Euch, dass bis zu diesem gewissen Zeitpunkt jegliche Sorgen unbegründet waren. Die letzte Post von Euch war eine Zeitung vom 3.10.! Die vergangenen Tage jedoch, haben nach Radiomeldungen wieder sehr viele Luftangriffe auf das linksrheinische Gebiet gebracht, das wohl meine Sorgen um Euer Wohlbefinden begründet sind. Liebe Papa, hast Du denn jetzt wenigstens irgendeine Deckungsmöglichkeit im Garten gebaut? Ein tiefes Erdloch für eine Person wäre ja schon ein hinreichender Schutz gegen Bomben und Bordwaffen aus der Luft. Wie würde ich mich freuen, Euch jetzt irgendwo in Mitteldeutschland zu wissen, in einem kleinen versteckten Nest, wo sich nie ein Flugzeug hin verirrt.

Wie ruhig und friedlich ist es zurzeit noch hier oben bei uns. Ganz selten lässt sich mal ein »Tommy« blicken, von dem wir kaum aber auch kaum Notiz nehmen. Anhand der gesamten nächtlichen Angriffe in den letzten Wochen könnt Ihr Euch ungefähr vorstellen, wie viele Einsätze wir geflogen sind. Größere Einsätze wagen die Engländer, wie Ihr ja wisst, scheinbar überhaupt nicht mehr, denn er fürchtet die deutsche Nachtabwehr. Ein größerer Angriff würde dann sehr viele Opfer fordern.

Liebe Eltern, habt Ihr schon das Geld an mich abschicken können? Noch einen Wehrsold und das Geld für ein Radio ist zusammen. Alles in allem eine Leistung von mir, die von meinen Kameraden bewundert wird. Im nächsten Urlaub werde ich Euch dann den neuen Apparat auf den Tisch stellen und Papa braucht seine Röhren vom selbst gebastelten Radioempfänger nicht mehr zu schonen. Eigentlich müsste es zu Weihnachten unter dem Weihnachtsbaum stehen – vielleicht bekomme ich ja bis dahin noch mal Urlaub.

Liebe Eltern, mit dieser unerschütterlichen Hoffnung, möchte ich meinen Brief schließen und grüße Euch, Bringfriede und Erna recht herzlich

Euer Arnold

Nachtrag von Berthold von der Eltz:
Hier enden die Briefe von Arnolds letztem Standort seiner Staffel. Er hatte mir früher immer mal davon erzählt, dass er in Dänemark bei Randers und Kopenhagen stationiert war. So wie ich seinen Erzählungen entnehmen konnte, war es ihm peinlich darüber zu reden. Seiner Meinung nach war es nicht richtig, in einem anderen von den Nationalsozialisten annektierten Land als Besatzer zu sein und nicht als Gast. Das hatte er immer wieder erwähnt. Arnold muss die letzten Monate vor der Kapitulation Deutschlands in Kopenhagen gewesen sein, denn er schreibt ja von der Hauptstadt des Landes und das man auf der gegenüber liegenden Seite der Ostsee die Küste des Landes sehen kann, wo seine Mutter ihre Kindheit verbrachte (Schweden) und zur Schule ging (Göteborg).
Es gibt keine weiteren Unterlagen oder Hinweise von eventuell anderen Standorten danach.

Befreiung Dänemarks und Gefangenschaft:
Am Abend des 4. Mai 1945 wird in einer Radiosendung des BBC bekannt gegeben, dass Deutschland in Holland, Nordwestdeutschland und in Dänemark vom folgenden Tag um 8 Uhr morgens an kapituliert hat. In der folgenden Woche bis zur Ankunft der britischen Truppen herrschte große Unsicherheit darüber, wie der Rückzug verlaufen würde. Es gibt aber nur wenig Probleme als die deutschen Soldaten zurückmarschierten, weil der Wunsch nach Frieden bei allen stark war.
Nach der Befreiung Dänemarks durch die Engländer im Mai 1945, wurde Arnold in Bayern von den Amerikanern gefangen genommen und zum Schluss in der Nähe von Bad Kreuznach im Nahetal in das amerikanische Gefangenenlager bei Bretzenheim gebracht. Der Name das Gefangenenlagers trägt den Namen »Feld des Jammers«.
Wann er von dort in die Freiheit entlassen wurde und wieder nach Sobernheim zur seiner Familie zurückkehren durfte, ist nicht bekannt.

Quellen: Wikipedia, LuftArchiv .de, www.forum-der-wehrmacht.de, www.bundesarchiv.de, https://commons.wikimedia.org, www.vimu.info, Originalbilder von Arnold, https://www.deutscheluftwaffe.de, wikimedia.org

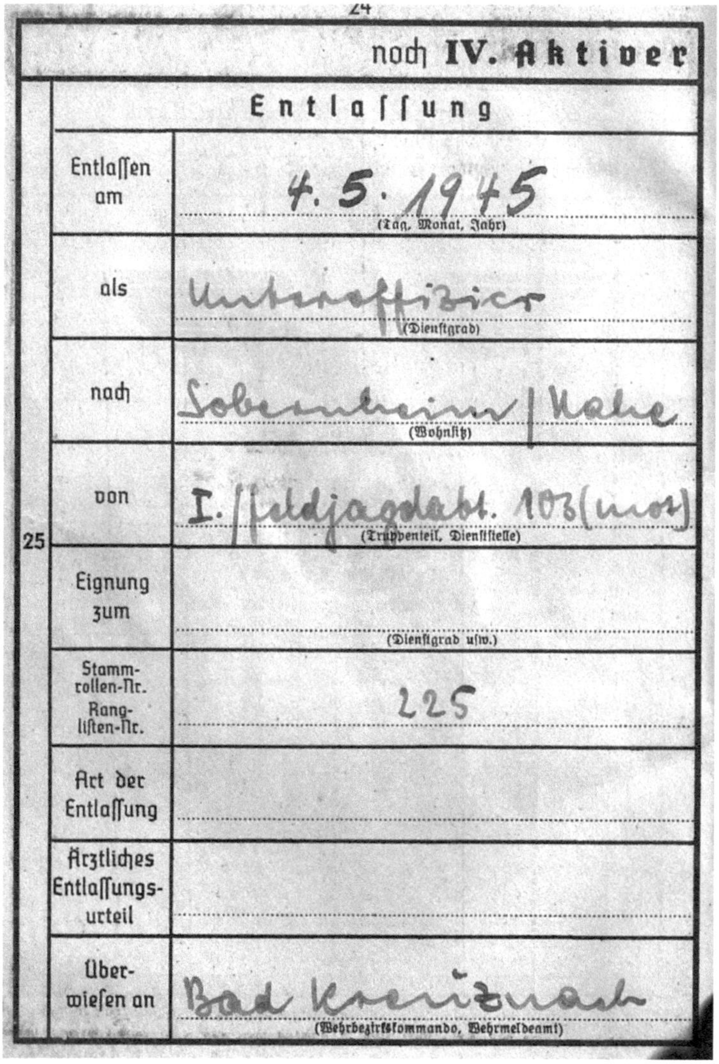

24

noch IV. Aktiver

Entlassung

25		
	Entlassen am	4.5.1945 (Tag, Monat, Jahr)
	als	Unteroffizier (Dienstgrad)
	nach	Sobernheim/Nahe (Wohnsitz)
	von	I./Feldjagdabt. 103 (mot) (Truppenteil, Dienststelle)
	Eignung zum	(Dienstgrad usw.)
	Stammrollen-Nr. Ranglisten-Nr.	225
	Art der Entlassung	
	Ärztliches Entlassungsurteil	
	Überwiesen an	Bad Kreuznach (Wehrbezirkskommando, Wehrmeldeamt)

Arnold wurde laut einem Wehrpasseintrag am 4.5.1945 aus dem Dienst bei der Luftwaffe entlassen und kam in Gefangenschaft.

Zum Schluss noch etwas »Gereimtes« von Arnold auf den nächsten Seiten …

Zum Schluss noch etwas aus der Feder von Arnold von der Eltz.
Lustige Reime, Gedichte und Geschichten zu schreiben war sein Hobby!

Der Bienenstich
(von Arnold von der Eltz)

Was der Honig für die Biene
ist für Franz die Philippine.
Deren Gunst er sich errungen,
so behaupten böse Zungen,
nur weil dieses keuche Weib
für ihn ein schöner Zeitvertreib.

Also sah man Franz den Kühnen,
diesen Sittenstrolch im Grünen,
auf Liebespfaden unter Hecken
mit Philippinchen sich verstecken.

Jedoch so groß sein Tatendrang,
die Holde bringt nicht an den Mann
der Frauen angeborenen Reize,
sie unbarmherzig damit geize.

So auch dem Kosen seiner Hände
sie lieblos setzt ein jähes Ende,
und seine Jugendhitze wird
durch kratzen, beißen reduziert.

Sie war halt stur und unbedingt,
ein gar zu wohlerzognes Kind.
Er streichelt ihr nun sanft die Birne,
wo er vermutet ihr Gehirne,
doch siehe, wie ihre Augen glotzen,
sie bleibt stur, es ist zum Kotzen.

So kämpft er in seines Schweißes Dampf,
wohl des Lebens größter Kampf.
Und als der Ärmste glaubt zu siegen,
da scheint's dem Weibe ein Vergnügen
aus seinem Sichtbereich zu flüchten,
um eine Notdurft zu verrichten.

Dies brachte ihres Lebens Wende!
Sie kauerte also hin behände
zu düngen was in ihrer Näh',
auf das es sprieße in die Höh' !
Sie tat's Gesäß ins Grase betten
so zart und weiß, man möchte wetten,
wer in Natur noch nicht gesehen
ein solches Bild, er fänd es schön.
Doch nun zur rauen Wirklichkeit
wie sie erringt die Seligkeit.

Was für Franz sein Philippinchen,
war der Honig für ein Bienchen.
Die Ärmste konnte ja nicht wissen,
wie unter ihr ganz dienstbeflissen,
ein Bienchen honigsuchend schwirrt,
das sie von oben bombardiert.

Oh, dies entflammt der Imme Zorn,
nimmt ihren Globus sich aufs Korn,
auf mit dem Stachel in die Weiche,
damit der Störenfried entfleuche.
Und schmerzend bohrte sich ihr Pfeil
tief in Philippinchens Hinterteil.

Ein jämmerliches Wehgeschrei,
lockt dann den kühnen Franz herbei.
Der sieht des Weib's vergeblich Mühen
den Stachel hinten raus zu ziehen.
Gar mit den Armen um sich feuert,
den Allerwertesten sie scheuert
auf des Waldes kühlem Grund
bis derselbe rot und wund.
Sie sendet ferner durch den Schmerz,
schrille Schreie himmelwärts.

Jetzt war Franzen es wohl beschieden,
Samariterdienste anzubieten.
Der Stachel muss doch aus dem Hintern,
und um ihre Qual zu lindern
bedarf es einer zarten Hand,
zu heilen dieser Schmerzen Brand.

Im Innern dacht der lose Rabe:
»Wenn ich erst mal Frühling habe,
schwindet Keuschheit und so weiter,
Oh Bienchen, der du Wegbereiter,
aus Dankbarkeit ich mich verpflichte,
dass Bienen ich in Zukunft züchte!«

Von der Ärmsten war inzwischen
jeder Widerstand gewichen,
und Franzens Heilungskur begann.
Zunächst fasst er den Stachel an,
dass länger er nicht dort verweile,
Heraus mit ihm aus roter Beule.
Schmerzen man am Schnellsten stillt,
in einem Bächlein tief, gekühlt.

Und dieses Bad zu ihrem Segen,
kam wohl dem Wüstling sehr gelegen.
Denn das Weib, teils ohne Hülle,
nun offenbart des Körpers Fülle.
Wir überlassen nun das Was und Wie
des Einzelnen kühnen Phantasie.

Und so geschah's an einem Tage,
dass sie sich stellt die gleiche Frage,
denn sie erkannte mittlerweile,
dass es mit der Ehe ziemlich eile.

Die Folge war, dass man in Bälde,
Philippinchen und Franz vermählte.
Als Sinnbild dieser Neuvermählten,
die durch ein Bienchen so gequälten,
stand nun auf dem Hochzeitstisch,
ein gefüllter Bienenstich!

Arnold von der Eltz